相互行為における指示表現

## ひつじ研究叢書〈言語編〉

第 121 巻　テキストマイニングによる言語研究　　　　　　　岸江信介・田畑智司 編

第 122 巻　話し言葉と書き言葉の接点　　　　　　　　　　　石黒圭・橋本行洋 編

第 123 巻　パースペクティブ・シフトと混合話法　　　　　　　　　山森良枝 著

第 124 巻　日本語の共感覚的比喩　　　　　　　　　　　　　　　　武藤彩加 著

第 125 巻　日本語における漢語の変容の研究　　　　　　　　　　　鳴海伸一 著

第 126 巻　ドイツ語の様相助動詞　　　　　　　　　　　　　　　　髙橋輝和 著

第 127 巻　コーパスと日本語史研究　　　　近藤泰弘・田中牧郎・小木曽智信 編

第 128 巻　手続き的意味論　　　　　　　　　　　　　　　　　　　武内道子 著

第 129 巻　コミュニケーションへの言語的接近　　　　　　　　　　定延利之 著

第 130 巻　富山県方言の文法　　　　　　　　　　　　　　　　　小西いずみ 著

第 131 巻　日本語の活用現象　　　　　　　　　　　　　　　　　　三原健一 著

第 132 巻　日英語の文法化と構文化　　　　　　秋元実治・青木博史・前田満 編

第 133 巻　発話行為から見た日本語授受表現の歴史的研究　　　　　　森勇太 著

第 134 巻　法生活空間におけるスペイン語の用法研究　　　　　　　堀田英夫 編

第 136 巻　インタラクションと学習　　　　　　　　　柳町智治・岡田みさを 編

第 137 巻　日韓対照研究によるハとガと無助詞　　　　　　　　　　　金智賢 著

第 138 巻　判断のモダリティに関する日中対照研究　　　　　　　　　王其莉 著

第 139 巻　語構成の文法的側面についての研究　　　　　　　　　　斎藤倫明 著

第 140 巻　現代日本語の使役文　　　　　　　　　　　　　　　　早津恵美子 著

第 141 巻　韓国語 cita と北海道方言ラサルと日本語ラレルの研究　　円山拓子 著

第 142 巻　日本語史叙述の方法　　　　　　　　　　　　大木一夫・多門靖容 編

第 143 巻　相互行為における指示表現　　　　　　　　　　　　　須賀あゆみ 著

第 144 巻　文論序説　　　　　　　　　　　　　　　　　　　　　　大木一夫 著

第 145 巻　日本語歴史統語論序説　　　　　　　　　　　　　　　　青木博史 著

第 146 巻　明治期における日本語文法研究史　　　　　　　　　　　　服部隆 著

第 147 巻　所有表現と文法化　　　　　　　　　　　　　　　　　　今村泰也 著

ひつじ研究叢書
〈言語編〉
第143巻

# 相互行為における指示表現

須賀あゆみ 著

ひつじ書房

# まえがき

　会話の中で話し手は聞き手の反応をみながら発話や行動を調整しているとして、昨今、言語研究においても、会話を「相互行為」と捉える視点が注目されている。本書は、会話分析の手法を用いて、日本語の会話に見られる指示現象を「相互行為」の視座から分析することによって、話し手が何を拠り所にして指示表現を選択しているかを明らかにしようとするものである。

　これまで、談話において各種の指示表現がどういう要因で選択されているのかを考察してきたが、実際の会話を観察すると、談話分析の枠組みのみでは必ずしも捉えきれない現象があることが気になっていた。そこで、言葉や文のつながりを超えて会話のダイナミズムに着目する会話分析の方法論を学ぶうちに、指示を会話活動の一環として捉えることで、そのような説明困難な事象も記述でき、むしろそういった一見不可解な現象こそが指示表現の選択指針を解明する手がかりになることが分かってきた。本書は、このような過程を経て行われた研究の成果をまとめたものである。会話分析の手法を用いた研究と言うにはまだまだ未熟ではあるが、「相互行為」を視座に入れた研究の意義を示すことができていれば嬉しい。

　この度、このような形で発表させていただける機会に恵まれたことにつき、ご教示とご支援をいただいた方々には心からの感謝の念を表したい。

　学部時代よりお世話になっている内田聖二先生には、研究のおもしろさを味わう礎を築いていただいた。ことばの研究に初めて興味を持ったのは、先生の語法研究の授業であったが、会話に特有の様々な表現の実例をたくさん集め、用法ごとに分類する作業に、初学者ながらわくわくした。この楽しさを教えていただけたからこそ、今も研究を続けられているのだと思う。

v

筑波大学の修士課程でお世話になった安井泉先生には、アイディアを論文にまとめる方法について丁寧なご指導をたまわった。先生が編集された『グラマー・テクスト・レトリック』で「コヒージョンとコヒアランス」という章を担当させていただいたことをきっかけに、指示表現に目を向けることとなった。

研究の道に進むことを決意して進学した奈良女子大学の博士課程では、大沼雅彦先生のご指導をいただいた。論文を緻密に読んでいく先生の授業では、数ページの内容が何倍にも発展して自分の世界がどんどん広がっていった。ある日の研究室で、先生が手渡してくださったのが、Barbara Fox の著作（*Discourse Structure and Anaphora*）である。

2000–2001 年に文部科学省在外研修若手研究員として、コロラド大学の Barbara Fox 先生のもとで会話分析を基礎から学ぶ機会を得た。丁寧なご指導でこの分析方法の魅力を教わり、研究の新たな活路を見出すことができた。この時に気になり始めた日本語の指示現象についての考察が、本書の発想のベースになっている。

コロラド滞在中に知り合った林誠先生には、会話分析の知見の共有に加え、帰省される折に何度もデータを見ていただき、深く掘り下げた見地からご助言をいただいた。

串田秀也先生には、「会話分析研究会」に参加させていただき、共同主宰者の森本郁代先生ともども、データ観察に対する客観的な検証の機会をたまわった。研究の関心が重なる戸江哲理先生には、折々の意見交換で拙論に磨きをかけていただいた。「「物語を語ること」の組織」をテーマに開催された会話分析中級者セミナーでも、西阪仰先生をはじめ、細田由利先生、高木智世先生、早野薫先生より、多大な示唆をたまわった。本書における現象の記述には、「会話分析研究会」のメンバー諸氏はもとより、この方面で研究に携わっておられる方々からいただいたご意見が多々反映されている。

職場の奈良女子大学の吉村あき子先生には、研究内容および著書出版につき広い視野からご助言いただいたことはもちろん、日々ご一緒するなかで研究者・大学人としての心構えを学ばせていただいた。先生のあたたかいご配慮と励ましによって、なんとか本書の完

成にこぎつけることができた。今野弘章先生にも、学内の研究会でのコメントで有益なご示唆をいただくとともに、日常のやりとりを通して様々な刺激を与えていただいた。

　本書の草稿を内田聖二先生、吉村あき子先生、串田秀也先生、林誠先生に読んでいただき、加筆修正に関して懇切丁寧なコメントをいただいた。ご指摘の諸点はできる限り活かすよう努めたものの、力量不足ゆえ今後の研究の糧として残ってしまった部分も多い。何卒ご容赦たまわりたい。

　データの収集と分析には、科学研究費補助金の援助をいただいた（平成13・14年度若手研究（B）「日本語の指示表現に関する会話分析的研究」、平成21–23年度基盤研究（C）「相互行為における指示に関する研究」）。研究の趣旨をご理解いただき、会話の収録にご協力いただいた方々に、心より感謝申し上げたい。

　奈良女子大学女性研究者支援制度の援助により、長辻幸氏と森かおる氏に、コーパスデータの書記化作業をサポートしていただいた。また、奈良女子大学より半年間のサバティカル研修の機会をいただき、本書の執筆に専念させていただいた。ご支援いただいた関係の方々に厚くお礼申し上げる。

　本書の出版をお引き受けくださったひつじ書房の松本功編集長と、海老澤絵莉氏には、深謝申し上げる。ご両名には、細部にわたって丁寧な編集作業に携わっていただき、様々なご助言をいただいた。また、出版について考えた当初、親身に相談にのっていただいた板東詩おり氏、原稿の準備中にお世話になった鈴木紫野氏にも、出版のご報告を差し上げたい。刊行が予定よりだいぶ遅くなってしまい、ご迷惑をおかけしたことをお詫びするとともに、あたたかく支えてくださったことに感謝の気持ちで一杯である。

　最後に、忍耐強く応援し、つねに励まし続けてくれた家族に謝意を表したい。

2017年12月
須賀あゆみ

# 目　次

| | |
|---|---|
| まえがき | V |
| トランスクリプトに用いる記号一覧 | XIV |

## 第1章　会話活動における指示　　　　　　　　　　　1

| | |
|---|---|
| 1.1. はじめに | 1 |
| 1.2. 指示とは | 3 |
| 　1.2.1. 指示、指示対象、指示表現 | 3 |
| 　1.2.2. 指示活動 | 7 |
| 　1.2.3. 指示対象の認識と理解のみなし | 9 |
| 　1.2.4. 指示対象の認識と理解の資源 | 12 |
| 1.3. 研究の背景 | 18 |
| 　1.3.1. 同一指示と結束性 | 18 |
| 　1.3.2. 聞き手の知識に関する想定 | 20 |
| 　1.3.3. 相互行為における言語の機能 | 22 |
| 　1.3.4. 指示的指示と属性的指示 | 24 |
| 1.4. まとめ | 25 |

## 第2章　会話分析の手法による指示研究　　　　　　　29

| | |
|---|---|
| 2.1. はじめに | 29 |
| 2.2. 聞き手に合わせたデザイン | 30 |
| 2.3. 指示上の問題に対処する手続き | 36 |
| 　2.3.1. ターンの進行性と文法の活用 | 37 |
| 　2.3.2. 指示者が開始する認識探索と進行性 | 40 |
| 2.4. 連鎖上の位置と指示表現形式 | 43 |
| 2.5. 日常会話のデータ | 49 |
| 2.6. 注目するプラクティス | 50 |

## 第3章 指示対象の認識を確認するプラクティス 55

3.1. はじめに　　55

3.2. 認識要求　　56

　　3.2.1. 名前による人物（場所）の認識要求　　56

　　3.2.2. 描写による人物（場所）の認識要求　　62

3.3. 唯一的に同定可能なものの指示　　63

　　3.3.1. 名前によるものの認識要求　　64

　　3.3.2. 描写によるものの認識要求　　65

3.4. 二段階の認識確認　　66

3.5. 指示対象の認識の追求と名前の選好　　68

　　3.5.1. 不確かな名前による認識の追求　　68

　　3.5.2. 名前だけ知っている対象の認識追求　　71

3.6. 主活動の達成のために　　74

　　3.6.1. 聞き手が知らない対象を指示する活動　　74

　　3.6.2. 話し手の知らない対象を指示する活動　　77

3.7. まとめ　　80

## 第4章 カテゴリーの知識を調べるプラクティス 85

4.1. はじめに　　85

4.2. カテゴリーの知識を調べる活動　　88

　　4.2.1. カテゴリー・タームの知識を調べる　　88

　　4.2.2. 描写を用いてカテゴリーの理解を求める　　91

4.3. タームの選好　　94

　　4.3.1. カテゴリー・タームの修復　　95

　　4.3.2. カテゴリーの理解の証拠提示　　96

4.4. カテゴリーの理解の追求と主活動の達成　　98

4.5. 二段階のカテゴリー指示　　100

4.6. タームの選好と聞き手に合わせたデザインの選好　　103

　　4.6.1. 不確かなタームの使用に対処するプラクティス　　104

　　4.6.2. 聞き手の知識を考慮したタームの使用　　105

4.7. まとめ　　108

## 第5章 言葉探しを伴う指示のプラクティス 111

5.1. はじめに　　111

5.2. 名前の探索　　112

5.3. 言葉探しと認識の証拠提示　　113

| | |
|---|---|
| 5.4. 言葉探しを伴う指示活動 | 115 |
| 　5.4.1. 言葉探しと「あれ」による主活動の再開 | 115 |
| 　5.4.2. 「あれ」による言葉探しの先送り | 117 |
| 5.5. 主活動の達成のために | 119 |
| 　5.5.1. 聞き手が知らない対象の名前を探索する資源 | 120 |
| 　5.5.2. 名前の探索の中止と会話の進行 | 124 |
| 5.6. カテゴリー・タームの探索 | 127 |
| 5.7. まとめ | 129 |

## 第6章　聞き手が知らない対象の 存在を知らせるプラクティス　133

| | |
|---|---|
| 6.1. はじめに | 133 |
| 6.2. 聞き手が知らない対象の存在を知らせる | 134 |
| 6.3. カテゴリーの一員を紹介する | 138 |
| 6.4. 会話活動の達成のために | 142 |
| 　6.4.1. ある場所に存在する対象を知らせる | 142 |
| 　6.4.2. カテゴリーの一員を紹介する事例 | 145 |
| 6.5. 聞き手の知識に合わせたデザイン | 150 |
| 　6.5.1. 認識可能な対象との関連付け | 150 |
| 　6.5.2. カテゴリーに関する知識の参照 | 152 |
| 　6.5.3. 指示詞の選択 | 155 |
| 6.6. 聞き手の知識に関する想定と指示詞の選択 | 156 |
| 　6.6.1. 話し手の想定が適切であると判断されるとき | 157 |
| 　6.6.2. 指示対象の認識・理解の資源と指示詞 | 159 |
| 6.7. まとめ | 162 |

## 第7章　物語りにおける指示表現　165

| | |
|---|---|
| 7.1. はじめに | 165 |
| 7.2. 物語を語るという活動 | 165 |
| 7.3. 物語りにおける指示活動 | 169 |
| 　7.3.1. 舞台設定における指示表現 | 169 |
| 　7.3.2. 出来事の概要を述べる際の指示表現 | 172 |
| 　7.3.3. 背景・状況説明における指示表現 | 175 |
| 7.4. 登場人物を指示する表現 | 180 |
| 　7.4.1. 最初の指示 | 180 |
| 　7.4.2. 後続指示位置での名前の使用 | 182 |

XI

|  |  |
|---|---|
| 7.5. 聞き手が知らない人物の名前を披露する | 183 |
| 　7.5.1. 名前披露 | 183 |
| 　7.5.2. 物語の序盤での名前披露 | 184 |
| 　7.5.3. 物語の終盤での名前披露 | 186 |
| 　7.5.4. 物語の山場と発話引用 | 188 |
| 　7.5.5. 粒度 | 190 |
| 　7.5.6. 発話引用と聞き手の反応 | 193 |
| 　7.5.7. 名前披露によって成し遂げられること | 195 |
| 　7.5.8. 名前披露の生起位置 | 201 |
| 7.6. 聞き手が知らない対象の名前指示引用 | 202 |
| 7.7. 呼称による指示 | 208 |
| 7.8. まとめ | 212 |

## 第8章　直示表現の再使用 　215

|  |  |
|---|---|
| 8.1. はじめに | 215 |
| 8.2. 直示表現を「再使用」する | 215 |
| 8.3. 有標な指示表現 | 216 |
| 8.4. 事例 | 218 |
| 8.5. 先行話者の指示 | 220 |
| 8.6. 後続話者の「再使用」 | 220 |
| 8.7. 直示表現の「再使用」の会話活動への貢献 | 221 |
| 　8.7.1. 後続話者のターン構成 | 221 |
| 　8.7.2. 笑いの発生 | 222 |
| 　8.7.3. 直示表現形式の取り込みと指標性 | 222 |
| 8.8. まとめ | 226 |

## 第9章　結論 　229

|  |  |
|---|---|
| 9.1. 本研究のまとめ | 229 |
| 9.2. 本研究の論点 | 229 |
| 　9.2.1. 指示活動と指示表現の選択指針 | 229 |
| 　9.2.2. 人物の指示からものの指示へ | 230 |
| 　9.2.3. 聞き手が知らない対象を導入する指示現象 | 231 |
| 　9.2.4. 聞き手に合わせたデザイン | 231 |
| 　9.2.5. 会話活動の達成 | 232 |
| 　9.2.6. 有標な指示表現による会話活動への貢献 | 232 |

9.3. 本研究が示唆することと今後の課題 233
 9.3.1. 指示を相互行為の一環として捉える視点 233
 9.3.2. 会話者の想定の変化を考慮した指示研究 233
 9.3.3. 属性的指示の会話活動への貢献 234
 9.3.4. 指示詞の役割の解明 234

参考文献 237
索引 247

トランスクリプトに用いる記号一覧

1. 発話と発話の時間的関係

[　　　　　　　前後の行に記された記号の位置で発話の重複が始まることを示す。

]　　　　　　　前後の行に記された記号の位置で発話の重複が終わることを示す。

=　　　　　　　末尾に等号を付した発話と冒頭に等号を付した発話との間に感知可能な間がまったくないことを示す。（ひとりの発話が、紙幅の制約上、分断されて記載されていることを示す場合もこの記号が用いられる。）

<　　　　　　　直前の発話との間に感知可能な間がなく、直後の発話が急いでなされたように聞こえることを示す。

（数字）　　　　間（沈黙）。数値はその位置にその秒数の間があることを示す。

(.)　　　　　　0.1秒前後のごくわずかな感知可能な間があることを示す。

2. 発話産出上の音声的特徴

：　　　　　　　直前の音が引き延ばされていることを示す。コロンの数は引き延ばしの相対的長さを表す。

−　　　　　　　直前の語や発話が中断されていると見なせることを示す。

.　　　　　　　直前の部分の音調が下がっていることを示す。

,　　　　　　　直前の部分の音調が少し上がっていて続きがあることを予測させることを示す。

?　　　　　　　直前の部分の音調が上がっていることを示す。

| ¿ | 直前の部分の音調が上記の疑問符をつけるほどには上がっていないが多少上がっていることを示す。 |
|---|---|
| ! | 直前の部分が弾むような調子で発話されていることを示す。 |
| ↑ | 直後の部分で急激に音が上がっていることを示す。 |
| ↓ | 直後の部分で急激に音が下がっていることを示す。 |
| <u>文字</u> | 下線部分が周辺と比べて大きい音量、高い音で発話されていることを示す。 |
| °文字° | 記号で囲まれた部分が周辺と比べて小さい音量、低い音で発話されていることを示す。 |
| hh | 呼気音を示す。hの数は呼気音の相対的長さを表す。 |
| 文(h)字(h) | 呼気音が言葉に重ねられていることを示す。 |
| .hh | 吸気音を示す。hの数は吸気音の相対的長さを表す。 |
| <文字> | 記号で囲まれた部分が周辺と比べて遅い速度で発話されていることを示す。 |
| >文字< | 記号で囲まれた部分が周辺と比べて速い速度で発話されていることを示す。 |
| ¥文字¥ | 記号で囲まれた部分が微笑みながら発話された声であることを示す。 |

## 3. 転記上の不確実性

| (文字) | 丸括弧で囲まれた発話の聴き取りに確信がもてないことを示す。 |
|---|---|
| (……) | 丸括弧で囲まれた発話が全く聴き取れないことを示す。点線の長さは発話の長さを表す。 |
| (X/Y) | XかYかいずれかが発話されていると聞こえるが、どちらであるか確信がもてないことを示す。 |

## 4. 転記者による注釈・説明

| (( )) | 転記者による注釈・説明を示す。 |
|---|---|
| → ⇒ | 分析において注目する行を示す。 |

第1章

# 会話活動における指示

## 1.1. はじめに

　わたしたちは会話をしながら、近況を報告したり、買い物を依頼したり、知らないことを尋ねたりといった様々な行動をしている。また、あるときには、だれかの報告を受けたり、依頼を引き受けたり、質問に答えたりといった行動をすることもある。日常行われる様々な活動が、話し手の行動に対して、聞き手が反応することによって成し遂げられている。本書の研究対象は、こうした会話の中で用いられる指示表現である。会話の中でわたしたちは、どのように人やものを表す表現を選択（デザイン）しているのだろうか*1。

　会話の中で話し手は、自分が念頭に置いている人（もの）が誰（何）なのか聞き手に伝えるために適切と思われる表現を選んでいる*2。しかし、選んだ表現で聞き手に適切に伝えられるかどうか分からない場合、その場で立ち止まって検討することもある。具体例を見てみよう*3。（1–1）は、アメリカに住む息子Aから日本で電話を受けた母Bが、夫（Aの父）が整骨院に通っていたことを報告しているところである。

（1–1）［CallHome Japanese 1615］

| 01 | B：ほんでhehh う：ん宮川へ：：：だいぶ長いこと |
| 02 | 　　通っとったんやけど？ |
| 03 | A：うん＝ |
| 04 | B：＝宮川の |
| 05 | 　　ほら**ジュン**がおるやろ？ |
| 06 | A：うん.（（物音）） |
| 07 | B：うん. あの人 が：ほら（.）あの：店－　あの店っ（h） |

1

| 08 | | て（h）あの：整骨院やってるもんで |
|---|---|---|
| 09 | A： | うん. |
| 10 | B： | 通っとったんや. うん. |

　5行目で、Bは「ジュン」という名前を用いて、Aがこの人物のことを認識できるかどうか確認しようとしている。それを受けて6行目でAは「うん.」と反応している。この後、BはAに父親がジュンの整骨院に通っていたということを伝えている。

　このような事例から、会話の中で行われる指示について、次の2つの側面を見て取ることができる。第一に、指示というのは、話し手による単独行為ではなく、聞き手との交渉によってなされるものであるということである。ここでは、話し手が「ジュン」という名前を提示したのに対して、聞き手の承認が得られたこと（6行目）によって、話し手は聞き手がジュンという人物を認識でき、「ジュン」という表現を用いることが聞き手にとって適切であると判断している。第二に、指示は、会話活動の一環として行われる副次的な活動であるということである。ここで、「ジュン」という表現で対象人物を聞き手が認識できるかどうかを確かめることは、父親の近況を報告するという会話活動の一部として行われている。

　本書は、指示を相互行為の一環として捉える会話分析の手法を用いて（Sacks & Schegloff（1979）、Fox（1987）、Schegloff（1996）、Hayashi（2005）、Enfield & Stivers（2007）、Heritage（2007）、串田（2008））、日本語における指示活動のプラクティスの記述を通して、会話者が指示表現を選択（デザイン）する際に拠って立つ指針は何か明らかにすることを目的とする。

　本書は、会話の中で人物・場所・ものを指示する表現を研究対象とする。そして、話し手がどのように指示表現を選び、なぜそうするのか、ということを探究する。このような問題は、言語学において、様々な枠組みで議論されてきた（Halliday & Hassan（1976）によるテクストの結束性、Prince（1981、1992）による情報構造、Grosz et al.（1995）のセンタリング理論、Gundel et al.（1993）によるGivenness Hirarchy、Ariel（1990）によるAccessibility、金

水・田窪（1990）による談話管理理論、Carston（2002）、Matsui（2000）、内田（2000, 2011）による関連性理論など）。しかし、実際の会話では指示を静的な言語事象として分析するのみでは捉えきれない現象がある。本書では、会話のダイナミズムに着目する会話分析の視点から、指示活動の手続きに注目することによって、指示表現の選択要因の解明を目指す。そして、話し手は、会話のその場その場の状況に応じて、聞き手の知識に関する想定を確認・調整しながら、聞き手が指示対象を適切に認識・理解できるように、かつ、会話活動を成し遂げることができるように、指示表現を選択（デザイン）していることを明らかにする。

　本章の以下の節では、本書で用いる概念について説明し、本研究の着想に至った背景と本研究の位置付けについて述べる。第2章では、会話分析の手法を用いた指示に関する研究を紹介し、本書で取り組む課題を提示する。第3章から第6章では、質問・依頼・報告・申し出などの日常の会話活動において観察される指示活動のプラクティスを記述する。そして、話し手は、「名前の選好」、「カテゴリー・タームの選好」、「聞き手に合わせたデザインの選好」という指針にそって指示表現を選択（デザイン）しているということを検証する。第7章では、物語を語るという活動に焦点をあて、物語の序盤と終盤において指示表現のデザインが物語の聞き手の理解に寄与することを示し、指示活動が会話活動を成し遂げるために実践されることを例証する。さらに、第7章では物語の登場人物の「名前披露」、第8章では、「直示表現の再使用」という有標な指示現象に注目し、指示表現の選択が、会話者のスタンスを指標するという点でも会話活動に貢献することを議論する。最後に、第9章で結論をまとめ、本研究の意義と今後の課題を述べる。

## 1.2.　指示とは

### 1.2.1.　指示、指示対象、指示表現

本書は、Enfield（2012）に依拠し、指示（reference）を「人物、場所、時間、その他の存在を示すカテゴリーに意識を向けさせるこ

と」と定義する。「存在を示すカテゴリー」を指示対象と呼ぶ。本書では、主に人物、場所、ものを指示対象とする現象を扱う。存在を示すカテゴリーに「意識を向けさせる」とは、指示対象の「認識を促す」ことと、指示対象の「理解を促す」ことを含む。本書では、「認識」とは特定の対象を同定すること、「理解」とは指示対象がどのようなものか分かることを意味するものとする。したがって、本書で扱う「指示」現象には、話し手が特定の指示対象を聞き手に唯一的に同定するように促す現象と、聞き手が知らないと想定する特定の指示対象の存在に意識を向けさせる現象が含まれる。そして、このような意味での「指示」を行うために用いられる表現を「指示表現」（referring expression）と呼ぶことにする。

　指示表現を、「名前」（name）、「カテゴリー・ターム」（category term）、「描写」（description）に分類する。英語の会話における人物指示について論じた Sacks & Schegloff（1979）は、指示表現を「名前」と「描写」に分類している。本書では、さらに「カテゴリー・ターム」という分類を設けることにする。「名前」は、個々の対象を他の対象と区別するために用いられる表現である*4。名前は、それ自体を構成する要素に意味があるとしても、その意味と関係なく、ある対象を指示するために用いられる表現である。「カテゴリー・ターム」は、個々の指示対象が属する種やタイプを表す一語名詞と定義する。「描写」は、指示対象の属性や会話者との関係などを説明した表現である。

　指示表現の具体例を（1–2）に示す。A–F のカテゴリーに属する同一の対象を指示するとき、a. 名前、b. カテゴリー・ターム、c. 描写を用いることができる。

（1–2）

| | | a. | b. | c. |
|---|---|---|---|---|
| A | 人物 | このみ | 友達 | 隣の席の子 |
| B | 場所 | 近鉄奈良 | 駅 | 昨日会ったところ |
| C | もの | ポポンエス | ビタミン剤 | ビン入りの |
| D | もの | （該当なし） | 手紙 | 2月3日付の手紙 |
| E | 生物 | ベス | ペット | 実家で飼っている犬 |

F　気象　　a.カトリーナ　　b.ハリケーン　　c.台風みたいなの

　人物や場所を指示する場合、話し手は名前を用いることによって、聞き手が指示対象を同定可能な存在として扱っている＊5。例えば、（1-3）で、「このみ」という名前は、話し手がこの名前に言及することで聞き手が特定の指示対象を同定できると想定していることを示す表現である。一方、「友達」というカテゴリー・タームは、話し手が聞き手に指示対象を唯一的に同定することを求めていないことを示唆する表現である。「隣の席の子」という描写は、聞き手がその属性を持つ人物の存在を認識できると想定する人物を指す。または、この描写が表す属性を持った人物の存在を知らせるときに用いられる表現である。

（1-3）a．昨日このみと話した。
　　　　b．昨日友達と話した。
　　　　c．昨日隣の席の子と話した。

　人物以外の指示対象に関しても、（1-4a）の「カトリーナ」のように名前で言及されるときは、聞き手が指示対象を同定することができると想定されていることを示す。一方、（1-4b）のようにカテゴリー・タームが用いられるときは、聞き手に特定の指示対象を同定することが求められていないということが示唆される。

（1-4）a．カトリーナが近くに来ている。
　　　　b．ハリケーンが近くに来ている。

　ものを指示する場合は、（1-2）に挙げたペットや気象現象などを除き、ほとんどの場合、個々の対象に固有の名前が付けられているわけではない。そのため、聞き手が特定の対象を同定できると想定する場合もカテゴリー・タームが用いられる。例えば（1-5a）の「手紙」というカテゴリー・タームは、聞き手から送ってもらった特定の1通の手紙を念頭に置き、聞き手がそれを同定できると想

第1章　会話活動における指示　　5

定して用いられている。（1–5b）のように、聞き手が認識できると
想定していないものを表す場合にも、同じ「手紙」というカテゴ
リー・タームが用いられる。

（1–5）a．手紙、昨日届いたよ。
　　　　b．昨日、手紙が送られてきた。

　製品や作品などが指示対象の場合も、（1–6a）のように名前が用
いられる場合と、（1–6b）のようにカテゴリー・タームが用いられ
ることがある。

（1–6）a．ポポンエスを送って欲しい。
　　　　b．ビタミン剤を送って欲しい。

　製品名は、世の中に存在する複数個の同じ規格のものが同じ名前
で呼ばれるという点で、特定のハリケーンを「カトリーナ」という
名前で呼ぶ場合とは異なる。しかし、あるカテゴリーに属する他の
対象と識別されるという意味で、聞き手が指示対象を唯一的に同定
できると想定していることを示す「名前」として扱うこととする。
　「カテゴリー・ターム」は、話し手が念頭に置いている特定の対
象を指示する場合と、特定の対象ではなくカテゴリーそのものを表
す場合に用いられる。このどちらを意味するのかは文脈によって決
まる（西山（2003））。（1–7a）の「ハリケーン」は、話し手が念頭
に置いている特定の日時と場所に存在したものを指示するために用
いられている。（1–7b）の「ハリケーン」は、話し手がある特定の
指示対象を念頭に置いて用いられているわけではなく、「ハリケー
ンというもの」に置き換え可能であるように、カテゴリーに属する
ものを総称的に表すために用いられている。

（1–7）a．先週このあたりにハリケーンが来た。
　　　　b．ハリケーンは深刻な被害をもたらすものだ。

## 1.2.2. 指示活動

　同じ対象を指示する表現として複数可能性があるとき、話し手はどのように指示表現を選択しているのだろうか。例えば、（1–8）に示すように、出会った人物を指示するために、名前、カテゴリー・ターム、描写を用いることができる。

（1–8）昨日 {a. このみ　b. 友達　c. 隣の席の子} に会った。

　同様に、（1–9）に示すように、話し手は近くで起こっている気象現象を、名前、カテゴリー・ターム、描写を用いて表すことができる。

（1–9）今 {a. カトリーナ　b. ハリケーン　c. 台風みたいなの} が
　　　　近くに来ているから雨がたくさん降っている。

　会話の中で話し手は、その場その場で、聞き手がどのような知識を持っているのか想定しながら、指示表現を選択している。それは、会話で行われる指示のほとんどのケースがそうであるように、話し手が適切と思われる表現を用いて活動を行い、それを聞き手が問題なく受け止め、会話が進行する限りにおいては、表面化しない問題である（Heritage（2007））。しかし、話し手が用いようとする表現で聞き手が指示対象を適切に認識・理解できるかどうか確信が持てない場合など、会話の進行途中で聞き手との交渉を開始することがある。例えば、（1–10）の3行目で、話し手BはAが知っていると想定する「尾賀さん」という名前の人物を覚えているかどうかAに確認を求めている。これに対して、聞き手Aから覚えているという反応（4–5行目）を得た後、会話を続行している。

（1–10）［CallHome Japanese 2209］
((高齢の姉妹による会話。日本在住のBがアメリカでの暮らしが長いAに対して))
01　　　　B：[も] うこの近所の人のほら,

第1章　会話活動における指示　　7

| 02 | | A：う［ん］. |
|---|---|---|
| 03 | → | B：　［尾］賀さんって＞おらっしゃった＜で［しょう.］ |
| 04 | → | A：　　　　　　　　　　　　　　　　　　　　　　　　［はい：］ |
| 05 | | 　はい. |
| 06 | | B：（あ）自慢でね, |
| 07 | | A：うん. |

　また、話し手が念頭に置いている対象をカテゴリー・タームを用いて指示する際に、聞き手にその意味が分かるかどうか確かめる活動を開始することもある。例えば、（1–11）では、話し手Aがアメリカに特有の気象現象を意味する「ハリケーン」というカテゴリー・タームを使用しても聞き手Bがその意味を理解できるかどうか2行目で確認を求め、聞き手の承認（3行目）を得た後、報告を続行している。

（1–11）［CallHome Japanese 1123］
((アメリカ在住のAが日本在住の父Bから、日本は雨が少なく、台風が沖縄に来たが風台風で雨が降らなかったと聞いた後、現地の天候について報告する。))

| 01 | | A：今こっちはね： |
|---|---|---|
| 02 | → | 　あの：：：：ハリケーンって＞あるでしょう＜¿ |
| 03 | → | B：＞うん＜う：：ん |
| 04 | | A：あれが近くに来てるから　.hhhh |
| 05 | | 　雨はドーhhドバッと降ってるよ. |

　（1–10）のように、話し手が意図する指示対象を聞き手が適切に認識できるかどうか確信が持てないとき、また、（1–11）のように、話し手が念頭に置いているものを聞き手が適切に理解できるかどうか確信が持てないとき、指示対象の認識や理解を確認するためのやりとりが行われる。このように、話し手が指示表現を選択する上で生じた問題に対処する活動が行われることから、話し手が聞き手の知識を考慮して、会話のその場その場で指示表現を選択していると

いうことを見て取ることができる。

　本書では、指示対象の認識と理解をめぐる指示上の問題に対処する活動（指示活動）の記述を通して、話し手が指示表現を選択する際に拠って立つ指針は何か明らかにしていく。

## 1.2.3.　指示対象の認識と理解のみなし

　Heritage（2007）は、話し手が意図した指示対象を聞き手が正しく認識しているかどうかが相互行為上明らかになる場合とそうでない場合があることを、主張（claim）と証拠提示（demonstration）という概念を用いて説明している＊6。

　認識の証拠提示とは、指示者が用いた指示表現とは別の表現を聞き手が用いて、指示対象を認識できるということを示す行為である。例えば、次の対話でBがPacific Palisadesという名前を用いて指示した場所を、Aがat the west side of townという別の表現に言い換えてBの返答に応じたとする。

（1–12）［Sacks（1992 vol. 2: 141）］
　　　A：Where are you staying ?
　　　B：Pacific Palisades.
　→ A：Oh at the west side of town.

　このとき、AはBが指示した場所を適切に認識しているということの証拠を提示していることになる。というのは、仮にAがPacific Palisadesという場所を誤って認識していて（1–13）のように発話したとしたら、Aが誤った認識をしているということが観察可能になるからである。

（1–13）［Sacks（1992 vol. 2: 142）］
　　　A：Where are you staying ?
　　　B：Pacific Palisades.
　→ A：Oh in the center of town.

一方、（1–14）の 3 行目のように A が同じ表現を繰り返す場合、
A は B の意図した場所を認識できると主張していることにはなるが、
認識していることを証拠提示していることにはならない。

（1–14）［Sacks（1992 vol. 2: 141）］
　　　　A：Where are you staying ?
　　　　B：Pacific Palisades.
　→ A：Oh Pacific Palisades.

　このように指示対象の認識の主張と認識の証拠提示は、話し手が
意図する指示対象を聞き手が認識できるとみなす判断材料となる。
ただし、話し手が意図した指示対象を聞き手が認識できたとみなす
ことと、実際に聞き手が話し手の意図どおりの対象を認識している
ということとは別である。
　Heritage（2007）は、自然会話の中で認識の証拠提示が起こる
ことは少なく、多くは暗黙の主張（implicit claim）が行われると
述べている。そして、話し手がその暗黙の主張をもとに聞き手が指
示対象を認識できると判断したことが、進行中の会話の連鎖に埋め
込まれた形（Jefferson（1987））で行われていると述べている。こ
の点について、具体的に（1–15）の電話会話の事例を用いて説明
しよう。大学生女子 B は、離れて暮らす母 A に前日の行動を報告
するとき、一緒にいた友人を「くすやん」と「あーちゃん」という
ニックネームを用いて指示している。

（1–15）［CallHome Japanese 1541］
01　　　B：**くすやん**と**あーちゃん**に会ってん.
02　　　A：あ::↑そう.
03　　　B：うん奈良［で］.
04　　　A：　　　［ふ］::ん
05　　　　（0.5）
06　　　A：>**みんな**<元気にしてんの？
07　　　B：う:ん.してた.

| 08 | Ａ：**あーちゃんって田川さんやな：？** |
| 09 | Ｂ：<u>ちゃうわ</u>：：(.) **仲西あずさや**：： |

1行目で話し手Ｂが2人のニックネームを発話するたびに、聞き手Ａから指示対象を認識できるということを示す反応が起こっているわけではない。「<u>くすやん</u>とあーちゃんに会ってん.」という一続きの発話からなるＢの報告を、Ａが「あ：：↑<u>そう</u>.」と受け入れることによって、「くすやん」と「あーちゃん」とは誰のことなのかＡは認識できるということを暗黙のうちに主張している。このように、会話の連鎖の進行性が保たれることで、聞き手が指示対象を認識できるという暗黙の主張が行われることになるとHeritage（2007）は述べている。

　1行目の報告を受けたＡが6行目で関連する質問をＢにするとき、「みんな」という表現を用いて2人の友人を再び指示している。この発話を聞いた時点でも、Ｂは「くすやん」と「あーちゃん」が誰のことかＡが認識できるとみなし、7行目で質問に返答している。しかし、8行目でＡは「あーちゃんって田川さんやな：？」と、「田川さん」という別の指示表現を提示することによって、「あーちゃん」と呼んでいた人物に関する自身の認識が適切かどうかＢに確認を求めている。この行為によって、ＢはＡが「あーちゃん」の指示対象を適切に認識していないということが観察可能となる。そこで、「あーちゃん」というニックネームの使用に問題があったということを知ったＢは、「仲西あずさ」というフルネームを用いて、Ａに指示対象の適切な理解を促そうとしている。

　この一連のやりとりが示唆するように、話し手が意図する指示対象を聞き手が認識できるとみなすことと、聞き手が実際に指示対象を認識可能であるということは別の問題として捉えなければならない。会話の進行途中で、話し手は聞き手との間で指示対象の認識のずれが生じているということを知った時点で、聞き手の知識に関する自身の想定を更新し、より適切な指示表現を用いようとすることを見て取ることができる。1行目のように、会話の連鎖のなかで指示対象の認識が暗黙に主張される発話においても、話し手は聞き手

の知識に合わせた指示表現を選択しようとしているということができる。そして、とりわけ問題が顕在化しなければ、話し手は聞き手が指示対象を適切に認識できるものとみなして会話を進行させている。

　したがって、指示上の問題が生じたことが顕在化したとき、話し手がその問題にどのように対処しようとするのかを見ることによって、話し手がどのような指針に志向して指示表現を選択しているのかを明らかにすることができる。そして、話し手が指示する対象を聞き手が認識できるということを暗黙のうちに主張するケース（指示上の問題がないものとして会話が進行するケース）においても、同様の指針が存在するものと考えられる。このような視点から、本書では、指示上の問題に対処する手続きに注目し、その記述を通して指示表現の選択指針を明らかにしていく。

### 1.2.4. 指示対象の認識と理解の資源

　前節で述べたように、指示対象に関する聞き手の認識の証拠提示があれば、話し手が意図する対象を聞き手が認識できると判断される。したがって、認識の証拠提示が行われた事例を観察することによって、会話参加者間の共通認識や共通理解を達成するために、指示表現がどのように寄与しているのかを調べることができる。

　指示表現は、次の2つの側面で、指示対象の認識と理解のための資源を提供する。

(1–16) a. 指示対象を何と呼ぶか
　　　　b. 指示対象はどのような人・ものか

　人物や場所などの個体識別可能な対象を指示する場合、名前は指示対象を何と呼ぶかという側面から、描写はどのような人・場所かという側面から、指示対象の認識を促す資源を提供する。

　まず、話し手は、意図する指示対象の名前を聞き手が分かるなら、聞き手は指示対象を認識可能と判断する。つまり、名前は、指示対象の共通認識の資源となる。このことは、（1–17）の事例に見て取

ることができる。アメリカ在住の話し手Ａは、かつて日本で同じ
会社に勤めていたＢに久しぶりにかけた電話で、当時の同僚たちの
近況を尋ねようとしている。4行目でＡは、特定の人物を思い浮か
べて、その人の近況を尋ねようとしている。

（1–17）［CallHome Japanese 1670］

01 　　　　Ｂ：でももうセールスなんて：あんま知ってる人いないし.

02 　　　　Ａ：本当？

03 　　　　Ｂ：う：ん

04 　　　　**Ａ：あの子は：？**

05 　　　　　　あの：：：：：(0.4)

06 　　　　　　**あの人：.**

07 　　　　　　↑どうして私名前忘れてるんだろう.

08 　　　　　　(.)

09 　　　　Ｂ：［カーラと　　　］

10 　　　　Ａ：［**アレックス！**］アレックス.

11 　　　　Ｂ：あ：.あのふたりはいるよ,カーラとアレックスはいる.

Ａは「あの子」（4行目）、「あの人」（6行目）という「あの＋名詞」
という形式を用いて、特定の人物を念頭に置いていることと、その
人物をＢが認識できると想定しているということを示している。5
行目で、Ａはフィラーを長く発声する間に、名前をなんとかして思
い出そうとしている。しかし、なかなか思い出せず、7行目では、
「どうして私名前忘れてるんだろう」と、名前を忘れてしまったこ
とへの失望感を表している。この間、聞き手であるＢは何も発話せ
ず、Ａが念頭に置いている人物の名前をＡ自身が言及するまで待
ち続ける。10行目で、ついにＡが名前を思い出したのを聞いて、
Ｂは11行目で「あ：」と反応することによって、Ａが念頭に置い
ていた人物が誰のことなのか、その場で了解したということを示し
ている。ここで、話し手Ａは、名前を発話することによって、聞
き手に自分が意図した対象が誰のことなのか伝えることに成功して
いる。したがって、この一連の活動に、聞き手が指示対象の名前が

何か分かるということが、指示対象を認識可能と判断するための資源になるということに会話者が志向しているということを見て取ることができる。

　また、指示対象の描写も、指示対象の共通認識の資源になる。(1–18) のやりとりは、(1–17) の 20 秒ほど後で起こったものである。ここでも A はある特定の人物の近況を B に尋ねようとしている。

(1–18)〔CallHome Japanese 1670〕

| 01 | | A：それから？　**あれ**は？ |
| 02 | | A：**あの人**ほら. |
| 03 | | B：.hh |
| 04 | → | A：え：と〔ほら.**奥さん**〕が怖い人. |
| 05 | | B：　　　　　〔hahahaha　〕 |
| 06 | | B：.h あ　**メ h イ h ソ h ン h** |
| 07 | | A：何？ |
| 08 | | B：メイ〔ソン〕 |
| 09 | | A：　　　〔メイ〕ソン〔か. 〕 |
| 10 | | B：　　　　　　　　〔メ－〕メイソン：＝ |
| 11 | | A：＝いる：まだ：. |

話し手 A は、1 行目の「あれ」や 2 行目の「あの人」という表現をリマインダーの役割を果たす「ほら」と伴に用いて、聞き手が認識できると想定している人物を念頭に置いていることを伝えている。しかし、この時点で聞き手 B から、指示対象を認識できるということを示す反応がない。そこで、A は 4 行目で「奥さんが怖い人」と描写することによって、指示対象には「怖い奥さんがいる」という情報が与えられ、指示対象の共通認識を確立することに成功している。聞き手は、6 行目で「あ」と言って、何かに気づいたことを示し、「メイソン」という名前を提示して、A が意図した指示対象が認識可能であることの証拠提示をしている。

　このように指示対象の属性に関する知識だけでなく、会話者の指

示対象に関わる経験を共有しているということを描写することも、指示対象の共通認識の資源になる。（1–19）では、指示対象について、過去に2人が話をしたということを思い出せたことから、聞き手は指示対象を認識できると判断している。

（1–19）［CallHome Japanese 1109］

```
01    B：んで（0.3）あの::::（0.3）↑担任がね：，
02    A：うん.
03         （1.3）
04    B：あの人なんだわね.
05         （0.2）
06    A：誰
07         （0.3）
08    B：.h あの. 私の.
09         （0.3）
10    A：あ：あ：あ：
11    B：［う：ん］
12    A：［なん　］［何とか］って
13    B：　　　　［元　　］
14    A：はあ？
15    B：そう. 元の：，
16  → A：ほ:::ん　お前が言っちょった.
17         （0.3）
18    B：う：ん
19         n で行ったらね：，
20    A：うん
21    B：おってね，
22    A：うん
23    B：この世の中せまいな::って感じで.
24    A：うん
```

6行目の時点では、AはBが意図する人物を同定できていない。し

第1章　会話活動における指示　15

かし、8行目で「私の」という描写を受けて、Aは10行目で認識主張を行っている。そして、15行目でBによる「元の：」という描写が行われると、それに続く名詞が伏せられているにもかかわらず、Aは指示対象に関する話をBから聞いたことがあるという経験を証拠に、指示対象を認識できるということの証拠を提示しようとしている。

　ある人物を社会のネットワークに位置づけられる個人として認識することに加えて、その人物の顔と名前が分かるという認識の状態をLevinson（2007）は「強い意味での認識」と呼んでいる。例えば、大学の教員が学部長のことを指示する場合に、カテゴリー・ターム the Dean を用いるか、名前 Jim を用いるかという選択はどちらも可能だが、the Dean が選択される場合は、大学内の役職のネットワーク上に対象人物を位置づけているのに対し、Jim が選択される場合は、話し手が対象人物と交友関係があるということを意味すると述べている。これは、話し手が想定する聞き手の知識や経験の種類や程度によって、指示表現が選択（デザイン）されるということを示唆している。

　わたしたちはある人物のことを認識可能であると言うとき、その人物と面識があるということなのか、その人物の名前だけ知っているということなのかを区別するよう志向している。それは、次のような会話に見て取ることができる。（1–20）で、男子学生のBが、同じ高校の学生で現在アメリカにいるAに近況を報告するとき、ある人物に言及しようとしている。

（1–20）［CallHome Japanese 1557］

01　　　　B：ちゃう　なんか　修学旅行終ってからな：,

02　→　　**おおひがしって知らんやろ？お前.**

03　　　　A：え？

04　→　　B：**おおひがしって［知らん］**

05　→　　A：　　　　　　　［聞いた］ことあるで

06　　　　B：うん　聞いたこと（h）あるやろ

07　　　　そいつ：がなんか何 - イン - え　バスガイドとか

2行目で、BはAが「おおひがし」という名前の人物を知らない
という想定が適切かどうかを確認しようとすると、3行目で、
「え？」と修復が開始されたことにより、4行目で、その想定を修
正し、その人物を知っているかどうか中立的に尋ねている。しかし、
5行目でAは「おおひがし」という人物を知っているとも知らない
とも答えずに、名前を「聞いたことある」と返答し、Aは自分と交
友関係はないが、指示対象の名前だけは知っているということを伝
えている。Bも、「うん　聞いたこと（h）あるやろ」と、Aの主張
を受け入れ、会話を進行させ、7行目で「そいつ」という指示詞を
用いて*7、1行目の終わりで中断した語りを再開している*8。こ
のことから、聞き手が指示対象の名前を聞いたことがあるというこ
とが分かれば、語りという活動を続行する上で問題はないと判断さ
れるということが分かる。
　カテゴリー・タームは、（a）指示対象を何と呼ぶか、（b）指示
対象はどのようなものか、という両方の側面から指示対象の認識・
理解の資源を提供する。描写は（b）の側面から指示対象の認識・
理解の資源を提供する。例えば、「先生」というカテゴリー・ター
ムは、指示対象を呼ぶ表現でもあり、指示対象がどのような人かを
表す表現でもある。ものを指示する場合も同様に、例えば、「手紙」
というカテゴリー・タームは、指示対象を呼ぶ表現であるとともに、
どのようなものかを表す表現でもある。
　カテゴリー・タームを用いて特定の対象を指示する場合、あるカ
テゴリー・タームの語彙そのものを聞き手が知っていると想定して
用いられる場合と、そのカテゴリー・タームの意味を聞き手が理解
できると想定して用いられる場合がある。例えば、「ハリケーン」
というカテゴリー・タームを使用して気象現象を指示する場合、聞
き手がそのカテゴリー・タームを聞いたことがあるが意味は知らな
いだろうと想定している場合もあるし、「ハリケーン」という現象
を聞き手が経験するなり、百科事典的知識として獲得しているなど
して、その意味を理解できると想定している場合もある。

では、聞き手の記憶の中に存在しないと想定される対象を指示する場合、話し手が用いる指示表現は、聞き手に指示対象の理解を促す上で、どのような資源を提供するのだろうか。話し手は聞き手が既存の知識で指示対象を認識できないと想定する対象を指示するとき、名前、カテゴリー・ターム、描写を用いて、聞き手に、(a) 指示対象を何と呼ぶか、もしくは (b) 指示対象はどのような人・ものかについて情報提供する。これは、聞き手に記憶の中に存在しない対象の「理解」を促す資源となる。話し手は、聞き手が知らないと想定する対象を指示しようとするとき、その対象の存在を理解させるためにどのような情報を聞き手に提供しなければならないのかを考慮して指示表現をデザインすることになる。

　以上、本書の基盤となる概念について説明した。1.3節では、本研究に着手するに至った背景について述べ、指示研究における本書の立場を示す。

## 1.3.　研究の背景

### 1.3.1.　同一指示と結束性

Enfield & Stivers（2007: 7）が指摘するように、言語学において指示に関する研究は、主に人称指示と照応の現象に関心が置かれた。指示は、潜在的に可能な対象の中から、話し手が意図した対象を唯一的に同定することとみなされ*9、そのためにどのような形式が容認されるのか説明する規則を見出そうとしてきた。そして、談話分析では、ある言語表現（指示表現）が談話内に生起している他の言語表現（先行詞）と同じ対象を指示する、いわば同一指示（co-reference）の関係に焦点が当てられてきた*10（Halliday & Hasan（1976）、Lyons（1977）、Levinson（1983））。そして、指示表現が先行談話内にあらかじめ提示された先行詞と同じ対象を同定するということを前提に、指示追跡（reference tracking）の議論が行われてきた。センタリング理論（Grosz & Sidner（1986）、Grosz et al.（1995））では、例えば（1–21）のU3に生起する代名詞 he の解釈の潜在的曖昧性がどのように解決されるのかといった、

指示対象の同定に関する談話の情報構造上の制約を規定しようとしている。

(1–21) U1：John went to the grocery store yesterday.

U2：He happened to see David on the way.

U3：*He* invited him to see a movie tomorrow.

　一方、指示現象は言語形式上の結束性という観点では捉えきれず、指示対象の同定は文脈を考慮して推論を用いて行われるという語用論的視座から、先行詞不在の照応現象も注目されるようになった。例えば、(1–22a) に示す「橋渡し指示」(bridging reference) ＊11 と呼ばれる現象は、聞き手が先行発話の文脈を手掛かりとして、定名詞句の指示対象を同定することが可能である。また、(1–22b) の代名詞 (they, them) のように、文法的に呼応しない先行名詞句 (a taxi) を手掛かりとして、指示対象がどのようなものか聞き手の理解を促す現象が指摘されている。

(1–22) a. We came to a village. *The church* was pure Romanesque.

(Cornish (1996))

b. We stood on the pavement in the rain, looking for a taxi. Lots of *them* came by but *they* all had passengers inside *them*.

(内田 (2000))

　実際、会話を観察すると、単に言語形式上の結びつきという観点では説明できない現象が起こっていることに気づく。例えば、(1–1) で見た事例（以下に再掲）では、「あの人」という指示代名詞句が「ジュン」と同一人物を指示していると言うことができるのだろうか。

(1–23 ＝ (1–1))〔CallHome Japanese 1615〕

01　　　B：ほんでhehh う：ん宮川へ：：：だいぶ長いこと

02　　　　通っとったんやけど？

第 1 章　会話活動における指示　　19

| 03 | | A：うん＝ |
|---|---|---|
| 04 | | B：＝宮川の |
| 05 | → | ほら**ジュン**がおるやろ？ |
| 06 | | A：うん．（（物音）） |
| 07 | → | B：うん． あの人 が：ほら（.）あの：店－ あの店っ(h) |
| 08 | | て(h)あの：整骨院やってるもんで |
| 09 | | A：うん． |
| 10 | | B：通っとったんや．うん． |

5行目の「ほら**ジュン**がおるやろ？」という発話の中で使用された「ジュン」という名前は、話し手の記憶を確認するために言及されたのであり、「ジュン」という特定の人物の存在を問うためのものではない。したがって、この事例では、7行目の「あの人」が5行目の「ジュン」と同一指示であるという説明はそぐわない。このように会話の中に見られる指示現象には、単に言語形式上の結束性という概念だけでは捉えきれないものがある。

## 1.3.2.　聞き手の知識に関する想定

　話し手は聞き手の記憶や知識状態に関する想定に基づいて指示表現形式を選択するという視点から、指示表現の選択要因を明らかにしようとするアプローチがある（Kuno（1972）、Clark & Marshall（1981）、Prince（1981）、Ariel（1990）、Gundel et al.（1993）など）。
　Prince（1981）は、話し手が談話の中で初めてある対象を指示するとき、それが聞き手にとってどの程度馴染み深い（familiar）かによって、定表現と不定表現の使い分けを説明しようとしている。この考えを発展させ、Prince（1992）は、指示対象が談話内で初めて言及されたものかどうか（discourse-old/discourse-new）、聞き手が記憶の中に指示対象の心的表示を保持しているかどうか（hearer-new/hearer-old）という2つの観点から定義される情報構造のステイタスに応じて、指示表現形式が選択されると主張している[12]。例えば、（1–24）のように、話し手がSandy Thompsonという人物に初めて言及するとき、聞き手がその人物の心的対象を

持っていると信じているときは名前が用いられるのに対し*13、話し手が名前を用いても聞き手が Sandy Thompson という人物を同定できないと信じているときには、someone in California のような不定表現が用いられると述べている。

(1–24)　a.　I'm waiting for it to be noon so I can call *Sandy Thompson*.　　　　　　　　　　　　　　　　(Prince (1992))

　　　　　b.　I'm waiting for it to be noon so I can call s*omeone in California*.　　　　　　　　　　　　　　　　　　(*ibid.*)

　このような議論は、話し手が発話時に指示対象に関する聞き手の知識状態を適切に想定できるということを前提になされている。しかし、自然会話においては、必ずしも発話時に話し手が聞き手の知識状態を適切に想定できるとは限らない。話し手の発話時の想定が誤りであるということが、後の会話で判明することもある。例えば、Heritage（2007: 269）は次のような事例を観察している。

(1–25)［Heritage（2007）太字は筆者］

| 01 | Lot: | hhhh God I don' know, he doesn' know either |
| 02 | | I mean, hhh if it- |
| 03 | | uh, we talk'tuh **Doctor Nelson** |
| 04 | | yihknow **this**, **s-doct-** |
| 05 | | yihknow **from** uh **Glendale** ? |
| 06 | | (0.2) |
| 07 | Lot: | **This friend'v a: rs**, = |
| 08 | Emm: | = Mm ⌈hm, |
| 09 | Lot: | 　　　⌊He's a big s- one a' the biggest surgeons there in uh, |
| 10 | | hhh I think Saint Joseph's uh hospit'l. |

話し手 Lot は聞き手 Emm が知っていると想定した人物を、3 行目で Doctor Nelson という名前を用いて指示しようとするが、5 行目で出身地の情報を提供しても、聞き手は認識することができないと

いうことが判明する。この問題に対して、7行目でthis friend of
oursという不定表現を用いて、聞き手が指示対象を認識できると
いうことが不可欠ではないということを示した上で、会話を進行さ
せるという対処をしている。このように、話し手は、その場その場
の聞き手の反応に応じて聞き手の知識に関する自身の想定を更新し、
それに合わせて指示表現をデザインしている。

　従来の談話研究では、指示表現形式の選択要因を問題にするとき、
会話に対する聞き手の参与という視点（Goodwin（1986））が軽
視されてきた。本書では、会話の話し手は、聞き手の反応をみなが
ら発話や行動を随時調整しているという視点から、指示上の問題に
対処する活動を観察することによって、話し手が拠って立つ指示表
現の選択の指針は何かを明らかにする。

### 1.3.3.　相互行為における言語の機能

　指示を担う文法形式は名詞句であるという前提のもとで指示現象
について議論されることがある。しかし、会話を観察すると、名詞
句のみが指示機能を担っているわけではなく、発話を構成する様々
な要素によって指示活動が実践されているということが分かる。

　例えば、Smith et al.（2005）は、2人組で同じ映像を途中まで見
た後、最後まで映像を見た方が相手に後半の出来事を語るという実
験を行っている。（1–26）に示すように、語り手BはAと一緒に見
た前半のシーンに登場した人物を指示するとき、談話標識（例 you
know）やメタ認知的ディバイス（例 remember）を用いて、認識
可能な指示対象を思い出すよう促しているということを観察してい
る。

（1–26）［Smith et al.（2005）: GLBCC 29, 148–154　太字・囲みは筆者］

| 01 | | B：and then he was turning around, |
|---|---|---|
| 02 | → | *and it's you know* |
| 03 | → | *there's* **that lady** |
| 04 | → | *remember* **that lady that he saw on the ship**? |
| 05 | → | A：uh huh |

| 06 | → | B：***that he kind of fell in love with or whatever***？ |
| 07 | → | A：yeah. |
| 08 | | B：*so* and he saw her, |

　したがって、8行目で使用された代名詞herは、単に先行会話に生じた名詞句を照応しているとは言えない。代名詞herを用いてBは、2–7行目の指示活動を通して、Bが意図する人物が誰のことかAが認識できたと判断したことを示唆している。

　このことは、日本語の会話においても観察される。(1–27) に示すように、2行目から7行目において、Bは自分の念頭にある聞き手が認識可能と想定している対象を描写し（2・4行目）、Aも認識の証拠提示をしようとする（5–6行目）、双方の行為によって指示対象の共通認識が確立されている。

(1–27)［CallHome Japanese 1277］
((BはかつてAと旅行した場所が日本のテレビ番組で紹介され、そこで見た鳥が映ったことを知らせようとして))

| 01 | | B：それからさ, |
| 02 | → | **黒くてさ:** |
| 03 | | A：うん |
| 04 | → | B：あの (.) **面白い顔してて口ばしが赤**［**くて**　こう　］ |
| 05 | → | A：　　　　　　　　　　　　　　　　［あ＞そうそう］ |
| 06 | → | 　そうそう＜足も赤いやつでしょ？ |
| 07 | | B：そ［う］ |
| 08 | | A：　［見］た:？ |
| 09 | | B：＜あれも出た＞. |

ここでは、9行目の指示詞「あれ」が先行名詞句を照応しているということはできない。「あれ」を用いて、Bは2–7行目の指示活動を通して自分が念頭に置いている指示対象をAが適切に認識できると判断したことを示唆している。また、この「あれ」は2–7行目の指示活動を終えて、1行目の終わりで中断した報告という主活

第1章　会話活動における指示　**23**

動を 9 行目から再開することを合図する役割を担っている。

　このように、指示を会話活動の一環として捉える視点から、会話に生じる言語表現に目を向けるとき、その新たな機能を記述することができる。本書では、指示詞が主活動の再開を合図する機能（第 3 章、第 4 章、第 5 章）と、指示活動の橋渡しの機能（第 3 章 3.4 節、第 4 章 4.5 節）という相互行為上の機能を担うことを指摘する。

### 1.3.4.　指示的指示と属性的指示

　Donnellan（1966）は、定名詞句は、状況に応じて指示的指示（referential reference）と属性的指示（attributive reference）の 2 通りに解釈可能であると述べている。例えば、（1–28）の発話は、殺人犯が Jones であることが確定し、聞き手もその事実を知っていると想定して発話された場合、Smith's murderer という表現は特定の人物を同定する指示的指示の機能を果たす。一方、殺人犯が確定されておらず、その人物が誰であれ、その残虐な手口から犯人は正気でないと断定するような場合、Smith's murderer は属性的指示の機能を果たす。

（1–28）*Smith's murderer* is insane.　　　　　（Donnellan（1966））

　このように、指示表現には単に聞き手に個体を同定させるためだけでなく、発話が含意する指示対象の評価に関わる何等かの属性を想起させる用法がある。例えば、（1–29）で用いられた that dog という指示表現は、話し手が意図する指示対象を聞き手が認識可能であるということだけでなく、「夜になると吠える」という属性をも想起可能であると想定して用いられている。この属性も含めて聞き手が指示対象を認識可能なとき、この発話は話し手の不満の表明として理解される（須賀（2002））。

（1–29）I couldn't sleep last night. *That dog* kept me awake.

（Gundel et al.（1993））

本書では、指示表現には聞き手に指示対象を唯一的に同定させるだけでなく、指示対象の属性に関する理解を促す働きがあるということにも注目し、指示表現をどのようにデザインするかということが会話における活動を遂行する上で重要であるということを主張する。つまり、話し手は、単に（a）指示対象を「何と呼ぶか」ということのみならず、（b）指示対象が「どのような人・ものであるのか」を聞き手が理解するように指示表現をデザインすることによって、会話活動が成し遂げられるということを明らかにする。

## 1.4.　まとめ

　本章では、本書の目的について述べ、用語の定義と本書の基盤となる概念の説明を行った。また、本研究の発想に至った背景についてまとめ、指示研究における本書の立場を示した。
　次章では、会話分析の手法を用いて行われた指示に関する先行研究を紹介し、本書で取り上げる課題について述べる。

---

＊1　指示表現を「選択（デザイン）する」とは、あらかじめ想定された選択肢からひとつの表現を選ぶということではなく、会話のその場の状況や聞き手の知識を考慮して、言語形式や語彙を選び、表現の仕方を考えるということを意味している。
＊2　本書では、指示を行う発話者を「話し手」、それを受ける者を「聞き手」と表記している。会話分析では、話し手以外の会話参加者のうち、話し手が発話を宛てる人物を「受け手」、その他の話し手の発話を傍聴している人物を「聞き手」と呼んで区別している。本書で扱うデータの多くは、電話会話と会話者2人による対面会話であるため、特に受け手と聞き手の区別が必要な場合を除いては、「受け手」も「聞き手」と表記している。
＊3　会話データの詳細については、第2章6節で述べる。
＊4　Givón（1984）は、名前は永久ファイルの中から定表現の同定を探す手掛かりを与えると述べている。Lambrecht（1994: 77）は、名前によって指示対象が同定可能なものとして言語的にマークされると捉えている。Downing（1996: 135）は、名前は比較的文脈に依存せずに特定の指示対象を選定する手段として機能すると述べている。

＊5　ものに個体識別可能な「名前」が付けられているケースは少なく、ほとんどの場合「カテゴリー・ターム」か「描写」が使用される。ペットの犬を「ベス」、ハリケーンを「カトリーナ」と呼ぶように、擬人化された指示対象に名前が使用される場合は、人物・場所の指示に準じるものとみなす。

＊6　主張と証拠提示の素になる考えは、Sacks が 1970 年に行った講義の中で発表されている（Sacks（1992: 252））。

＊7　指示詞が中断された主活動の再開を合図する役割を果たすことについては、第3章 3.2 節で詳しく述べる。また、指示詞のア系とソ系の選択要因に関しては、第6章 6.6 節で議論する。

＊8　同様の現象が英語の会話に見られることを、Heritage（2007: 269）は次の事例を用いて指摘している。

［Heritage（2007）: Holt 6: SO: 88: 1: 08］

```
01   Les: =.h h h h and she's on tab ↓ lets. not uhm: radio treatment.
02   Les: .hh [hhh
03   Joy:     [Oh I do [hope
04   Les:             [or radium: treatment .hhhh [h. hhhhhh
05   Joy:                                         [I wz talking to:
06        uhm: .tch. hh Helen Southerby (.) n: nex'door but one here.
07        D'you know Helen Souterby
08   Les: hNo: . But I do know the name. hhhhh
09   Joy: ngOh she: : - : - : ohh poor dear. tch. hh back in um: (0.5)
10        wuh-Easter. (0.2) Ye: s Easter she. hh developed a lum: p
11         in her neck'n
```

Lesley の D'you know Helen Souterby という質問（7行目）に対する Joy の hNo: . But I do know the name. hhhhh という返答（8行目）は、指示対象の名前は聞いたことがあると伝えることによって、指示の追求を止めて会話を進めるように促す方法であると Heritage は分析している。

＊9　Searl（1969）は、話し手は自身が意図する対象を聞き手が同定できるように指示表現を用いなければならないと述べている。

＊10　Halliday & Hasan（1976）は、指示を、名詞や定名詞句などの表現が先行詞と照応関係を持つことによって、2文間にテクストとしての結束性（cohesion）を保証する機能として捉えている。

＊11　この現象を Hawking（1978）は associative anaphora、Prince（1981）は inferable、Quirk et al.（1985）は indirect anaphora と呼んでいる。Matsui（2000）は関連性理論の立場からこの現象について論じている。

＊12　Prince（1992）による「聞き手にとって旧」（hearer-old）と「聞き手にとって新」（hearer-new）という分類は、第2章で詳しく述べる Sacks & Schegloff（1979）による認識用（recognitional）と非認識用（non-recognitional）という分類に相当するように思えるかもしれない。しかし、前者の分類では、会話のその場その場の聞き手の状況に合わせて話し手が想定を修正するという点が考慮されていない。また、「談話にとって新」（discourse-new）と「談話にとって旧」（discourse-old）という分類は、Schegloff（1996）による「局所的最初」locally initial と「局所的後続」locally subsequent という分類に

相当するように思えるかもしれない。しかし、後者の分類では、会話の連鎖環境という観点から、指示表現の生起位置を問題にしている。

＊13　この現象をKuno（1972）は permanent registry、Clark & Marshall（1981）は culturally copresent、Prince（1981）は unused と呼んでいる。

第2章
# 会話分析の手法による指示研究

## 2.1. はじめに

　前章で述べたように、本書は、会話分析の方法論を用いて、日本語の日常会話に見られる指示活動の手続きを記述し、指示表現の選択指針について検証することを目的としている。本章では、会話分析の手法を用いて行われた指示に関する研究を概観し、その成果を踏まえ、本書で取り組む課題について述べる。

　会話分析の視座から、指示は次のような側面を持つ現象として捉えられる。

(2–1) a. 話し手は聞き手に合わせて指示表現をデザインする。
　　　 b. 指示はその場その場の状況に応じて行われる。
　　　 c. 指示は会話の主活動を支える副次的活動である。
　　　 d. 指示は、単なる指示的指示以上のことを成しとげる。
　　　 e. 指示は非言語行動を伴って行われる。

　(2–1a) に関して、Sacks & Schegloff（1979）は、話し手は聞き手が何を知っているかを考慮して発話しなければならないという会話全般に関する指針（「聞き手に合わせたデザイン」（recipient design））が、指示表現を選択する際にも適用されると主張している。(2–1b) に関して、会話の進行途中で指示表現の使用に問題が生じたことが判明したとき、より適切と思われる指示表現に修復する現象に注目し、その背後にある指示表現の選択指針を見出そうとするアプローチが用いられている（Ford & Fox（1996）、Lerner & Kitzinger（2007）、Sidnell（2007）、Enfield（2012）、Hepburn et al.（2012））。(2–1c) に関して、Hayashi（2005）、Heritage

29

（2007）、串田（2008）は、指示表現の選択上の問題に対処する活動を副次的活動として捉え、会話の主活動の進行性を確保しつつ指示対象の認識を確立する手続きを記述している。（2–1d）に関して、Fox（1987）は、照応表現の選択が会話の局所的・全体的構造を示唆するということを指摘している。その成果を踏まえ、Schegloff（1996）によって「指示の有標性」という概念が提唱された。その後、有標な指示表現の選択が指示対象の認識を確立する以上のことを成し遂げるということが様々な研究によって記述されている。例えば、Stivers（2007）は、聞き手が認識可能な第三者を指示するときに名前以外の指示表現（alternative recognitional）を使用することが、話し手・聞き手・指示対象間の距離を指標するという考察を行っている。（2–1e）に関して、指示は、言語表現だけでなく、音調、視線、体勢、ジェスチャーなどの非言語行動を資源として行われるということが検証されている（Ford & Fox（1996））。

　（2–1a–c）は、本書で記述する現象の基盤となる概念であり、（2–1d–e）は、第7章と第8章で取り上げる現象に関連する概念である。以下の節では、関連する先行研究の成果をまとめる。


## 2.2.　聞き手に合わせたデザイン

　Sacks et al.（1974: 727）は、会話の中で話し手は、聞き手が誰であり、どのような知識を持っているのか、聞き手と指示対象はどのような関係なのか、どのような活動をしようとしているのかを考慮して、言葉を選び、発話をデザインしていると述べている。そして、話し手にこのような点に考慮するよう仕向ける指針が存在するとして、それを「聞き手に合わせたデザイン」（recipient design）と呼んでいる。Sacks & Schegloff（1979）は、この「聞き手に合わせたデザイン」という指針が指示表現の選択にも関与すると主張し、以下に述べるように、指示表現を選択する際に話し手が拠って立つ指針を提示している。

　Sacks & Schegloff（1979）は、英語の会話において、話し手と聞き手以外の人物を指示する表現形式は、聞き手が指示対象を認識

可能と想定しているかどうかによって2通りに分類できるとしている。ひとつは、「会話のその場においてその話し手が使用することで聞き手が指示対象を認識できる」と想定している指示表現形式で、「認識用指示表現」（recognitional referring expression）と呼ぶものであり、もうひとつは、聞き手が指示対象を認識できると想定しない指示表現形式で、「非認識用指示表現」（non-recognitional referring expression）と呼ぶものである。話し手が認識用指示表現を用いるとき、自分が念頭に置いている対象を聞き手は記憶の中から探し出すことができるものと想定しているということを示し、話し手が非認識用指示表現を用いた場合、聞き手が指示対象を記憶の中から探す必要がないと想定しているということが示される。

　そして、Sacks & Schegloff（1979）は、認識用指示表現と非認識用指示表現の下位範疇を、個人を特定できる「名前」（name）と、対象人物を認識する手がかりとなる「描写」（description）に分類している。例えば、John は「認識用指示表現」の「名前」に相当し、the woman who sits next to you, the guy you bought your car from は、「認識用指示表現」の「描写」に相当する。a woman called Alice は「非認識用指示表現」の「名前」に相当し、a friend of mine は「非認識用指示表現」の「描写」に相当する。

　その上で Sacks & Schegloff（1979）は、話し手が指示表現を選択する際に拠って立つ指針として、1）最小指示の選好と 2）聞き手に合わせたデザインの選好という 2 つの選好性があると主張している。

(2–2)　1）最小指示の選好（preference for minimization）
　　　　　指示が行われる機会において、ただひとつの指示表現で指示するのがよい。
　　　2）聞き手に合わせたデザインの選好（preference for recipient design）
　　　　　可能ならば、認識用指示表現を用いるのがよい。

「最小指示の選好」は、一度の指示にひとつの指示表現を用いよ、

という指針である。これは、ある特定の人物を指示する表現には、Joe, a guy, my uncle, someone, Harry's cousin, the dentist, the man who came to dinner のように多数の選択肢があり、これらの中から複数の表現を組み合わせて用いることは可能だが、実際に会話で指示が行われるとき、話し手は一度の機会にほぼひとつの表現を用いているという観察から得られたものである*14。「聞き手に合わせたデザインの選好」は、可能ならば（認識用指示表現を用いて聞き手が指示対象を認識できると話し手が想定し、そのことを聞き手が知っているということを話し手が知っているなら）、その認識用指示表現を用いよ、という指針である。この2つの指針に沿って「可能であるなら、認識用指示表現をただひとつだけ用いて」指示が行われるとき、最も単純な形で指示が行われることになる。

そして、Sacks & Schegloff（1979）は、英語の会話において、どの話し手にとっても、どの聞き手に対しても、どんな指示対象についてでも非認識用指示形式（例 someone）を使うことが可能であるにもかかわらず、ファースト・ネームが多用されるということを証拠に、認識用指示表現形式が選好的に使用され、名前が認識用指示表現の典型であると述べている。

また、Schegloff（1996）は、英語の会話の局所構造内で会話者以外の人物を初めて指示するとき、「名前の選好」という指針にそって指示表現が選択されると主張している。

（2-3）名前の選好（preference for names）
話し手が認識用指示表現の名前と描写のどちらも利用可能な場合は、名前で聞き手が指示対象を認識できると想定されるなら、名前を用いるのがよい。

「名前の選好」を証拠づけるものとして、Schegloff（1996）は、次のような事例を提示している。

（2-4）［Schegloff（1996）: SN-4, 16: 2-20（太字は筆者）］
01　　　Mark　: So ('r) you da: ting Keith ?

| 02 | | (1.0) |
|---|---|---|
| 03 | Karen : | 'Sa frie: nd. |
| 04 | | (0.5) |
| 05 | Mark : | What about **that girl 'e use tuh go with** |
| 06 | | **fer so long**. |
| 07 → | Karen : | **A: lice**? I ⌈don't-⌉ they gave up. |
| 08 | Mark : | ⌊(mm)⌋ |
| 09 | | (0.4) |

5行目でMarkがthat girl'e use tuh go with fer so longという描写
を用いて指示した人物がAliceのことだと分かったKarenは、7行
目でA: lice?(「アリスのこと?」)とMarkに確認を求め、その承
認を得ている(8行目)。このように、話し手が名前に言及せずに
聞き手が認識可能な人物を指示した場合、聞き手がその人物の名前
に言及するという現象が起こる。これにより、先のMarkの指示表
現の選択は、可能なら名前を用いるべきだがやむを得ず描写が用い
られたものとして扱われる。よって、この現象は、「名前の選好」
に志向して指示表現が選択されることを裏づける。

　Sacks & Schegloff(1979)は、最小指示の選好と聞き手に合わ
せたデザインの選好という2つの指針が両立しないときには、最小
指示の選好を緩和して、聞き手の認識を追求することが優先される
と述べている。その証拠に、話し手が名前を用いて指示しようとし
た対象を聞き手が認識できないと知った場合に、描写という別の形
式を用いて、聞き手の認識を追求する現象を挙げている。例えば
(2-5)の事例を見てみよう。ここでは、話し手は指示しようとす
る人物を聞き手が認識可能かどうか確信がもてないため、「指示試
行」(try-marked reference)が行われている。指示試行とは、指示
対象の名前を上昇調の抑揚で発話することで、聞き手が指示対象を
認識可能かどうかについて、不適切な想定に基づいて発話している
かもしれないということを表すと同時に、想定が適切かどうか聞き
手に反応を求める行為である。

第2章　会話分析の手法による指示研究　　33

（2-5）［Sacks & Schegloff（1979）太字は筆者］

```
01          A：… well I was the only one other than than
02    →          the uhm tch Fords ?,
03    →          Uh Mrs. Holmes Ford ?
04    →          You know uh [the cellist ?
05    →     B：              [Oh yes. She's she's the cellist.
06          A：Yes
07          B：ye[s
08          A：   [Well she and her husband were there….
```

1行目で話し手Aは自分以外にFords夫妻が来ていたということを報告するとき、聞き手BがFords夫妻のことを認識可能かどうか確信がないため、2行目で名前の提示による指示試行が行われている。その直後にBから反応がないため、AはFordsという名前ではその人物が誰なのかBは認識できないと判断する。次に3行目で、聞き手がより認識可能と想定する対象に絞って、Mrs. Holms Fordという「名前」を用いて指示試行を行っている。しかし、その直後にも聞き手の反応がなく、5行目のOh yesという反応が遅れて生じたため、4行目ではthe cellistという描写による指示試行が行われている。

　この事例で、1度目の指示試行が成功しないとき、2度目、3度目の指示試行でも認識用指示表現が用いられることから、「最小指示の選好」より「聞き手に合わせたデザインの選好」（認識用指示表現の使用）が優先されるということが分かる。というのも、仮に「最小指示の選好」が優先されるのであれば、1度目の指示試行の後、聞き手が指示対象を認識できないと判断した時点で、聞き手の認識を追求することをあきらめ、非認識用指示表現を用いるはずだからである。しかし、（2-5）にみるように、最初の指示試行が成功しない場合には、2度目、3度目の指示試行が行われる。つまり、聞き手が指示対象を認識できるということが確認できないとき、別の認識用指示表現をひとつずつ提示することによって、聞き手の認識を追求するということが優先される。

指示試行は、暫定的に名前を提示した後に間を置くという方法によっても行われる。例えば（2–6）の3行目では Max Ricler という名前を提示した後4行目を発するまで0.5秒の間隙が生じている。

（2–6）［Sacks & Schegloff（1979）太字は筆者］

```
01          A：Ya still in the real estate business, Lawrence
02          B：Wah e' uh no my dear heartuh
03    →        ya know Max Rickler
04    →        h（0.5）hhh uh with whom I've been 'ssociated
05             since I've been out here in Brentwood
06             ［has had a series =
07          A：［Yeah
08          B：= of um– bad experiences uhh hhh I guess he
09             calls it a nervous breakdown.  hhh
10          A：Yeah
```

　ここでは、3行目でBが Max Rickler という名前を発話した後に、聞き手から何も反応がないので、4–5行目で描写を行うことによって、聞き手の理解を得ている。この事例も、「聞き手に合わせたデザインの選好」が優先されることを証拠づけるものである。

　さらに、聞き手が修復を開始することによって、指示試行が行われることもある。（2–7）では、3行目で話し手Bは Shorty というニックネームで指示対象を聞き手Aが認識できると想定していたが、4行目でAが Who? と修復を開始したため、BはAがその人物をニックネームでは認識できないと判断し、5行目でファースト・ネーム、6行目でセカンド・ネームを用いて聞き手の反応を求めている。

（2–7）［Sacks & Schegloff（1979）太字は筆者］

```
01          A：Hello ?
02          B：'Lo,
03          B：Is Shorty there,
```

```
04        A：Ooo Jest–Who？
05   →    B：**Eddy**？
06   →    B：**Wood**[**ward**？
07        A：       [Oo jesta minnit.
08           (1.5)
09        A：Its fer you dear.
```

5行目でBがEddyというファースト・ネームを用いて指示試行を
行った後、引き続き6行目でWoodwardというラスト・ネームを
発話する途中で、聞き手Aは、Bが誰のことを意図しているのかに
気づき（Oo（7行目））、電話の取り次ぎに応じている。このよう
な現象にも、話し手は聞き手の指示対象の認識を追求するために
「最小指示の選好」をひとつひとつ緩和し、「聞き手に合わせたデザ
インの選好」が優先されるということを見て取ることができる。

　以上述べたように、Sacks & Schegloff（1979）は、話し手が認
識用指示表現を用いて指示試行を行い、聞き手から指示対象を認識
できるという反応が起これば、聞き手は指示対象を認識できるとい
う話し手の想定が適切であったと判断して、会話が進められ、逆に、
聞き手から何も反応がなければ、当初の想定を修正し、別の表現を
用いた指示試行によって聞き手の反応をみるというプラクティスが
存在することを指摘している。こうして聞き手の知識に関する話し
手の想定が適切ではないということが判明した場合は、その問題に
対処し、聞き手が指示対象を認識できるかどうかの確認を求める活
動が続行する。なお、第3章では、日本語における指示対象の認識
を確認する指示活動のプラクティスを記述し＊15、日本語でも「聞
き手に合わせたデザインの選好」と「名前の選好」にそって指示表
現が選択されるということを検証する。


## 2.3．指示上の問題に対処する手続き

　Hayashi（2005）、Heritage（2007）、串田（2008）は、指示上
の問題に対処する活動を会話の主活動＊16を遂行するための副次的

な活動とみなし、副次的活動によって阻まれうる会話の進行性がどのように保たれているかについて論じている。

### 2.3.1. ターンの進行性と文法の活用

Hayashi（2005）は、指示上の問題に対処する活動を、ターンによって成し遂げられるメイン・アクティビティを遂行する過程で行われるサイド・アクティビティとして捉えている。そして、サイド・アクティビティによって中断されたターンの継続性を妨げずにいかにメイン・アクティビティを遂行するターンを構築するかという観点から、日本語の会話と英語の会話にみられる指示上の問題に対処するプラクティスを 3 種に分類し、それぞれの特徴を記述している*17。以下に、各タイプについて、Hayashi（2005）から事例を引用して紹介する*18。

1 つ目は、サイド・アクティビティによって中断されたターン構成単位（turn construction unit）の繰り返しによって、メイン・アクティビティを遂行するターンを再開するタイプである。代名詞などの文法形式が、繰り返されたターン構成単位とサイド・アクティビティの指示活動を結びつける役割を果す。（2–8）では、Curt が質問する途中で、所有する車種（twenty-three Model T）の部品を聞き手が認識できるかどうか確認するサイド・アクティビティを 2 行目以降で行っている。

（2–8）［Ford & Fox（1996）転写記号一部改変、太字は筆者］

```
01        Curt: He: y. Where can I get
02   →          a: : , uh, member the old twenny three
03   →          Model T spring,
04             (0.5)
05   →    Curt: Backspring that came up like that,
06             (1.0)
07   →    Curt: Do you know what I'm [talk   ] what I'm =
08        Mike:                      [Ye: h,]
09        Curt: = talking a [bout,]
```

第 2 章　会話分析の手法による指示研究　　37

| 10 | Mike: | 　　　　　　　　［I thi ] nk– I know whatchu mean, |
|---|---|---|
| 11 | | Curt: Where can I get o: ne . |

2・3行目での車種名による指示試行に対して、4行目で聞き手の反応がないため、さらに5行目で描写を追加して聞き手の反応をみるが、6行目でも反応がないため、さらに話し手の意図したものを認識できるかどうか質問すると（7・9行目）、聞き手から指示対象を認識できるとの反応が起こっている（8・10行目）。この間1行目から開始された、部品を入手できるところを質問するというメイン・アクティビティが一時中断されているが、11行目では、1行目で開始された質問と同じ形式を用いてメイン・アクティビティが再開されている。このメイン・アクティビティのターン中で、使用された代名詞 one が、直前のサイド・アクティビティで共通認識が確認された指示対象とメイン・アクティビティのターンを結びつける grammatical anchoring ディバイスとして活用されていると Hayashi（2005）は分析している。

　2つ目は、進行中のターン構成単位の構造に埋め込まれた指示活動に、メイン・アクティビティを再開するためのターンが統語的に分断なく継続するタイプである。例えば、（2–9）では1行目で「タコスのビン」を指示試行としてマークすることにより、2行目で聞き手から指示対象を認識できるとの強い主張が起こった後、話し手は助詞「が」を用いて、指示活動によって中断されたメイン・アクティビティを再開している。

（2–9）［Hayashi（2005），林（2008b），Ono et al. 1998: 97］

| 01 | Ｙ：で　なんか　あの：,（（ポーズ））**タコスのビン：？** |
|---|---|
| 02 | Ｓ：はいはいはいはい |
| 03 | 　　（（ポーズ）） |
| 04 | Ｙ： が : ,落ちたんだけど：, |

4行目の冒頭の格助詞「が」と1行目の名詞「タコスのビン」との間に文法的接着（grammatical latching）という関係が成り立つこ

とにより、メイン・アクティビティの発話を継続し、試行として産出された名詞をメイン・アクティビティの発話構造の中に取り込むものとしている（林（2008b））。

　3つ目は、日本語の会話に特有のプラクティスとして記述されているもので、サイド・アクティビティのターン構成単位に指示名詞句が埋め込まれているタイプである。例えば、（2-10）では、4行目の格助詞「が：」によって、1行目の名詞「バネッサ」との継続性が喚起される。


（2-10）［Hayashi（2005），林（2008b）］

| 01 | | ルミ：.h あの－（.）**バネッサ**覚え－（.）てます：？ |
| 02 | | カナ：うんうん.＝ |
| 03 | | ルミ：＝うん. |
| 04 | | 　　　　　が：なんかイギリスに：行ってきて |
| 05 | | 　　　　こと［しのな－］あ　じゃ［ないや］ふゆ： |
| 06 | | カナ：　　［°う：ん°.］　　　　　　［うんん］ |


4行目でメイン・アクティビティを遂行するターンの冒頭に格助詞を置くことで、格助詞は通常名詞に後置するという規範的知識から、名詞との文法的な継続性を喚起させ、当該の名詞をメイン・アクティビティのターンの構成要素として組みこむものと記述している。

　本書では、1つ目のタイプと3つ目のタイプの特徴を部分的に共有したタイプのプラクティスを、第3章と第4章で取り上げる。（2-11）は第3章で取り上げるプラクティスの事例、（2-12）は第4章で取り上げるプラクティスの事例である。


（2-11 ＝（1-1））［CallHome Japanese 1615］

| 01 | ⇒ | B：＝宮川：の |
| 02 | → | 　　ほら**ジュン**がおるやろ？ |
| 03 | → | A：うん.（（物音）） |
| 04 | ⇒ | B：うん.あの人が：ほら（.）あの：店－　あの店っ（h） |
| 05 | | 　　て（h）あの：整骨院やってるもんで |

（2–12 ＝ (1–11)) ［CallHome Japanese 1123］

01　⇒　A：今こっちはね：

02　→　　あの：：：：ハリケーンって＞あるでしょう＜¿

03　→　B：うう：：ん

04　⇒　A：あれが近くに来てるから．hhhh

05　　　　雨はドーhh ドバッと降ってるよ．


　（2–11）の2–3行目では、「ジュン」という名前で指示する人物を聞き手が認識可能かどうか確認するサイド・アクティビティが行われ、（2–12）の2–3行目では、「ハリケーン」というカテゴリー・タームの意味が分かるかどうか聞き手の知識を調べるサイド・アクティビティが行われている。どちらも、2–3行目のサイド・アクティビティが1行目から始まったメイン・アクティビティを中断して行われている。

　（2–11）と（2–12）は、指示表現がサイド・アクティビティのターン構成単位に埋め込まれているという点では3つ目のタイプの特徴を有している。これは、記憶を喚起させる発話が、英語ではRemember...? という形式で動詞が指示表現に前置するのに対して、日本語では「覚えてる？」「あるでしょう？」という述語が指示表現の後に置かれるという文構造の違いに起因する。

　サイド・アクティビティによって分断されたメイン・アクティビティを再開する際、ターンの継続性を保つためのディバイスとして指示詞が用いられるという点では、1つ目のタイプの特徴を有している。ただし、日本語の名詞句は、文中の意味役割にかかわらず文頭に置くことが可能であるため、ここでメイン・アクティビティの冒頭の要素である指示詞が継続性を保つ役割を担うという特徴は3つ目のタイプと共通している。


## 2.3.2.　指示者が開始する認識探索と進行性

　串田（2008）は、話し手がある認識用指示表現を用いて指示対象を聞き手が認識できるかどうか予備的に調べる必要に直面したときに利用できる手続きを「指示者が開始する認識探索」と呼び、次

のように記述している。

(2-13)［串田（2008: 106）］
①ある認識用指示表現を暫定的に提示することによって、
②相手が指示対象を認識できるかどうかを知らせる機会を作り出す。
　そして、
③その相互行為の結果を踏まえて、本題行為の完成に向けて進む
　（継続・開始・再開）ことを可能にする。

　そして、指示者開始の認識探索には、認識探索を行うことと、会話の中で行おうとしている行為（本題行為）を進めることとをどのようにやりくりするかという点で、1)「認識用指示試行」、2)「認識要求」、3)「知識照会」の3種が認められるとし、それぞれについて以下のように述べている。

1)「認識用指示試行」は、［認識用指示表現（主に名前）＋試行標識（主に上昇調抑揚＋短いポーズ）］という形式を用いて開始される。これは、本題行為の発話の進行性の滞りを最小化する形で認識探索を開始するプラクティスである。例えば下の事例の「江守徹？」のように、本題行為の発話の途上で、上昇調の抑揚という試行標識（Sacks & Schegloff（1979））を伴って提示された名前1語が、格助詞「の」と文法的に結合することで、本題行為の滞りを最小限に留められるというものである*19。

(2-14)［串田（2008）］
01　→　　B：＝あと：(1.1) 江守徹？
02　　　　A：う：ん.
03　　　　B：の::::演出やったときの：魔笛：とか.

2)「認識要求」は、［認識用指示表現＋「ある／知ってる」＋「でしょ／じゃない」］という形式を用いて、聞き手が指示対象を知っているという指示者の想定への確認を聞き手に求めるプラクティス

である。(2-15)では、「あったやん」という質問形式によって、聞き手の返答が求められている。

(2-15)［串田（2008）：2D ＆ YO 太字・囲みは筆者］

| 01 | → | D：なんか**両津さん**「**こち亀**」で：あの::(0.7) |
| 02 | | **純和風とかのやつ**あったや［ん. |
| 03 | | Y：　　　　　　　　　　　　　　［おん. |
| 04 | | D：あの巻とか＞持ってきてくれ＜今度. |

　認識要求は、聞き手にターンを渡すことになるため、本題行為の進行性が遅れる傾向があるが、それと引き換えに、聞き手が指示対象を認識できるという想定が適切であることを確認しておける。したがって、このプラクティスを用いることで「本題行為の次へのステップを円滑にする」ことができるとし、物語のクライマックスの語りを円滑に進めるために、その前段で出来事を語るような場に顕著にみられると分析している。

3）知識照会は、［名前＋引用標識「て（いう）／という」（＋名詞句を完成させる要素）］を用いて開始されるプラクティスである。このフォーマットにより、本題行為を遅らせてでも認識の確立を優先することによって、本題行為からその次への進行を円滑にする点は「認識要求」と同様だが、共通認識を確立することなく本題行為に進む余地を残すと述べている。

(2-16)［串田（2008）：CSJ（D03F0001）太字・囲みは筆者］

| 01 | → | R：＝＞あ↑そいえば＜↑**ヨゼフ**って |
| 02 | → | 　　わかります.　＝［ヨ－ |
| 03 | | L：　　　　　　　　　［はいはい［はいはい. |
| 04 | | R：　　　　　　　　　　　　　　　［↑ヨゼフの近くなん |
| 05 | | 　　ですようち. |

　知識照会は、それにより聞き手が指示対象を認識できるというこ

とを示す反応が得られない場合でも、話し手が意図する対象は聞き手が知らないものとして再形式化して会話を進めることができるようにデザインされているという点で、「認識要求」とは異なると述べている。

　串田（2008）における「認識要求」のプラクティスのように、本題行為の進行を遅らせてでも聞き手に指示対象を認識させることを優先させるプラクティスについて本書第3章で取り上げる。そして、会話の進行性を犠牲にしてまで聞き手に指示対象の認識を追求する現象を観察することによって、話し手が指示表現をデザインする際に拠って立つ指針とは何か明らかにする。

## 2.4.　連鎖上の位置と指示表現形式

　Fox（1987）は、会話のある状況において、話し手は何らかの指示表現形式を用いることによって、文脈をどのように理解したかを表示（display）し、指示表現の使用によって文脈の理解を示すことが、さらに別の理解を生み出すことになると述べている。換言すれば、指示表現形式の選択が会話の連鎖構造の制約を受ける一方で、選択された指示表現の形式によって会話の連鎖構造が決定するということである。このように、言語形式と相互行為は双方向に影響しあうものと捉えた上で、指示表現形式の選択に関する制約を次のように記述している（Fox（1987: 18））。

（2-17）
1. 連鎖の中で最初に指示する対象は完全名詞句（full NP）で指示される。
2. 2度目以降の指示では、連鎖がまだ終わらないと理解していることを示す（display）ために代名詞が用いられる。
3. 同じ対象が指示されている先行連鎖が終わったものと理解していることを示すために完全名詞句が用いられる。

　例えば、（2-18）の6行目で、Bは Kuhleznik という固有名詞を

用いて人物を指示し、質問をしている。この人物について、7行目でAは、代名詞 her を用いて返答している。このように代名詞を使用することによって、連鎖がまだ終わらないとAが理解していることが示される。

（2–18）［Fox（1987: 19）太字は筆者］

| | | |
|---|---|---|
| 01 | | B：Eh–yih have anybuddy: thet uh: ? |
| 02 | | (1.2) |
| 03 | | B：–I would know from the English depar'mint there ? |
| 04 | | A：Mm–mh. Tch !　I don't think so. |
| 05 | | B：˚Oh, = |
| 06 | → | B：= Did they geh ridda **Kuhleznik** yet hhh |
| 07 | → | A：No in fact I know somebuddy who has **her** now. |

　（2–19）の10行目では、2度目以降の指示で代名詞を使用することで、Aは連鎖がまだ終わらないと理解していることを示している。

（2–19）［Fox（1987: 39）太字は筆者］

| | | |
|---|---|---|
| 01 | | A：Hello |
| 02 | | B：Is **Jessie** there ? |
| 03 | | A：(No) **Jessie's** over et 'er gramma's fer a couple da: ys. |
| 04 | | B：A'right thank you, |
| 05 | | A：Yer wel: come ? |
| 06 | | B：Bye, |
| 07 | | A：Dianne ? |
| 08 | | B：Yeah, |
| 09 | | A：OH I THOUGHT that w'z you, |
| 10 | → | A：Uh–**she's** over et Gramma Lizie's fer a couple days. |
| 11 | | B：Oh okay. |

4行目でBは会話の終結を開始し、5行目でAがそれを受け入れて

44

いる。6行目でBがあいさつをした後、予測されるように7行目で
AがByeとあいさつを返していたら、この電話会話は終わることに
なる。しかし、7行目でAは再び連鎖を開始している。10行目で
Aは代名詞sheを用いることによって、先行連鎖で話題にしていた
Jessieと同一人物の話題が再開されたということを示している。

　（2–20）は、先行連鎖が終わったと理解していることを示すため
に完全名詞句が用いられる例である。


（2–20）［Fox（1987 : 41）転写記号一部改変、太字は筆者］

| 01 | | M : W'l (anyway listen) I gotta (go), I gotta (–) |
| 02 | | do alotta studying |
| 03 | | (0.3) |
| 04 | | M : Oh en Hillary said she'd call me if– she was |
| 05 | | gonna go t'the library with me |
| 06 | | (0.9) |
| 07 | | M : But– (0.1) I don't think she will |
| 08 | | M : So ennyway (0.2) Tch. I'm gonna go have these |
| 09 | | xeroxed' n I'll come back inna little bit. |
| 10 | | (M) : (.hhhh/hh) |
| 11 | → | R : (Oka [y. Say]) hi t' **Hillary** for me. |
| 12 | | S : [Okay. |
| 13 | | M : Okay I will. |


11行目でRはHillaryという完全名詞句を用いることにより、4行
目以降の連鎖が終わったと理解していることを示している。

　このようにFoxの分析は、照応形を用いるか完全名詞句を用い
るかという選択には、先行詞と指示表現との照応の距離とは関係な
く、連鎖を継続するか終了するかという観点から、指示表現が選択
されるということを明らかにしている。

　連鎖上の位置によって指示表現形式が選択されるという見地から、
Schegloff（1996）は、「単に対象を指示することに加えて何かを成
し遂げるためにどのように話し手は指示するか」（439）という問

第2章　会話分析の手法による指示研究　　45

題を提起した。そこで、Schegloff は指示表現の表れる位置を、会話の局所構造内で最初に指示が行われる位置（locally initial reference position）（以下、「最初の指示位置」）と、会話の局所構造内での後続指示位置（locally subsequent reference position）（以下、「後続指示位置」）とに区別し、それぞれの位置に生起する無標の指示表現形式を、最初の指示表現形式（locally initial reference form）と後続指示表現形式（locally subsequent reference form）と呼んでいる。英語の場合、話し手と聞き手以外の人物を指示するときに、「名前」や「描写」などの表現形式（完全名詞句）は、最初の指示位置で用いられる指示表現形式であり、代名詞などの照応形は後続指示位置で用いられる表現形式であるとしている。

　Schegloff は無標の表現形式を用いる場合と対照的に、最初の指示位置で代名詞を用いたり、後続指示位置で名前を用いたりする現象を有標な指示（marked reference）と位置づけ、有標な指示は、聞き手に特定の対象を指示する以上のことを成し遂げると主張している。例えば、Fox（1987）は最初の指示表現形式である名前を後続指示位置で用いることによって、直前の会話との継続性を絶ち、新しい会話の局面の始まりを示唆するという分析を行っている。この現象も有標な指示の現象のひとつとみなされる。（2–21）では、5 行目で認識用描写を用いて初めて言及され、7 行目で名前の提示により Mark と Karen の共通認識が確認された人物を後続指示位置（11 行目）で指示する際に代名詞が用いられている。後続会話の 18 行目で、同じ人物が同じ Alice という名前で再び指示されていることに注目しよう*20。

（2–21）［Schegloff（1996）: SN–4, 16: 2–20］

| 01 | | Mark: | So (ʼr) you da: ting Keith ? |
|---|---|---|---|
| 02 | | | (1.0) |
| 03 | | Karen: | ʼSa frie: nd. |
| 04 | | | (0.5) |
| 05 | → | Mark: | What about **that girl ʼe use tuh go with fer** |
| 06 | | | **so long.** |

46

```
07  →  Karen: A:lice?I[don't–]they gave up.
08     Mark:          [(mm)]
09             (0.4)
10     Mark: (°Oh?)
11  →  Karen: I dunno where she is but I–
12             (0.9)
13     Karen: Talks about 'er evry so o:fen, but– I
14             dunno where she is.
15             (0.5)
16     Mark: hmh
17             (0.2)
18  →  Sheri: Alice was stra::nge,
19             (0.3)((rubbing sound))
20     Mark: Very o:dd. She usetuh call herself a
21             pro:statute, = 'n I useteh– (0.4)
22             ask 'er if she wz gitting any more
23             money than I: was. (doing).
```

5行目のMarkの質問に返答する際、11行目でKarenはAliceがどこにいるのか分からないと話し、16行目でMarkが了解した後、18行目でSheriがAliceに対する評価を行う。このとき、Sheriは話題になっている人物を再指示する際に、代名詞ではなく名前を選択することによって、新たな連鎖を開始することを合図している。このように、最初の指示表現形式（名前）を使用して最初の指示を再構築することは、再言及ではなく、「別の最初の」最初の言及であり、あえて名前を再使用して直近の指示対象を指示することで、単に同一人物を指示するということ以上のことを成し遂げる有標な指示現象として捉えられる、とSchegloffは述べている。

　Heritagae（2007）は、話し手が提示した指示表現によって聞き手が指示対象を認識できたとき、通常うなずいて会話の進行を促すのみであり、聞き手が新たに再指示するということは、何らかの理由があるためになされることだと述べている。例えば、話し手が

Mrs. Baker という表現で指示した人物を聞き手が Dian Baker という表現を用いて再度指示し、その方が聞き手に合ったデザインであることを示すという事例を挙げている（277）。また、他の会話者から話題に関連する分野の知識を持っていないとみなされた会話者が、認識できないと想定した表現で言及された指示対象を、描写を用いて再指示することによって、自身もその人物を認識できるということを主張する事例も示している。

　Stivers（2007）は、認識可能な第三者を指示する際に、無標の指示表現である名前を使用する替わりに、会話者と関連付けた表現を用いる現象に着目している。例えば、自分の母親との会話で、叔母に対する不満を訴えるとき、普通は aunt Alene と呼んでいる叔母のことを、あえて your sister という聞き手と関連付けた表現を用いるという事例である。これによって、話し手・聞き手・指示対象という三者の関係において、聞き手と指示対象との距離を縮め、話し手と指示対象の距離を離すというスタンスが示唆され、不満を訴えるという活動に合わせた選択がなされていると分析している。

　日本語に関しては、Kushida（2015）は、「名前＋てゆう人」という指示表現形式が、話し手の認識上の距離（epistemic distance）を主張する資源になることを指摘している。具体的には、指示対象との距離の主張（聞き手は指示対象のことを知らないと主張すること、自分は指示対象のことを直接的には知らないと主張すること）、参加者間の知識の主張（話し手・聞き手双方が知っている対象のことを、聞き手は話し手よりよく知らないと主張すること、話し手より聞き手の方がよく知っていると主張すること）が、会話の状況に応じてなされるということを記述している。

　戸江（2015、2017）は、育児サークルで保育中の母親が、自分の子を「これ」や「この人」という有標な指示表現を用いて指示するとき、これらの表現が、単に指示対象に聞き手の意識を向けるよう促したり、指示対象の例外性・半規範性を際立たせるだけでなく、指示対象の母親としての立場を見せ、他の会話参加者との関係性をうまく保つための資源として使用されているということを議論している。

本書では、一度会話に導入した対象を再指示する際に、無標の照応形ではなく他の指示表現形式を用いる有標な指示現象について、第7章、第8章において取り上げ、有標な指示表現が会話活動を達成するよう選択（デザイン）されていることを示す。

## 2.5.　日常会話のデータ

　本書は、日本語母語話者による日常会話を分析対象とする。資料は、電話会話と対面会話の資料を用いている＊21。

　電話会話は、ペンシルバニア大学の研究プロジェクトによって作成された、アメリカに在住・滞在している日本語母語話者が日本在住の家族、親族、友人にかけた電話による会話を収録したデータベース CallHome Japanese Speech（1996–1997, Linguistic Data Consortium, Philadelphia）を用いた。各組最長30分の録音が行われたうち15分間の会話部分100組分の計25時間を観察した。本書に記載するトランスクリプトは、コーパス既存のトランスクリプト CallHome Japanese transcript（Wheatley et al.（1996–1997），Linguistic Data Consortium, Philadelphia）を参考に、音声を聞きながら、Gail Jefferson によって考案された会話分析用の記号を用いて転記したものである。（転記記号の意味については、「トランスクリプトに用いる記号の一覧」を参照のこと）。会話参加者のアイデンティティは、アメリカ在住者・滞在者をA、日本在住者をBと表記している。また、アメリカに滞在している日本人どうしの会話を収録した CallFriend Japanese（Linguistic Data Consortium による作成）の一部も参照した。なお、現在 CallHome Japanese、CallFriend Japanese のデータは talkbank のウェブページを通してアクセスすることができる（MacWhinney, B.（2007））。

　対面会話は、大学生による会話（各組2人または3人、15分〜60分）計7時間分を観察した。会話者の情報は以下の通りである。

| Doo | 3人　大学生　女性　友人 |
| Dem | 3人　大学生　女性　友人 |

| m & n | 2人 | 大学生 | 女性 | 友人 |
|---|---|---|---|---|
| val | 2人 | 大学生 | 女性 | 友人 |
| Kyu | 2人 | 大学生 | 女性 | 友人 |
| toa | 2人 | 大学生 | 女性 | 初対面で1時間程話した後 |
| fami 1 | 2人 | 大学生 | 女性 | 友人 |
| fami 2 | 2人 | 大学生 | 女性 | 友人 |
| fami 3 | 2人 | 大学生 | 女性 | 友人 |
| unfami 4 | 2人 | 大学生 | 女性 | 初対面 |
| t & s | 2人 | 大学生 | 女性 | 友人 |

　対面会話のデータは、会話者の非言語行動も観察できるように、ビデオカメラによる撮影を行った。会話提供の協力者を募り、ビデオ撮影によるデータ収集の趣旨と方法、人権保護対策について説明し、協力者の了解を得た上で収録した。協力者がリラックスして会話できるように、収録場所を選び、撮影中に収録者は立ち会わないこととした。また、会話者が座るテーブルの上にお茶やお菓子を用意し、撮影中に飲食したり、自分の持ち物を出したり、中座したりなど、自由に行動して差し支えないということを伝えて撮影している。対面会話データも音声データと同じ記号を用いて転記している。

　なお、電話会話、対面会話において、会話者および言及された人物、場所等の名前は人権保護の観点から、仮名化してトランスクリプトに記載している。

## 2.6.　注目するプラクティス

　第1章で述べたように、本書の目的は、会話分析の方法論を用いて、日本語の指示活動のプラクティスを記述し、会話者が指示表現を選択（デザイン）する際に拠って立つ指針を明らかにすることである。本章で概観してきた会話分析による研究成果を踏まえ、以下の章では、日常会話に生じる次のような指示活動のプラクティスを記述する。

I　最初の指示位置で行われる指示

1）指示対象の認識を確認するプラクティス（第3章）

2）カテゴリーの知識を調べるプラクティス（第4章）

3）言葉探しを伴う指示のプラクティス（第5章）

4）聞き手が知らない対象の存在を知らせるプラクティス（第6章）


II　後続指示位置で行われる有標な指示

1）名前披露（第7章）

2）直示表現の再使用（第8章）


I–1）「指示対象の認識を確認するプラクティス」は、人物や場所など、唯一的に同定可能な対象を指示する際に用いられるプラクティスである。先に挙げた（1–1＝(2–11)）、(1–10) が代表例である。Hayashi（2005）、串田（2008）の記述を踏まえ、本書では、ものを指示する事例も分析対象に含める。そして、このプラクティスを用いた指示活動の観察から、日本語でも、Sacks & Schegloff（1979）によって提唱された「聞き手に合わせたデザインの選好」と Schegloff（1996）によって提示された「名前の選好」に志向して指示表現が選択されることを検証する。

I–2）「カテゴリーの知識を調べるプラクティス」は、指示対象を表すカテゴリー・タームの意味（もしくは、指示対象が属するカテゴリーがどのようなものか）を聞き手が理解可能かどうか調べるプラクティスである。(1–11＝(2–12)) に示した「ハリケーン」の事例がこれに相当する。Kitzinger & Mandelbaum（2013）による語彙選択の議論を参照し、日本語の日常会話においても「名前の選好」と平行して「タームの選好」という指針が存在することを主張する。

I–3）「言葉探しを伴う指示のプラクティス」は、話し手が指示対象の名前を思い出せないとき、聞き手と協働で指示表現を探索するプラクティスである。(1–18)、(1–19) の事例がこれに該当する。言葉探しを伴う指示活動では、聞き手による指示対象の認識の証拠提示（Heritage（2007））が求められる。この指示活動の事例に

よって、「聞き手に合わせたデザインの選好」「名前の選好」「タームの選好」という指針に志向して指示表現が選択されることを検証する。

I–1）やI–2）のプラクティスを用いて、話し手と聞き手との間で交渉がなされるとき、必ずしも常に両者の間で共通の認識や理解が得られたとみなされるわけではない。話し手が聞き手の知識に関する当初の想定を修正・更新しなければならないこともある。また、I–3）の言葉探しを伴う指示活動においても、必ずしも求めていた名前やカテゴリー・タームが見つかるわけではない。第3章から第5章の各章の後半において、このような困難な状況に会話者がどのように対処し、会話を進行させるのかを観察することによって、指示表現が会話活動を達成するために選択（デザイン）される側面を明らかにする。

I–4）「聞き手が知らない対象の存在を知らせるプラクティス」は、聞き手が知らないと想定する対象を会話に導入する際に用いられるプラクティスである。第6章では、このプラクティスを用いて、1）指示対象がある場所に存在するということを告知する、2）会話の話題に上ったカテゴリーの一員を紹介するという仕事がなされることに着目する。そして、この指示活動の事例の観察から、聞き手が知らないと想定する対象が言及される際、既存の知識と関連付けて指示対象の理解を促すように指示表現がデザインされるということを検証する。さらに、指示表現は、単に聞き手の知らない対象の存在を理解するよう促すだけでなく、会話活動を成し遂げられるようにデザインされているということを明らかにする。

本章2.4節で述べたように、指示表現が単に対象を指示する以上のことを成し遂げる側面が注目されてきた。本書では、「名前披露」、「直示表現の再使用」と呼ぶプラクティスに着目する。

II–1）「名前披露」とは、聞き手が知らない対象の名前を後続指示位置で告知するプラクティスである。例えば、物語に登場する人物を、最初は「友達」というカテゴリー・タームを用いて導入し、後から「このみっていうんだけど」のように名前を知らせるプラクティスである。

II-2)「直示表現の再使用」とは、先行話者が用いた直示表現と同じ形式を後続話者が再度用いて同一の対象を指示するプラクティスである。

これらのプラクティスで行われる指示表現の選択は、従来の談話分析では、照応に関する一般的な原則に抵触するものとして扱われるものである。しかし、Fox（1987）、Schegloff（1996）が指摘するように、相互行為連鎖を視野に入れることによって、単に指示的指示以上のことを成し遂げる「有標な指示」とみなすことが可能である。本書では、これらのプラクティスが、相互行為上の要請によって行われていることを記述し、指示表現が会話活動を達成するために選択（デザイン）される側面を証拠づける事例となることを主張する。

---

＊14　Levinson（2007）は Sacks & Schegloff（1979）の選好性の概念を含め、初出の第三者の人物指示に関わる複合的制約（Multiple constraints on person reference）を提起している。
（1）可能な限り強い意味で、認識を達成せよ（RECOGNITION）
（2）表現手段を最小限にせよ（ECONOMY）
　（i）ひとつの指示表現を用いよ（Sacks & Schegloff の「最小指示の選好」）
　（ii）可能であれば描写ではなく名前を用いよ（（1）の結果でもある）
　（iii）2つ名前がある場合はひとつのみ用いよ
（3）表現形式を聞き手に合わせよ（例えば、mommy, your mother, Mary, Mrs William のように発話の聞き手によって表現は変わる）
（4）表現形式を話題や行為に合わせよ
（5）他の言語固有の制約（CIRCUMSPECTION）に従え
（3）–（5）の制約は指示的指示以上の側面に集約されると考えられる。
＊15　Stivers et al.（2007）は、新たに「関連付け（association）の選好」という指針が存在する言語があると主張している。例えば、my sister、your wife's colleague、her son's classmate のように、指示対象を会話参加者に直接関連付ける指示表現形式が、メキシコ南部で話されているツェルタル語（Tzeltal）ツォツィル語（Tzotzil）ユカテック語（Yukatec）では無標であるということが報告されている（Brown（2007），Hanks（2007））。
＊16　Hayashi（2005）は main activity、串田（2008）は本題行為と呼んでいる。
＊17　Hayashi（2005）では1つ目のタイプと2つ目のタイプについて日英語

両方の事例を挙げているが、ここでは一方の言語の事例のみを紹介する。

＊18　漢字仮名混じり表記への変更と下線は筆者による。

＊19　この格助詞の役割は、Hayashi（2005）において、進行中のターン構成単位の構造に埋め込まれた指示交渉に、メイン・アクティビティを再開するためのターンが統語的に分断なく継続するタイプ（例（2–9））と記述されるものと同様である。

＊20　この事例の前半は、（2–4）で見たように、5–6行目でMarkが描写を用いて初めて指示対象を会話に導入した人物を、聞き手であるKarenが名前を用いて指示対象を認識できるということの証拠提示をしている。

＊21　電話会話コーパスCallHome Japaneseの入手、対面会話データの収集、データの整理は、以下の科学研究費補助金の助成を受けて行われた。平成13・14年度若手研究（B）「日本語の指示表現に関する会話分析的研究」13710308須賀あゆみ、平成21–23年度基盤（C）「相互行為における指示の研究」21520405須賀あゆみ。

第**3**章
# 指示対象の認識を確認するプラクティス

## 3.1. はじめに

　第2章で述べたように、英語の会話における人物指示の観察から、Sacks & Schegloff（1979）は、指示上の問題に対処する「指示試行」というプラクティスに着目し、認識用指示表現を用いて聞き手が指示対象を認識できると想定するならば、認識用指示表現を用いよ、という「聞き手に合わせたデザインの選好」という指針にそって、話し手は指示表現を選択していることを指摘している。さらに、Schegloff（1996）は、その中でも、名前を用いて聞き手が認識できると想定するなら名前を用いよ、という「名前の選好」という指針が存在することを検証している。

　本章では、日本語の会話において話し手が意図した指示対象を聞き手が認識可能であるという想定が適切かどうか確認を求める「認識要求」（串田2008）のプラクティスについて記述する。そして、この認識要求のプラクティスが用いられる事例を観察することによって、指示表現の選択が「聞き手に合わせたデザインの選好」と「名前の選好」という指針にそってなされることを検証する。

　3.2節では、指示上の問題に対処する活動のひとつとして、人物や場所を指示対象とする認識要求について記述する。3.3節では、人物や場所を指示する場合だけでなく、ものを指示する場合にも、指示対象が唯一的に認識可能とみなされる状況では、認識要求の活動がなされることを主張する。3.4節では、話し手と聞き手の間で指示対象の共通認識を確立するために、聞き手がより認識しやすいと思われる対象を指示し、それに関連付けて意図した対象の認識要求を行う「二段階の認識要求」が観察されることから、指示表現が聞き手の知識状態に合わせてデザインされることを示す。3.5節で

は、質問や依頼などの活動を成し遂げるために、会話者間で指示対象の共通認識の追求が起こる事例を検討し、指示表現の選択が「名前の選好」と「聞き手に合わせたデザインの選好」にそってなされることを明らかにする。さらに、3.6 節では、指示表現が単に聞き手に指示対象を認識させるためだけでなく、会話の主活動を達成するようにデザインされることを検証する。

## 3.2. 認識要求

### 3.2.1. 名前による人物（場所）の認識要求

本節では、聞き手が指示対象を知っているという指示者の想定への確認を聞き手に求める「認識要求」のプラクティス（串田（2008））を取り上げる。具体例を（3–1）に示す。これは、アメリカと日本とで離れて住んでいる高齢の姉妹の間で行われた電話会話の一部である。A が年齢を重ねるにつれて体がいうことをきかなくなってきたと言うと、B は歳をとればみなそうなると述べようとする。そこで、1 行目で開始されたターンで、近所の住人で A も知っていると想定される人物の名前に言及しようとするが、長年日本を離れて暮らしている A がその人物のことを覚えているかどうか確信がないため、3 行目から B にその確認を求める副次的活動を開始している。

（3–1）［CallHome Japanese 2209］

```
01  XM ⇒ B：[も]うこの近所の人のほら,
02        A：う[ん].
03  X1 → B：   [尾]賀さんって＞おらっしゃった＜で[しょう.
04  Y1 → A：                                [はい：]
05            はい.
06  XM ⇒ B：（あ）自慢でね,
07        A：うん.
08  XM ⇒ B：あたしゃ体の強いのが自慢じゃった,ちっ［さい],
09        A：                              [うん]
```

56

| 10 | | うん. |
|---|---|---|
| 11 | XM⇒B： | 言うごだった人も今意識不明になっちゃう［もの］？ |
| 12 | A： | ［あら］ |
| 13 | | <u>そう</u>［ねん.］ |

3行目でBはAに「尾賀さん」という名前の人物のことを覚えているかどうか確認を求めている。これに対して、4-5行目でAが「はい：はい.」という強い主張をしている。この反応を得て、Bは「尾賀さん」という人物をAが認識できるものとみなして、6行目で主活動を再開している。

（3-1）に見られる会話参加者の行為は（3-2）のように記述することができる。話し手の行為をX、聞き手の行為をYと表記し、会話の主活動を⇒、副次的活動を→で示す*22。


（3-2）
［話し手（XM）：会話の主活動]*23
話し手（X1）　：指示対象を認識可能かどうか確認を求める
聞き手（Y1）　：反応する
話し手（XM）　：主活動を再開（開始）する


X1で使用された「尾賀さん」という指示表現のみによって指示が行われているのではなく、以下に記すように、様々な言語・非言語要素を資源としたプラクティスとして、指示が成り立っている。


（3-3）
X1→　話し手：フィラー　**名前(A)** ている［ある］でしょう
Y1→　聞き手：応答表現
XM⇒　話し手：指示詞／名前（A）／∅


X1の冒頭に生じる「あの」などのフィラーは、話し手が発話を構築する上で問題が生じていることを示す（西阪（1999））。また、ピッチ・リセットと発話の速度の変化により、ここから主活動

第3章　指示対象の認識を確認するプラクティス　　**57**

（XM）とは異なる活動が始まるということが合図される。その直後に提示される指示表現は、指示対象を聞き手が記憶の中から探すために利用可能な情報資源を提供する*24。

　（3–1）は名前が使用された例である。名前は個々の指示対象を唯一的に同定するために用いられる。（3–1）では、聞き手が指示対象を唯一的に同定することができると想定して話し手は「尾賀さん」という名前を用いている*25。ものを指示する場合、商標名、銘柄名、作品名などは、同じカテゴリーに属する他の対象と区別するという意味において、指示対象を「唯一的に」同定するために使用される。

　X1の述語「いる［ある］でしょう」（「いる［ある］だろう」「いる［ある］じゃん」「おる［ある］やん」など）は、その直前までをひとまとまりの指示表現として後方から位置づけるとともに、次の発話機会を聞き手に与える役割を果たす（串田（2008））。そして、「いる」・「ある」は、文法化が進んだ結果、存在を表す動詞としての意味が希薄になっている（Ford et al.（2003）参照）。X1の述語は、英語のRemember...?　やYou know...?　など*26と同様に、聞き手に記憶の中から指示対象を想起するように促すリマインダーの役割を果たす。ただし、英語のrememberやyou knowは指示表現の前に置かれるのに対し、日本語の「いる［ある］でしょう」は指示表現の後方に置かれるという違いがある。日本語では、指示表現に前置され、リマインダーの役割を果たすものに、「ほら」や「だから」がある。

　さらに、述語「いる［ある］でしょう」は、指示対象を聞き手が認識できると想定していることを指標する。例えば、「尾賀さんっているでしょう」は聞き手が指示対象を認識できると想定していることを指標している。聞き手が指示対象を知らないと想定する場合には、「尾賀さんっているのね」のようなフォーマットが用いられる（本章3.6節及び第6章を参照）。

　「あったでしょう？」「いたでしょう？」のように存在動詞の過去形が用いられる場合、聞き手が過去の経験による記憶から指示対象を同定することができると想定していることを示す。（3–1）の

「＞おらっしゃった＜でしょう」もその例である。

Y1の聞き手の反応には、次のようなタイプが観察される。

（3–4）a．沈黙

    b．指示対象の認識主張（claim）

    c．指示対象の認識の証拠提示（demonstration）

X1の後に（3–4a）の沈黙が生じた場合、話し手は、X1で選択した指示表現で意図した対象を聞き手は認識することができないと判断する。（3–4b）の認識主張は、相槌やうなづきの回数や音量などの点で程度差がみられる。例えば、「うん」や「あ：」のような反応が起こった場合、話し手が指示対象を認識できるという想定のもとに会話を進行させてもよいものと判断する合図となる。「はい：はい」「うんうんうんうん」のように反復や大音量を伴った強めの認識主張の場合、聞き手が指示対象を認識できる可能性が比較的高いとみなされる。いずれにしても、認識主張は、実際に聞き手が認識できるということを保証するものではない（Heritage（2007）、本書第1章1.2.3節も参照）。他方、聞き手自らが別の指示表現を用いて行う（3–4c）の認識の証拠提示は、聞き手が指示対象を認識可能であるというみなしを保証する。

XMで用いられる名詞句は、X1–Y2による副次的活動が終了し、会話の主活動が再開したことを合図する。指示詞が使用される場合が多いが、X1で話し手が使用した指示表現と同じ形式が用いられる場合（例　後述の（3–10）「ヘルプ」）や、名詞句が明示されない場合がある。（3–1）は名詞句が明示されないケースである。指示詞が使用される場合の事例を（3–5）に示す。

（3–5 ＝（1–1））［CallHome Japanese1615］

((アメリカ在住のAが実家の母Bにかけた電話で、Bは夫（Aの父）が腰を痛めて療養していたことを報告している。))

01      B：ほんでhehh う：ん宮川へ：：：だいぶ長いこと

02      通っとったんやけど？

03　　　　A：うん＝

04　XM⇒B：＝宮川：の

05　X1→　　ほら**ジュン**がおるやろ？

06　Y1→A：うん．（（物音））

07　XM⇒B：うん． あの人 が：ほら（.）あの：店－　あの店っ（h）

08　　　　　て（h）あの：整骨院やってるもんで

09　　　　A：うん．

10　　　　B：通っとったんや．うん．


話し手Bは、夫が通っていた整骨院を経営している人物に言及する
際、聞き手Aが「ジュン」という名前で当該人物を認識可能かどう
かを確かめるために、5行目で認識要求を行い、6行目の認識主張
を受け、7行目で あの人 という指示代名詞句を用いて、4行目
の終わりで中断した報告という主活動を再開している＊27。

　　日本語の名詞句は、文中の意味役割に関わらず文頭に置くことが
可能なため、XMの文頭に置かれた名詞句は直前のX1–Y1とつな
がりを保ちつつ、副次的活動から主活動への移行を合図することが
できる。

　　このことに関連して、西阪（2005）は、指示詞が副次的活動に
よって中断された語りを「本筋に戻す」機能を担うということを指
摘している。（3–6）では、話し手Bが3行目で言及した「ボーイ
ング」という名前の芸能事務所のことを、聞き手Aが認識可能か
どうか5行目で確認しようとしている。


（3–6）［西阪（2005）囲みは筆者］

01　XM⇒B：.hhふんであれらしいですよ

02　　　　　＝d－　すごいおもしろい話（す）けど－

03　　　　　あの**ボーイング**の：.hあの：**事務所**に：

04　　　　A：h［ん：

05　X1→B：　［**ボーイング**ってある［じゃないです　［か：：

06　Y1→A：　　　　　　　　　　　　　［hh（（咳払い））［んん

07　XM⇒B： あそこ にカチコミが：：あったときに：

60

08      A：んん

5行目の認識要求に対し、6行目で聞き手の認識主張が起こったことを踏まえて、7行目で主活動が再開されている。このとき、指示詞「あそこ」は、5–6行目のやりとりを連鎖上「消去」する役割を果たし、それゆえ7行目で主活動に「戻る」ことが成し遂げられると西阪（2005）は分析している＊28。

　では、ここで、（3–1）の事例に即して、認識要求のプラクティスの特徴をまとめておこう。3行目のX1で発話された「尾賀さん」という名前は、話し手Bが意図する人物を聞き手Aが認識できるという想定が適切かどうか確認するために提示されたものである。話し手Bは「尾賀さん」という名前で聞き手Aが記憶の中から対象人物を探し出すことができると想定している。X1を受けて、Y1では、Aが「はい：はい」という認識の強い主張を行っている。このことから、話し手Bは、意図した人物を聞き手Aが認識できると判断し、1行目の終わりで中断した会話の主活動を6行目で再開している。

　認識要求に対して、聞き手が開始する修復によって、聞き手の認識が追求されることがある。次の会話では、アメリカに留学中の大学生Aが、日本の友人の大学生に、就職活動をしていることを話している。面接を受けた会社について、6行目で聞き手に認識要求を行うが、8行目でBによって修復が開始されている。

（3–7）［CallHome Japanese 1713］

01      A：あ俺就職今：＞探してんだ＜知ってる？

02      　　（0.3）

03      B：あ：：：＞知って＜る．うん

04      A：あ（h）あ：＞知って（h）るんだっけhh？＝

05      B：＝まだ見つかんないの¿

06  X1→A：いや（0.2）あの：：（0.5）**大通**ってあるじゃない．

07      　　（0.4）

08      B：え？

第3章　指示対象の認識を確認するプラクティス　　61

09　X1 →A：**大通**.

10　Y1　B：う∷ん

11　X2 →A：**大海通運**.

12　Y2　B：うん.

13　XM ⇒A：あそこのダラス支社∷(.) で面接受けたね　ひと［つ］.

14　　　　B：　　　　　　　　　　　　　　　　　　　［へ］え∷

　Aの修復開始を聞き取りの問題とみなしたBは、6行目と同じ「大通」という表現形式を9行目で再度発話している。それに対して、Bは10行目で「う∷ん」と応答することによって、修復の問題が解決されたことを示すとともに認識主張を行うと、Aは11行目で「大海通運」という企業の正式名称を提示し、12行目の「うん.」という認識主張により、修復された名前「大通」以外の指示表現でも、聞き手が認識できることを確認し、13行目で主活動を開始している。

### 3.2.2.　描写による人物（場所）の認識要求

　聞き手が唯一的に同定可能と想定する人物を指示するとき、名前が利用可能でない場合、その対象を「描写」することによって認識要求が行われる。「描写」（description）は、聞き手が記憶のなかから、認識可能と想定された指示対象を探索する際に利用可能な情報を提供する。

　例えば、（3–8）は、描写を用いて人物の認識要求がなされた例である。

（3–8）［CallHome Japanese 1290］
((AはBの母親でアメリカに住んでいる。「ひろ」はAの二男（Bの弟）。Bが住んでいる東京を訪ねたいという手紙を「としみちゃん」からもらったと述べた後))

01　　　　B：ひろじゃないけどとしみちゃん∷から∷の手紙

02　　　　　　［だけど　］

03　　　A：［あ∷そう］

```
04  X1→    あのとしみさん：の：ほら：あのホ：ストファミ−
05         ファミリーの人がいたでしょ？＜オーストラリア
06         ［の.］
07  Y1→B：［う］ん
08 XM ⇒A： あの人達がね，ふた− ↑2組だけど別々なんだけど
09         ちょうど仕事で日本に行くんですって.
10         (0.4)
11    B：そうなん［だ］
```

4–9 行目で、A は B に伝聞報告をする際、4 行目で A は意図した人
物の名前ではなく、会話者双方に利用可能であり先行会話で話題に
上った「としみさん」「としみちゃん」」との関係を表す「ホスト
ファミリーの人」という描写を用いて認識要求を試みている。その
後すぐに「オーストラリアの」という描写を追加して、認識探索の
手がかりとなる指示対象の属性情報を追加している。これに対して、
7 行目で B が「うん」と認識主張をした後、8 行目で A は「あの人
達」という指示代名詞句を用いて伝聞報告の主活動を開始している。
11 行目で B が「そうなんだ」と発話していることから、A の伝聞
報告が問題なく B に受け入れられたとみなすことができる。した
がって、この発話からも、A が意図する人物を B が認識できるとい
うことが確認できる。

　この事例にみるように、(3–2) に示した活動が、(3–9) のよう
な言語表現を資源として行われる場合がある。


（3–9）
X1→ 話し手：フィラー　描写 (B) がいる ［ある］でしょう
Y1→ 聞き手：応答表現
XM ⇒ 話し手：指示詞 …


## 3.3.　唯一的に同定可能なものの指示

本節では、人物や場所のように、「名前」によって個体識別可能

な対象を指示する場合だけでなく、「もの」を指示する場合でも、話し手と聞き手の間で指示対象が唯一的に同定可能なものとして了解される状況では、「認識要求」のプラクティスが用いられることを示す。

### 3.3.1. 名前によるものの認識要求

ものを指示するとき、話し手が念頭に置いている特定の対象を指示しようとし、聞き手もその対象を認識できると想定される場合、「カトリーナ」という名前を用いて特定のハリケーンを指示するようなケースを除き、個体を識別するために「名前」がつけられている例は少なく、カテゴリー・タームを用いて指示が行われることがほとんどである。しかし、ものを指示する場合でも、話し手が念頭に置いている特定の対象を聞き手が唯一的に同定可能なものとして認識を促す状況がある。例えば、妻からパソコンの操作方法を問われた夫が、特定のキーの存在に意識を向けさせようとする（3–10）のような状況である。

（3–10）〔CallHome Japanese 1003〕
((妻Aが夫Bにパソコンで表の出し方を忘れてしまったと告げた後))

01      A：なんとか今からやってみるから.

02      B：あ::［：］

03      A：　　［う］ん　あれ.hh＜終了キーを＞押すんだよね？

04  X1→B：あれぐ－　ぐ－　あの<u>ヘルプ</u>あるでしょ.

05  Y1→A：［うんうん］

06  X2→B：［ヘルプ.　］

07  Y2→A：［<u>あ</u>（れ）ね¿］

08  XM⇒B：［ヘルプ　　　　］を押してみれば分かるよ.

09      A：わかった.

10      B：うん

11      A：やってみるから.

12      B：うん.

13      A：うん

「あれ.hh＜終了キーを＞押すんだよね？」と妻から確認を求められた夫Bは、それに対して直接的な返答をするのではなく、「あのヘルプあるでしょ.」と、別のキーの認識要求を行い、副次的活動を開始している。この認識要求（X1）に対して、Aは「うんうん」と認識主張の反応を返している。さらに、Bが認識要求の後に指示表現を繰り返した「ヘルプ」（X2）に重複して「あ（れ）ね¿」と認識主張をしている。これと重複して行われた「ヘルプを押してみれば分かるよ.」という助言を、Aが「わかった」と受け入れていることからも、Bが意図する「ヘルプ」の指示対象をAは認識できると判断することができる。

　この会話では、会話者のひとりがパソコンを使って表を作成するという状況にあり、直前に「終了キー」が言及されているという文脈からも、ここで用いられた「ヘルプ」という指示表現は、パソコンのキーボード上に配列されている複数個のキーのなかから、特定のキーを唯一的に同定することを促すものであるということが、会話者間で了解されている。このように、ものを表す場合も、認識要求がなされることがある。この場合、「ヘルプ」は名前のように扱われている。

## 3.3.2.　描写によるものの認識要求

　前節では、話し手が、同じカテゴリーに属する複数個のもののなかから特定のひとつの指示対象を同定するよう聞き手に求める場合は、表示表現が、指示対象の唯一的同定を促す名前のように扱われる現象をみた。一方、あるものを唯一的に同定する際、名前もカテゴリー・タームも利用可能でない場合は、描写が選択される。例えば、（3–11）では、種類の異なる複数個の時計のうち、ひとつの時計を指示するために、「70ドルの」という描写（2行目）が用いられている。

（3–11）［CallHome Japanese 1557］
（（BはAがアメリカから送ってくれた種類の異なる数個の時計を他の友人2人と分け合ったことを語る。））

第3章　指示対象の認識を確認するプラクティス　　65

```
01          B：それになんかな：, 矢萩がな：, (0.3)
02   X1→    あれ (.) ＞も(う) 1 個 (.) ＜↑70 ドルの
03          あったやんか：＝
04   Y1→A：＝う：ん.
05          B：な：.
06   XM⇒B：＞¥いやいや¥＜
07          ↑あれ日吉が－ 日吉が金無いっつからな,
08          A：うん.
09          B：日吉が 5 千円出すから俺残り 2 千円出すから：,
10          .hh 代わりにこれを－ のオリンピックの::u－
11          俺に売れ::＞とかって＜矢萩が言ってんやんか,
12          A：huhu
```

ここでBが「70 ドルの」という描写を用いてAに確認を求めているのは、Aが認識可能と想定する特定のものの存在である。「70 ドルの」という描写は、Aが指示対象を同定するのに最も関連する情報として提供されている。この描写によって、BはAにこの描写が提供する情報を手がかりとして、この会話の状況で該当する指示対象を探索するように促している。つまり、「描写」は聞き手が指示対象を唯一的に同定するための検索条件としての役割を果たしている。7 行目の指示詞「あれ」は、Aが指示対象を認識できるとBが判断したことを合図している。

## 3.4. 二段階の認識確認

話し手が意図した対象を指示する際に、その予備的活動として、関連する別の対象について認識要求が行われることがある。(3–12) では、Aがアメリカから日本のB宛てに何通か送った手紙のうち、どの手紙まで届いているか尋ねている（1–2 行目）。その返答の際、Bがまず行ったのは、その質問の答えになる直近の手紙ではなく、そのひとつ前に届いた手紙に関する認識要求である。

（3–12）〔CallHome Japanese 1690〕

```
01        A：え どこまで届いた::？ ＜物：＞.
02        物［って手紙（だ－）］
03        B：  ［あ あんな：　 ］
04        (0.7)
05   X1→B：え::とな：,＞え：と＜リップ送ってくれたや：ん？
06   Y1→A：うんうんうん.
07        (0.3)
08 XM→B：あれと：
09   X2→   ↑＞ほんで＜次になんか手紙送ったやん＜普通の.＝
10   Y2→A：＝うん.
11 XM⇒B：↑あれまで＜届いてるわ＞.
```

5行目でBは「リップ送ってくれたや：ん？」と、リップが同封された手紙について認識要求を行っている。これに対して、6行目でAから「うんうんうん」と強い認識主張があった後、8行目で「あれ」を用いてBがその対象を認識できると判断したことを合図している。そして、たった今Aが認識可能と判断した対象と関連付ける形で、もうひとつの対象について描写を用いて認識要求を行っている（9行目）。これに対して10行目でAの認識主張の反応が起こると、BはAが意図する対象を同定できるとみなして、11行目で「あれ」を用いて、Bの当初の質問（1行目）への返答を完了させている＊29。

　このように、ある対象を唯一的に同定する際に、対象そのものを直接指示するための資源が乏しい場合、聞き手がより認識しやすいと思われる他の対象について認識要求を行い、それと関連付けることによって意図した対象を指示するという手続きがとられることがある。この手続きは、（3–12）の8行目にみるように、指示詞がひとつの対象の認識要求から新たな対象の認識要求へと橋渡しする役割を果たすことによって、会話の主活動を保留したまま認識要求という指示活動を継続的に行うことが可能となっている。この手続きを「二段階の認識要求」と呼ぶことにする。

第3章　指示対象の認識を確認するプラクティス　　67

二段階の認識要求の事例から、話し手は聞き手が認識可能と想定する知識を介して新たな指示対象を認識できるように指示表現をデザインしているということを見て取ることができる。したがって、この現象は、話し手が主活動を達成するために、聞き手がどのような知識を持っているかを考慮しながら、指示表現を選択しているということを示唆している。すなわち、話し手が「聞き手に合わせたデザインの選好」に志向して指示表現を選択しているということの証拠事例のひとつとみなすことができる。

## 3.5. 指示対象の認識の追求と名前の選好

　Schegloff（1996）は、英語の会話の観察から、名前を用いて聞き手が指示対象を認識できると想定するならまず名前で指示せよ、という「名前の選好」という指針にそって指示表現が選択されるということを主張している。これは、人がある対象を「名前」で同定することができるならば、その「属性」を聞き手が知っているかどうかをあえて確認せずに会話が進行するという事実を説明する。つまり、聞き手がある対象を「名前」で同定することができるということが確認できれば、指示対象がどのようなものか分かるかどうか確認しなくても、話し手は、聞き手が指示対象を認識できるものとみなして、会話を進めることができるということを意味する。本節では、日本語における指示対象の認識をめぐる活動のなかに「名前の選好」の証拠を見て取ることができることを示す。

### 3.5.1. 不確かな名前による認識の追求

　話し手が意図した対象を名前で指示しようとしたとき、その名前の記憶があいまいなため、暫定的に不確かな名前を提示して、聞き手に指示対象の認識を求めることがある。例えば、（3–13）では、2行目で話し手Bは、「トイザラート」という名前が不正確かもしれないことを自覚しているということを示しつつ、この話し手が意図する対象を認識できるかどうか聞き手に確認を求めようとしている。

（3–13）〔CallHome Japanese 1542〕

((Bは男性Aの母。「ゆうと」はAの息子。Aが、アメリカに来たいと話すBに、ゆうとがおもちゃを買ってもらうのを楽しみにしていると告げた後))

01 XM⇒B：ゆうに玩具送ろうかと思ってさ，

02 X1 →　　そんなん**トイザラート**だっ［け素　］敵なの.

03　　　A：　　　　　　　　　　　　［え：？］

04 X1 →B：ト−　＜トイ＞（.）ザ（0.3）＞何ていうの＜？

05 Y1 →A：［**トイザらス**］

06 X1'→B：［トイザ−　］あの：［おもちゃ−］

07 Y1'→A：　　　　　　　　　　［**トイザらス**］って

08　　　　　**おもちゃやさん**.

09 X2 →B：うん

10 XM⇒　　そ：こ へ連れてってやる−　やればさ，

11　　　　日本でもアメリカの.hおもちゃ買いたい

12　　　　ぐらいだもんでさ，

13　　　　.hh あの：↑それ楽しみにして買わないんにいる.

14　　　A：そうそうそう

15　　　B：うん.ね？

2行目でBは「トイザラート」という名前の後に「だっけ」を付加した形式を用いて、指示対象の名前の記憶がおぼろげであることを示唆する（Hayashi（2012））と同時に、聞き手Aは正確な名前を知っていると想定していることを伝えている。さらにBは、「素敵なの」（2行目）という描写を加え、聞き手に指示対象の同定を促す資源を提供している。そして、4行目以降も指示対象の正確な名前を思い出そうとしている。このBによる言葉探しに対して、5・7行目でAは「トイザらス」という正確な名前を発話することによって、Bが意図する対象を認識できるということの証拠提示をしている。これを受けて、話し手Bは、Aから提供された名前が、自身が意図した対象を表す正確な名前であるということを承認し（9行目）、10行目で会話の主活動を開始している。

　話し手の行為をX、聞き手の行為をYとすると、一連の指示活

動は（3–14）のように記述することができる。この活動は（3–15）
に示す要素を資源として行われている。

（3–14）
［話し手（XM）：主活動］
話し手（X1）　：不確かな名前の提示による認識要求
聞き手（Y1）　：正確な名前の提示による認識の証拠提示
話し手（X2）　：提示された名前の承認
話し手（XM）　：主活動の再開

（3–15）
（XM）
X1 →　話し手：フィラー　**名前（A）だっけ**
Y1 →　聞き手：**名前（A'）**
X2 →　話し手：応答表現（例「うん」「そう」）
XM ⇒　話し手：指示詞　…

　このように、まず話し手が正確でないことをマークしながらも名
前を提示し、聞き手から正確な名前の提示（認識の証拠提示）が起
こり、話し手がそれを承認すると、主活動を再開するというプラク
ティスが観察される。
　しかし、話し手が不確かな名前の提示による認識要求を行い、そ
れに対して聞き手から名前の提示による認識の証拠提示が起こった
場合でも、その名前が話し手の意図する対象を表すものではないこ
とがある。その場合は、（3–16）に見るように、話し手は、X2で
聞き手の名前提示を承認しない反応を示し、さらに、描写を用いて
聞き手の認識を追求することになる。

（3–16）［CallHome Japanese 2204］
01　XM ⇒ A：［でも］：走− 走ってるぜ？
02　X1 →　　あの：(.) プルー　**プリビエ**だっけ？
03　X1' →　　>**トヨタ**のあの<**プリビエ**だとかってあんじゃん.

70

04 X1"→ 　　トヨタの［バン］.

05 Y1 →B: 　　　　　［あ：］日産プリメーラ↗

06 X2 →A：プリメーラじゃない.

07 X3 → 　　トヨタのミニバンであるだろう.

08 X3'→ 　　そん［なオデッセイみたいなの.　］

09 Y3 →B: 　　［あ：あ　は：は：は：は：.］はいはいはいはい.

10 X3"→A：な［んかさ：フロ－　　　　　］

11 YM ⇒B: 　［>あんなの<売ってんの］？

12 X3"→A：フロントミッドシップとかああだこうだ

13 　　　　　言ってやって°るやつ°.

14 YM ⇒B：なんだあんなの走ってんの？

15 　　　A：走ってるよ.


　この事例の2–5行目で1度名前の探索が失敗に終わった後も、7・8行目で名前の探索が追究されていることから、「名前の選好」に志向して指示表現が選択されることの証拠を見て取ることができる。しかし、聞き手Bは適切な名前を提示できないため、強い認識主張によって、会話を進行させようとしている（9・11行目）。話し手Aが意図する車種の正確な名前は言及されていないが、Bは「あんなの」というア系の指示詞を用いて、話し手が意図する車種を認識できるということを主張し、主活動を成し遂げている。このことから、会話参加者が協働で会話活動を成し遂げるように指示活動が行われることが分かる。


### 3.5.2.　名前だけ知っている対象の認識追求

　前節では、話し手が意図した指示対象の名前を聞き手が知っているということが確認されれば、聞き手が指示対象を認識できるとみなして会話が進行するという側面をみてきた。一方、聞き手が指示対象の名前を知っているということが確認できたとしても、必ずしも話し手が意図した指示対象を認識できるとは限らない。それは、認識要求に対して「名前だけ知っている」という応答がなされることがしばしば観察されることからも言えることである（第1章

（1–20）「おおひがし」の事例を参照）。

　次の事例でも、話し手が意図する指示対象の「名前」を聞き手が知っていることを確認した後、実はどのようなものか認識できないということが判明する。アメリカ在住のＡは、日本の家族Ｂに、日本のある清掃用品を送ってもらう依頼をしている。

（3–17）［CallHome Japanese 1604］

| 01 | | Ａ：ほいでね？ |
|---|---|---|
| 02 | | Ｂ：う：ん. |
| 03 | | Ａ：どう＞しよう＜かな：あ！ 送るんだった－ あ！ |
| 04 | | そうそう **トイー　トイレクレー　ク(h)ルー　トイレ** |
| 05 | X1→ | **クリクックル？** あら？ **トイレクルックル**だっけ：. |
| 06 | Y1→ | Ｂ：u－（0.3）**クイックル**ね？＝ |
| 07 | X2→ | Ａ：＝**クイックル**. |
| 08 | Y2→ | Ｂ：うん |
| 09 | X3→ | Ａ：知ってる？ **トイレの除菌**. |
| 10 | Y3→ | Ｂ：うん |
| 11 | X4→ | Ａ：あれの詰め替え(.)の方があるでしょう. |
| 12 | | ＜詰め替えの方でいいんだよ. |
| 13 | | Ｂ：（（電話のそばにいる人に））**トイレクリー　クリー** |
| 14 | | **クリックル**って何？ |
| 15 | | （（Ｂのそばにいる人が何か話している声）） |
| 16 | → | Ｂ：あ：あの何？ あ**ボトルになってる**やつ？ |
| 17 | → | Ａ：ボトルじゃなくって：（0.3）［＜**雑巾**＞ |
| 18 | → | Ｂ：　　　　　　　　　［あの |
| 19 | | ［**ペーパーになってる**］やつ？ |
| 20 | → | Ａ：［**紙雑巾**　　　　　　　］ |
| 21 | → | Ｂ：うん＝ |
| 22 | → | Ａ：＝うんで**流せる**やつ |
| 23 | → | Ｂ：う［ん |
| 24 | ⇒ | Ａ：　　［＞あれ＜の詰め替え用も一緒に送って！ |

5行目で、Aは念頭にあるものの名前を正確に思い出せないまま「名前＋だっけ」というフォーマットを用いてBに認識要求を行うと、6行目でBから正確な名前（の一部）による認識の証拠提示がなされている。さらに、9行目で「知ってる？トイレの除菌.」というAからの質問に対してもBは「うん」と答えている。そこでAは意図した対象をBが認識できると判断し、11行目で「あれ」を用い、依頼内容を明確にしようとしている。

　しかし、その後Bは「トイレクリ － クリー クリックルって何？」と電話口のそばにいる人に尋ね（13・14行目）、その人から情報を得ている様子が伺える（15行目）。このことから、実はBは指示対象の「名前」は知っているが、どのようなものであるのかは知らないということが発覚する。

　16行目で、Bは「ボトルになってるやつ？」と描写を用いて、自分の理解が正しいかどうかAに承認を求めている。しかし、Aはそれは誤った理解であることを示し（「ボトルじゃなくって」）、かわりに「雑巾」というカテゴリー・タームで属性に関する情報を提供している。するとBは、18–19行目でBが「ペーパーになってるやつ？」と再び理解を確認しようとするのと同時に、20行目でAもBの理解を捉そうと「紙雑巾」というカテゴリー・タームを発し、両者共通理解を得たことを確認している。Aはさらに、「流せるやつ」という異なる側面の描写を用いてお互いの理解を再確認している（22–23行目）。

　以上、本3.5節の観察から導き出せることをまとめておこう。

1) 話し手は聞き手が指示対象の名前を知っていれば、聞き手は指示対象を認識できるとみなして会話を進行させる。

2) 話し手による名前の提示によって、聞き手が指示対象を認識できることが確認できないとき、描写による認識要求が起こる。

3) 話し手によって提示された名前が不正確なとき、聞き手は正確な名前による認識の証拠提示をしようとする。

　　これは、指示対象を聞き手が名前で認識できると想定されるならば、名前で指示せよ、という「名前の選好」にそって指示表現が選択されるということを証拠づける。

4）聞き手が指示対象の名前を知っていても、指示対象を認識でき
ないということが判明した時点で、どのようなものかを表す描
写やカテゴリー・タームによる認識要求が行われる。このこと
から、名前で指示することができなければ、「最小指示の選好」
を緩和して共通認識を追求すればよい、ということに志向して
指示表現が選択されることが分かる。したがって、「聞き手に
合わせたデザインの選好」を証拠づける。


## 3.6. 主活動の達成のために

第2章で述べたように、Sacks & Schegloff（1979）は、話し手
は意図した指示対象について、聞き手の認識を追求するために、
「最小指示の選好」が緩和され、「聞き手に合わせたデザインの選
好」が優先されると論じている。聞き手の認識の追求が行われると、
会話の進行性は停滞するが、その分話し手と聞き手との間で指示対
象の共通認識を確かにすることが可能となる（Heritage（2007））。
質問や依頼という活動は、話し手が意図する指示対象を聞き手が認
識できないと実現困難な活動である。そのため、この種の活動では、
聞き手の認識の追求が行われる。本節では、話し手が意図する対象
を聞き手が認識することが困難な状況で、どのように指示対象の共
通認識を確立するのかを記述する。


### 3.6.1. 聞き手が知らない対象を指示する活動

（3–17）で見たように、話し手がある対象を指示するために名前
を用いた後で、聞き手が指示対象を認識できないということが判明
することがある。このように、聞き手の知識に関する想定が実際と
は異なっているとき、会話参加者は会話活動を成し遂げるためにど
のような調整を行っているのだろうか。本節では、聞き手が知って
いると話し手が想定していた対象を実際は知らないということが会
話の中で分かったとき、話し手が聞き手に指示対象の理解を促すよ
うに対処する事例を観察する。

（3–18）は、アメリカ在住の女性Aと日本に住む母親Bとの電話

で、母親が娘に日本から送って欲しいものはないか聞き出している
ところである。そこで、Aは「わさびふりかけ」という名前の食品
を思いつき、依頼しようとする。

(3–18)［CallHome Japanese 2208］

01　　　　B：.hh あ！それからね,

02　　　　A：うん.

03　　　　B：＞あの＜↑お結びの＜も＞とが色々あるけど,

04　　　　　　ああいうので（.）お結び作って食べるってことは

05　　　　　　無いの¿

06　　　　　　(0.5)

07　　　　A：お［握　］りは i－ね：,

08　　　　B：　　［（　）］

09　　　　A：そう　作りたいんだけど,

10　　　　B：う［ん　］.

11　　　　A：　［た－］↑具にする物がな－　あんまり無いのよ.

12　　　　　　＜例えばしゃけとか.hh 鱈子も無いし：,

13　　　　B：しゃけとか鱈子のお結び何とかっ＞ていう

14　　　　　　［のが＜ある＞］から.

15　　　　A：［うんうん　　］欲しい欲しい.

16　　　　B：［うん］

17 XM ⇒ A：［あ　　］↑後ね：,**わさびふりかけ**.

18　　　　　　(0.4)

19　　　　B：**わさびふりかけ**［ってどんなの？］

20　　　　A：　　　　　　　　［まさよしさんが］大好きなのよ.

21 X1→　　＜あのね［::::　］

22　　　　B：　　　　　　［うん］.

23 X1→A：**わさびふりかけ**っていう名前のがあるの.

24 X2→　　＜緑の蓋でね？

25 Y2→B：うん.

26 X3→A：あの::（.）円筒形の筒－　円筒形の入れ物

27　　　　　　［に入］［ってる］.

28　Y3→B：［うん］［じゃあ］**わさびふりかけ**で探してみよう．

29　　　A：うん．

30　　　B：そう．分かった，分かった．

31　　　　あ：やっぱりき－聞くもんだね．


　17行目でAは依頼したい商品を「わさびふりかけ」という名前で指示するが、直後に0.4秒の沈黙が起こった後、Bから「わさびふりかけってどんなの？」という質問が起こる。これによって、Bは「わさびふりかけ」という指示表現ではAの意図する対象を同定できないということが伝達される。そこで、23行目でAは「わさびふりかけっていう名前のがあるの」と発話し、「わさびふりかけ」とは、わさびをふりかけにしたものを意味するカテゴリー・タームではなく「わさびふりかけ」という商標名であることを明示的に述べている。続いて、その商品を「緑の蓋で」（24行目）「円筒形の筒―円筒形の入れ物にはいっている」（26行目）と描写している。これらの描写は、Bが店舗で探すときに有用な視覚的情報を提供している。

　23行目の「わさびふりかけっていう名前のがあるの」という発話は、話し手が念頭に置いている指示対象を聞き手が知らないと想定するときに用いられるプラクティスの存在を示唆している。


（3-19）

話し手（X1）：聞き手が知らない対象の名前を提示する。

聞き手（Y1）：提示された名前の対象の存在を理解する。


（3-20）

X1→　話し手：Aていう（名前）のがある（の／んだ）

Y2→　聞き手：応答表現（へえ、そう、本当）


　このプラクティスを用いて、話し手は聞き手が名前で指示対象を唯一的に同定できると想定されるのであれば、名前を知らせておくのがよいという指針に志向して、聞き手が知らない対象の名前を提

示している。

　28行目の「わさびふりかけで探してみよう」というBの名前を用いた理解の主張も、名前が分かれば指示対象を唯一的に同定することができるという「名前の選好」を裏づけるものである。23行目と28行目から、話し手も、聞き手も、まず名前に基づいて指示対象を同定しようとするということを見て取ることができる。

## 3.6.2.　話し手の知らない対象を指示する活動

　(3-21) の会話は、日本在住のBがアメリカに住んでいるAに、あるアメリカのお菓子を買ってきてもらおうと依頼を始めるところである。1行目でBはAに依頼したいことがあるということを伝え、2行目でAはそれを受け入れている。この隣接句は、Schegloff (1980) がプレ–プレ (pre–pre) と呼ぶ、会話の主活動の達成に必要な先行連鎖がこの次に起こることを予測するタイプの連鎖である。ここでは、3行目以降に、購入を依頼したい品を指示する活動（pre-mention）が行われている。

(3-21)［CallHome Japanese 2041］

| 01 | | B：で ＜お願い＞がひとつ　　　　あるんだけど： |
|---|---|---|
| 02 | | A：　　　　　　　　　　あ：はい　　　　　　はい |
| 03 | | B：あのさ： |
| 04 | | A：うん |
| 05 | → | B：あの**タフィー**ってなんかあの (.) |
| 06 | | **ミルクキャンディ**＞**みたいなの**があるんでしょ. |
| 07 | | A：＜タフィー (.)［ミル– |
| 08 | | B：　　　　　　　　［タフィー. |
| 09 | | A：タフィー. |
| 10 | | 　(0.2) |
| 11 | | B：＜アメリカの人が好きな＞i– |
| 12 | | A：あ： |
| 13 | | B：＞あの＜お菓子. |
| 14 | | A：あ：本当. |

第3章　指示対象の認識を確認するプラクティス　　**77**

話し手Bは、5–6行目で名前引用型描写の形式を用いて、自分が直接知らない「タフィー」というもの*30を聞き手Aが知っていると想定し（Kushida（2015））、この名前と「ミルクキャンディみたいなの」という描写を用いて、Aが認識できるかどうか確認を求めている。しかし、7・9行目のAの反応は、認識主張を行うものではない。そこで、11・13行目で「アメリカの人が好きな」「お菓子」と描写を追加して認識を追求するが、14行目でAは「あ：本当」と応答する。この応答によって、聞き手Aが指示対象を認識できるという話し手Bの想定が適切ではなかったということが明らかになる。

　しかし、その後話し手Bは依頼を断念するわけではなく、（3–22）に示すように、さらに指示活動を続ける。今度は、聞き手が指示対象を知らないという想定のもと、より詳細な「描写」による情報提供を行っている（15・17–19・21・23行目）。

（3–22）〔CallHome Japanese 2041〕

| 15 | B：あのね：(.) **ミルキーみたいに：** |
| 16 | A：うん= |
| 17 | B：=**包んであるんだって** |
| 18 | 　　**5センチぐらいの長さの,** |
| 19 | 　　**ちょっと平べったいやつを,** |
| 20 | A：゜うん［うん゜　］ |
| 21 | B：　　　［>こう<］**キャンディ状に** |
| 22 | A：うんうん |
| 23 | B：**こう　くる－　紙にくるんであるみたいなんだけど：**= |
| 24 | A：=**ターフィ.** |
| 25 | B：う=　<u>**タフィー-**</u> |
| 26 | A：タフィー<ちょっとスペリング言ってくれる：¿ |
| 27 | B：うん |
| 28 | B：それが分かん［ないの::　　　］ |
| 29 | A：　　　　　　　［あ：分からん］ |
| 30 | A：あ：あの［じゃあ　］名前がタフィー？ |

| 31 | B : | ［タ：フィ］ |
|---|---|---|
| 32 | B : | タフィ. |
| 33 | A : | タフィ. |
| 34 | B : | うん. |
| 35 | A : | でミルキーみたい. 5 センチぐらいの大きさ？ |
| 36 | B : | うん. うん. で包んであって色んなそのバニラ味だの |
| 37 | | チョコレート味だのなんかまあ味はミルキーみたいな |
| 38 | | もんなんだって. |
| 39 | A : | あ： |
| 40 | B : | ミルキーのような感じなんだって. |
| 41 | A : | あ：あ：あ： |

　ものの購入を依頼するには、指示対象がどのようなものなのか聞き手に適切に伝えなければならない。そのため、話し手が名前を提示して、聞き手がその名前を知らないということが分かった時点で、話し手 B は指示対象の属性に関する情報を提供し始めている。一方、24 行目から 34 行目では、聞き手 A の主導で、名前の正確さを追求しようとする活動が行われている。この活動は、A が名前をたよりに指示対象を探索しようとしていることの表れであり、名前を用いて指示対象を唯一的に同定することが可能ならば、名前を用いるのがよいという「名前の選好」の指針に志向しているということを証拠づけるものである。

　（3–23）は、この会話で最終的に「依頼」が成立した場面である。話し手からの情報提供だけでなく、1–2 行目にみられるように、聞き手の側からも、指示対象がどのようなものかを適切に理解するために手掛かりを得ようとする行動がみられる。

（3–23）［CallHome Japanese 2041］

| 01 | → | A : | **ハードキャンディ**かな＞それとも＜ |
|---|---|---|---|
| 02 | | | **ソフトキャンディ**か［な |
| 03 | → | B : | ［**ソフトキャンディ**. |
| 04 | | A : | **ソフト**！ |

| 05 | | B：うん |
| 06 | | A：**5センチで平べったい訳ね？** |
| 07 | | B：うん．でくるんであるね， |
| 08 | ⇒ | それをね， |
| 09 | | A：あ：： |
| 10 | ⇒ | B：2－　あの2－　あの2袋か2袋か |
| 11 | ⇒ | もし荷物が少ない時は3袋ぐらいね（（笑い）） |
| 12 | | A：う：ん |
| 13 | ⇒ | B：買ってきて欲しいなって思ってんの． |

　この会話において、話し手Bは、意図した指示対象を聞き手が適切に認識できるという想定が誤りであったことが会話の途中で分かったため、知りうる指示対象の属性に関する情報を聞き手に提供することによって「依頼」という行為を成し遂げている。そして、聞き手が指示対象を理解することができるだけの情報が与えられたと判断した時点で、話し手は主活動の実行に向けて会話を進めている。8行目の指示詞「それ」は、指示を確立するための副次的活動から会話の主活動に戻ったことを合図している。

　本節では、聞き手が指示対象を知らないということが、会話の中で明らかになった場合も、主活動を成し遂げるために、話し手と聞き手が協働で指示対象の共通理解を確立する活動がなされるということを観察した。聞き手が会話の中で初めて知った指示対象について、話し手から属性情報が提供されても、聞き手は名前を手がかりに指示対象を同定しようとしていることから、「名前の選好」に志向していることを見て取ることができる。指示対象の共通理解のために、聞き手の側からも情報を求めようとする活動が起こることから、指示活動が話し手からの一方的な情報提供ではなく、会話参加者の協働作業によって成り立つことを見て取ることができる。

## 3.7. まとめ

　本章では、話し手が会話の中で初めて言及する対象について聞き

手の認識を確認するプラクティスについて論じた。人物や場所など個体が識別される場合だけでなく、ものを指示する場合でも、会話参加者間で指示対象を唯一的に同定可能な対象として扱われる状況では、認識要求のプラクティスが用いられることを記述した。そして、話し手は、聞き手の認識のみなしを保証するために、その対象を何と呼ぶかという観点から「名前」を選択し、どのような人（もの）かという観点から「描写」を選択している。そして名前で共通認識が確立できない可能性がある場合は、描写という別の資源を用いて、聞き手の認識の追求が起こるということを観察した。

さらに、質問や依頼などの主活動を成し遂げるために、話し手が意図する指示対象を聞き手に適切に認識させることが困難な状況に対処するプラクティスをいくつか指摘した。まず、聞き手がより認識可能な対象を指示し、それと関連付けて意図する対象を指示するという、二段階で指示を確立するプラクティスである。そして、不確かな名前を提示しつつ聞き手との間で指示対象の共通認識を確立していくプラクティスである。最後に、質問・要請など、指示対象の共通認識が得られないと達成が困難なタイプの会話活動では、話し手は指示対象を聞き手が認識できるという想定が適切ではないということが分かった時点で、聞き手が指示対象を知らないという前提でその理解を促す「聞き手が知らない対象の存在を知らせる」手続きに切りかえて主活動を達成しようとする現象がみられた。

このように、指示対象の共通認識を確立することが困難な場合でも、会話の主活動を成し遂げるために、聞き手が指示対象を認識できるように指示活動を続行し、聞き手が認識できないと判断した場合は、指示対象の理解を促す活動が行われる。本章で記述した指示対象の認識をめぐる活動は、「聞き手に合わせたデザインの選好」と「名前の選好」に志向して指示表現が選択（デザイン）されるということを例証している。

*22　ただし、矢印（→）が⇒と伴に表記されていない事例では、→は分析において注目する行を示す。

*23　会話の主活動の途中で指示上の問題に対処する副次的指示活動が起こる場合と、副次的指示活動の後で主活動が開始される場合がある。

*24　定延・田窪（1995）は、フィラーとしての「あの」の基本的用法を「言語編集という、聞き手の存在を予定する心的操作を行っていることを表す」こととし、この主張を踏襲して、堤（2012）は、「あの」が用いられる際の編集作業を、言いたいコト／モノ（P）に対応する語彙・表現形式（L）を検索、検討してPに対応する発話を編集するものと記述している。

*25　人物や場所以外にも、ペットの犬やハリケーン（「カトリーナ」）のように、指示対象を個体識別可能なものとして認識する状況では「名前」が用いられる。

*26　例えば下の会話の2行目で、the old twenny three Model T spring という指示表現を産出する前に 'member が発せられている。

［Ford & Fox 1996: 152 太字・囲みは筆者による］

```
01   Curt: He: y. Where c'n I get
02 →       a: : , uh, 'member the old twenny three Model T spring,
03         (0.5)
04   Curt: Backspring' t came up like that,
05         (1.0)
06   Curt: Dju know what I'm [talk  ] what I'
07   Mike:                   [Ye: h,]
08   Curt: talking a [bout,]
09   Mike:           [I thi  ] nk-I know whatchu mean,
10   Curt: Wh'r c'n I get o: ne.
```

*27　7行目でBはターン冒頭で「うん」と発話している。このような発話が起こらず、指示詞がターン冒頭に起こる事例がよくみられる。

*28　西阪（2005）は、このような役割を果たす指示詞を、直前のやりとりを前後関係上「消去」する役目を果たす「連続子」と呼ぶもののひとつとして捉えている。また、第2章で述べたように、Hayashi（2005）、林（2008b）は、発話の冒頭に置かれる要素が副次的活動と主活動を統語的に結び付ける役割に注目している。

*29　9行目でBが認識主張をしたことから、10行目でAは当該の対象をBが認識できるとみなしている。しかし、Bが当該の対象をフルに認識できたといえるのは、この後に続く会話の中で、手紙の内容を確認した後である。以下に（3–12）の11行目以降を引用する。17行目で手紙の内容に関する情報を求め、22行目で情報提供を受けた後、24行目で認識主張をしている。

［CallHome Japanese 1690］

```
11   X4 ⇒ B： ↑あれ まで＜届いてるわ＞.
12        A：ehhhehh  hh. hhhh [へ  ]：
13        B：               [え？] え？
14        A：ううん.
```

```
15        B：うん.
16           (0.4)
17  →     A：え¥ど：んな手紙のやつ：？¥
18        B：.hh え：：と ((りきんで)) ＜なん［やった (h) ＞っけな］
19        A：                    ［あ：↑つまらんやつ］か.
20           (0.3)
21        A：［(  )     ］
22  →     B：［＞なんか＜］くれないランドのコ (h) －ナ (h) －
23           と (h) か (h) ゆって.
24  →     A：↑あ：それ ね. ((高い音でささやくように))
```

＊30 「タフィー」という表現を、話し手Bが名前（商標名）として使用しているのか、カテゴリー（キャンディーの一種）を表すタームとして提示しているのか、この時点ではわからない。しかし、会話者達は「タフィー」を「名前」として扱っていることが、後続会話（3-21 30・32行目）から確認できるため、ここでの分析は、会話者の視点に立って、「タフィー」を名前として扱うことにする。

第3章　指示対象の認識を確認するプラクティス　　83

第**4**章
# カテゴリーの知識を調べるプラクティス

## 4.1. はじめに

　第3章では、話し手が意図する指示対象を聞き手が唯一的に同定できるという想定が適切かどうか確認を求める指示活動のプラクティスについて記述した。そして、聞き手が認識可能と想定する対象を指示する際、「名前の選好」と「聞き手に合わせたデザインの選好」という指針にそって指示表現が選択されることを検証した。本章では、指示上の問題に対処する活動のひとつとして、指示対象のカテゴリーに関する聞き手の知識を調べる活動を取り上げる。

　指示対象の「カテゴリーに関する知識を調べる」とはどういうことか、具体的に事例を用いて説明しよう。（4–1）と（4–2）の電話会話は、それぞれ離れて暮らす姉妹によって行われたものである。どちらも、話し手が最近何かを買ったという報告をしている。

（4–1）〔CallHome Japanese 1688〕
((姉妹の会話。Bが短く髪を切ったら周囲の反応がひどかったと話す。その後、お互いの地域の天候について語った後))

01 XM ⇒ A：.hh そうで＞あそれであたしね＜

02 　 X1 → 　　 ↑**くるくる：髪：巻く：**＞ほら＜**カーラー**あるじゃん.

03 　 Y1 → B：う：［ん

04 XM ⇒ A：＜あれね：＞↓人から買ったの.

05 　　　 A：10ドルで.

06 　　　 A：ビ［ダル］サスーンのやつが–

07 　　　 B：　［え　］

08 　　　 B：¥よかったね¥.

85

（4–2）〔CallHome Japanese 2210〕

((姉妹の会話。アメリカ在住のAが、0歳の娘に母が日本から服を送ってくれたが暑くて着られないと話した後))

01 XM⇒B：あ！昨日な：,

02　　　A：うん.

03 XM⇒B：生協が来てな：,

04　　　A：うん.

05 X1→B：あの：(.) ↑**タペストリーっていうん**が＞あるやろ＜

06　　　＝**壁**［**掛けな**　　］¿

07 Y1→A：　　　［あ：あ：］あ：あ：.

08 X2→B：あれ でもってな,

09　　　A：［うん］.

10　　　B：［**お雛**］**様のタペストリー**があったん［よ］.

11　　　A：　　　　　　　　　　　　　　　　［う］わ::.

12　　　B：それ 頼んだからそれ送るわ.

13　　　A：うわ：ありがとう.嬉しいな［：］.


　（4–1）の話し手Aは、何かを買ったという出来事の報告をするとき、「あそれであたしねヘアカーラー人から買ったの」のように、一続きの文を発話しているわけではない。まず、「**くるくる：髪：巻く：**＞ほら＜**カーラー**あるじゃん.」と、念頭に置いているものがどのようなものかBが分かるかどうか調べている。そして、Bから「う：ん」という返答を聞いた後、「あれね，人から買ったの」と、出来事を叙述し、報告という主活動を完了している。

　（4–2）の話し手Bも、最初から「お雛様のタペストリーを頼んだから送るわ」のような一続きの文として発話を構成してはいない。まず、「**タペストリーっていうん**があるやろ」と、「タペストリー」という言葉で呼ばれるものが何か分かるかどうか聞き手に確認を求め、「あ：あ：」という反応を得てから、「お雛様のタペストリー」を頼んだことを報告している。

　（4–1）と（4–2）は、どちらも話し手が買い物をしたということを報告しているが、買ったものが何かを伝達する際に用いるプラク

86

ティスが異なっている。（4–1）の話し手は「くるくる：髪：巻く：
＞ほら＜カーラーあるじゃん」と発話し、このように描写される道
具の種類を聞き手が知っているかどうか確かめようとしている。
（4–2）の話し手は「タペストリーっていうんがあるやろ」と発話
し、聞き手が「タペストリー」というカテゴリー・タームの意味を
知っているかどうか調べようとしている。

　4.2 節では、このように、話し手が念頭に置いている対象に言及
するとき、その対象が属するカテゴリーに関して聞き手の知識を調
べるプラクティスについて記述する。「カテゴリーに関する知識を
調べる」ということは、話し手が念頭に置いている特定の人物・場
所・ものそのものを聞き手が認識できるということを必ずしも想定
しているわけではない。（4–1）の A が友達から買ったヘアカー
ラーや、（4–2）の B が注文したお雛様のタペストリーは、聞き手
がその実物を知っているわけではない。カテゴリーの知識を調べる
プラクティスは、聞き手が同定できない指示対象を会話に導入する
ときにも用いられるプラクティスである。

　第 3 章では、聞き手が唯一的に同定可能と想定される対象を指示
する場合、名前を用いて聞き手が認識できると想定されるなら名前
を用いよ、という指針（「名前の選好」Schegloff（1996））にそっ
て、指示表現が選択されるということを例証した。本章 4.3 節と
4.4 節では、話し手が念頭に置いている対象を指示するとき、その
対象を表すカテゴリー・タームを聞き手が知っていると想定するな
ら、カテゴリー・タームを使用するのがよいという指針（「カテゴ
リー・タームの選好」）にそって指示表現が選択されるということ
を検証する。

　語彙選択の問題に関して、Kitzinger & Mandelbaum（2013）は、
産婦人科のカウンセラーと相談者との英語による会話の分析から、
カウンセラーが相談者に対して専門用語を用いるか、日常的な語彙
を用いて描写するかどうか選択するとき、聞き手が専門用語を理解
できると想定されるならば、その用語を使わなければならない、と
いう指針にそって語彙の選択がなされると論じている。本章では、
この語彙選択に関する指針が、専門用語の選択だけではなく、日常

会話で指示対象のカテゴリーに言及する際に用いられるカテゴリー・タームに関しても成り立つということを、日本語の分析をもとに検証する。以後、カテゴリー・タームとテクニカル・タームを包括的に表す場合、「ターム」という語を用いることにする。

4.5 節では、認識要求のプラクティスと同様に、カテゴリーの知識を調べるプラクティスを二段階で行うことによって、指示対象のカテゴリーを指示するプラクティスが存在することを指摘する。

4.6 節では、タームの選択が話し手が聞き手の知識をどのように見積もるかということと関係しており、「聞き手に合わせたデザイン」の選好にそって、タームが使用されることを検証する。Kitzinger & Mandelbaum（2013）が指摘するように、聞き手が知っているタームに関して知識がないと見積もることは、聞き手が知っている人物の名前を知らないと想定することよりも、問題が大きい。そのため、聞き手の知識を誤って見積もるという問題を回避するために、話し手は「聞き手に合わせたデザイン」に配慮して、慎重に対象を指示する表現を選択しなければならない。タームと描写のどちらかを用いる場合もあるが、タームと描写の併用という方法もある。本章では、指示表現の選択が話し手が念頭に置いているものが何なのか聞き手に理解させるためだけでなく、会話活動を達成するために行われているということを主張する。

## 4.2. カテゴリーの知識を調べる活動

### 4.2.1. カテゴリー・タームの知識を調べる

話し手が念頭に置いている対象をカテゴリー・タームで指示しようとするとき、聞き手がその意味を理解できるという想定が適切かどうか確認を求めるプラクティスがある。具体的事例を（4–3）に示す。

（4–3（＝1–11）、（2–12））［CallHome Japanese 1123］
（（日本在住の男性 B とアメリカ在住の息子 A との会話。B が日本は雨が少なく、台風が沖縄に来たが風台風で雨が降らなかったと話した後））

```
01  XM⇒A：今こっちはね：
02  X1→   あの::::ハリケーンって＞あるでしょう＜ ¿
03  Y1→B：＞うん＜う::ん
04  X2⇒A：あれが近くに来てるから.hhhh
05        雨はドーhhドバッと降ってるよ.
```

1行目でAは現地の天候について語ろうとしている。その途中で、
「ハリケーン」というアメリカに特有の気象現象に言及しようとし
たとき、このカテゴリー・タームの使用がBにとって適切かどうか、
つまり、カテゴリー・タームが表す意味を理解できるかどうか調べ
る活動を2行目で開始している。これに対して、3行目でBは理解
の主張を示す反応をしている。この反応を得て、Aは「ハリケー
ン」というカテゴリー・タームを使用することが問題ではないと判
断し、1行目で中断した語りを4行目で再開している。

　　話し手の行為をX、受け手の行為をYと表示すると、カテゴリー
の知識を調べる活動は以下のように記述することができる。

（4–4）
［話し手（XM）：会話の主活動］
話し手（X1）　：ターム（C）の意味を理解可能か確認を求める
聞き手（Y1）　：理解可能であることを主張する
話し手（XM）　：会話の主活動を開始［再開］する

　　（4–4）の活動は、以下のような発話を構成する各要素を資源と
して行われる。

（4–5）
X1→　話し手：フィラー　ターム（C）てあるでしょう
Y1→　聞き手：応答表現
XM⇒　話し手：指示詞／ターム（C）／（∅）…

　　X1に生じる「なんか」「あの」「その」「ほら」などのフィラー

第4章　カテゴリーの知識を調べるプラクティス　　89

や言い淀みは、発話を構築する上で問題が生じたことを示唆する。また、X1の冒頭に生じるピッチ・リセットと速度の変化は、副次的活動が開始されたことを合図する。カテゴリー・ターム（C）は、一語名詞の形式をとる。その後に引用標識「て」を伴う。「て」は、その直前の要素を問題にしていることをマークする。「あるでしょう」は、聞き手がカテゴリーに関する知識を持っていると話し手が想定していることを示唆している。そして、その知識を聞き手に想起するように促すとともに、話し手の想定が適切であるかどうか反応を示す機会を聞き手に与える役割を果たす。

　Y1には、X1で提示されたカテゴリー・タームを知っているということを主張する「あ：」「うん」などの反応が起こる。これにより、話し手は聞き手がこのカテゴリー・タームの意味を理解できるとみなして、XMの主活動を開始（再開）する。

　XMの冒頭に生じる指示詞やカテゴリー・タームは、話し手が提示したカテゴリー・タームを使用することが聞き手にとって問題ないと判断したことを合図する。また、X1–Y1という副次的活動のために中断された主活動を再開することを合図する役割も果たしている。指示詞の形式は、ア系だけでなく、ソ系の指示詞も用いられる。例えば、次の事例では「音声のフリークエンシイ」という事象をあらわすタームを提示して、聞き手の知識を調べる活動が行われている。

（4–6）〔CallHome Japanese 2204〕
((AがBに今話している会話が研究のために使用されると伝え、BがAに研究の目的は何かと質問した後))

01　XM→A：だから＞これ なんか＜　言語のやつの研究とか言って
02　　　　　　俺聞いてんには
03　　X1→　　なんかこの：(.) **音声のフリークエンシイ**って
04　　　　　　あんじゃん？＝
05　　Y1→B：＝う：ん
06　XM→A： それ を：：なんちゅうの？ 研究してるちゅうの？
07　　　　　B：ほ：：：う

3行目でAは、「音声のフリークエンシイ」というタームを提示して、その意味を理解可能かどうかBに確認を求めたところ、5行目でBから理解可能であることを主張する反応が起こっている。そこで、Aは6行目で指示詞「それ」を用いて、「音声のフリークエンシイ」というタームの意味を聞き手が理解可能とみなしたことを示すとともに、2行目の終わりで中断した主活動を再開している。

## 4.2.2. 描写を用いてカテゴリーの理解を求める

4.2.1.節で記述したように、カテゴリー・タームの意味が理解できるかどうか調べるプラクティスがある一方で、描写を用いて聞き手にカテゴリーの理解を求めるプラクティスがある。それは、(4–7)のような相互行為によって成り立っており、(4–8)のような要素を資源として行われる。

(4–7)
［話し手（XM）：会話の主活動］
話し手（X1）：**描写 (D)** が表すカテゴリーが理解可能か確認を求める
聞き手（Y1）：理解可能であることを主張する
話し手（XM）：会話の主活動の開始［再開］

(4–8)
X1 → 話し手：フィラー　**描写 (D)** があるでしょう
Y1 → 聞き手：応答表現
XM ⇒ 話し手：指示詞／(∅) …

具体例を（4–9）に示す。ここで話し手Aは、「ラミータさん」が手術をして「大変」だというニュースをBに伝える活動をしている（3–7行目）。その主活動の途中で、9行目から、ラミータさんが手術をした身体部位の描写を開始している。

第4章　カテゴリーの知識を調べるプラクティス　91

（4-9）〔CallHome Japanese 2085〕

01　　　A：あの：おばさんが：,

02　　　B：う［ん］.

03　　　A：　［あ］の：ラミータさんが：,

04　　　B：うん.

05　　　A：あの大変なのよね, 今.

06　　　B：え？

07　　　A：大変. 手術して：腰のね,

08　　　B：うん.

09　X1→A：あのほら, **大腿骨と腰んとこをつなげてる**,

10　X1→　　［この**丸い**］,

11　　　B：［うんうん］.

12　X1→A：ほら［**腿**　］**が動くようになっ**［**てる**］,

13　　　B：　　　［うん］.

14　　　　　　　　　　　　　　　　　　［うん］

15　X1→A：［**骨**　］があるでしょ？

16　　　B：［うん］.

17　Y1→　　うん.

18　XM⇒A：それ　が壊れちゃって：,

19　　　B：う［ん］.

20　　　A：　［あ］の手術してそれを, もう骨が普通だったら,

21　　　　　あの：(.) ほら (.) 治る－ 治るんだけどまた［骨　］が,

22　　　B：　　　　　　　　　　　　　　　　［うん］.

23　　　　　う［ん］.

24　　　A：　［折］れたみたく［さ：］,

25　　　B：　　　　　　　　　　［うん］.

26　　　A：折れれば折れ－ 後でくっつくで［しょう］？

27　　　B：　　　　　　　　　　　　　　　［うん　］.

28　　　A：それがもうくっつかないんだって.

29　　　　　歳取っているから.

30　　　B：あ：.

話し手Aは、9–10・12行目で、ラミータさんが手術した身体の部位がどこなのか聞き手に伝えるために、「大腿骨と腰んとこをつなげてる」「丸い」「腿が動くようになってる」「骨」と、骨格の部位、形状、機能の面から描写した後、Bの理解を確認しようしている。ここで聞き手に求められているのは、人間の骨格のつくりに関する知識を参照して、どの骨のことを指すのか理解することである。話し手は17行目の聞き手の反応によって、その理解が得られたと判断し、18行目で、指示詞「それ」を用いて、ラミータさんの手術について語るという主活動を再開している。

　人を表す描写を用いて、特定の個人を指示するのではなく、カテゴリーとして指示することがある。例えば（4–10）では、「相談しながらお化粧してあげたりとかする人」という描写を用いて、職業としてのカテゴリーを意味している。

（4-10）［Fami3–2］

((就職活動を始めた学生2人の会話))

01　　　　紀子：え, その第一希望のところは：,

02　　　　美咲：うん

03　　　　紀子：何をするん. その (.) 薬きょ［く：で：　］

04　X1→美咲：　　　　　　　　　　　　　　［>薬局<↑<ins>の：</ins>］,

05　　　　紀子：うん

06　X1→美咲：**化粧品：のとこにさ：, なんか化粧の** (0.3)

07　　　　　　　<**相談**>**しながら**

08　Y1→紀子：あ！

09　　　　美咲：**お化粧**>［**し**］**てあげたりとか**<**する**［**人**　］**おるやんか：？**

10　　　　紀子：　　　　［あ］　　　　　　　　　　［は：］

11　　　　　　　　>はいはい［はいはい　　　］<

12　XM⇒美咲：　　　　　　［それ　］<ins>の：</ins>］Sとかさ：［：　　　］((S, Kは社名))

13　　　　紀子：　　　　　　　　　　　　　　　　［う：ん］

14　　　　美咲：Kとかの：［販売　　　］部員じゃなくって［薬　］局で＝

15　　　　紀子：　　　　　［うんうん］　　　　　　　　　［うん］

16　　　　美咲：＝［<ins>全体</ins>］のやつやから［：］

17    紀子：　［うん］　　　　　　［う］んうんうんうん

1・3行目で、希望する職種は何かという紀子からの質問に返答す
るとき、美咲は職名を表すカテゴリー・タームではなく、「相談し
ながらお化粧したげたりする人」という描写を用いて、紀子がこの
職種を知っているかどうか確認を求め、9行目で紀子は「はいはい
はいはい」と応答し、知識を強く主張している。


### 4.3.　タームの選好

　前節では、話し手が念頭に置いている対象のカテゴリーに言及し
て指示しようとするとき、カテゴリー・タームを選択する場合と、
描写を用いる場合があることを観察した。（4–9）の話し手は、ラ
ミータさんが手術を受けた身体部位を描写することによって、聞き
手に指示対象の理解を促している。それは、この話し手が、この聞
き手との間で、指示対象の共通理解を確立するために、描写を用い
ることが適切であると想定しているからである。これは、話し手が
聞き手の知識に合わせて指示表現を選択しようとする側面を示して
いる。
　一方、例えば医師同士の会話など、同じ身体部位を表すことので
きる医学用語を話し手が知っていて、聞き手もその意味を理解でき
ると想定される状況では、描写ではなく、カテゴリー・タームが用
いられるであろう。それは、話し手が聞き手の知識を考慮して、そ
れに見合った表現形式を選択しているからである。したがって、話
し手は、「タームの選好」という指針に従っていると考えられる。

（4–11）タームの選好
もし話し手が指示対象を表すタームと描写のどちらも利用可能な場
合は、タームの意味を聞き手が理解できると想定されるなら、その
タームを用いるのがよい。

　以下の節では、「タームの選好」が成り立つことを、カテゴリー・

タームの修復（repair）と理解の証拠提示（demonstration）の事例によって検証する。

### 4.3.1.　カテゴリー・タームの修復

「タームの選好」が成り立つということの証拠に、聞き手が知っていると想定しているカテゴリー・タームを話し手自身が知らないとき、話し手が自分の語彙的知識が欠如していることを問題視して修復行動に出るということを挙げることができる。（4–12）では、アメリカに出張中のＡが、子供たちのお土産に購入しようと考えている品物について、妻Ｂに説明しようとしている。

（4–12）〔CallHome Japanese 1032〕

| 01 | | Ａ：一応ね：, |
|---|---|---|
| 02 | | Ｂ：［うん］ |
| 03 | XM⇒ | Ａ：［あの］あやね::にね：, |
| 04 | | Ｂ：うん |
| 05 | X1 → | Ａ：あの：**トレーナー**　n::＞なんつうの＜ |
| 06 | X1'→ | **　後ろにこう**（0.3）＞**帽子の付いた**＜**トレーナー**とさ, |
| 07 | | Ｂ：う：ん |
| 08 | XM⇒ | Ａ：↑ひろになんか買うかなと＞思っているんだけ＜どさ, |
| 09 | | Ｂ：あ本当？ |
| 10 | | Ａ：うん. 大学に：<u>ある</u>んだよ. |

5行目でＡは、「あの：」とフィラーを発した後、「トレーナー」というカテゴリー・タームを用いたものの、「n::」と言い淀み「＞なんつうの＜」と発話している。これは、「トレーナー」よりもっと適切な別のカテゴリー・タームが存在し、そのタームを聞き手が知っている可能性があるにもかかわらず、自分では何か分からないために適切なタームを使用できないということを問題視していることの表れである。そして、6行目で「後ろにこう（0.3）＞帽子の付いた＜トレーナー」と描写していることから、Ａが念頭に置いているものを聞き手に理解させるには「トレーナー」というカテゴ

リー・タームでは不十分であり、より詳細にカテゴリー化する必要があると考えているということが分かる。したがって、5–6行目に見られるAの行動は、話し手が念頭に置いているものを指示するために、どのようなタームを用いたらよいか聞き手が知っていると想定されるならば、そのタームを用いた方がよいという「タームの選好」に志向してなされたものとみなすことができる。一方、(4–9) でラミータさんが手術した身体部位を指示する際にカテゴリー・タームを使用しないことが問題視されないのは、話し手は聞き手が適切なタームを知らないと想定しているからだと考えられる*31。

### 4.3.2.　カテゴリーの理解の証拠提示

「名前の選好」という指針は、聞き手がある対象を「名前」を用いて認識できると想定されれば、指示対象がどのようなものか描写しなくても、聞き手は、話し手が意図する指示対象を認識できるとみなして会話を進めることができるということを意味する。これと平行して、「タームの選好」も、ある対象を指示するときに使用される「ターム」を聞き手が知っているならば、その指示対象がどのようなものかも知っているとみなすことができるということを意味する。このことは、聞き手がカテゴリーの理解を証拠提示する事例に見て取ることができる。

　例えば (4–13) では、話し手Aが6行目で「袋」というカテゴリー・タームを発話した後、7–17行目で、この「袋」がどのようなものかについて聞き手の理解を追求する。

(4–13)〔CallHome Japanese 2085〕
((AがBに送ろうと思って買っておいたクリスマスプレゼントを失くしたと告げた後))

01　　　　B：捨てちゃった訳じゃないでしょ.

02　　　　A：掃除のおばさんが捨てちゃったかもね.

03　　　　B：あ：〔：

04　　　　A：　　〔分かる？　私ほっといたからずっと.

```
05        B：ふう：：：ん
06 XM ⇒A：でほら袋に－
07 X1→    あの：ほら（0.3）ビニールの：（1.2）
08        B：あ ⌈あ：
09 X1'→A：    ⌊袋に－ ほら：あの：：（0.2）普通の袋あるでしょ：
10  Y1→B：う：：ん
11 X1"→A：ぐちゃぐちゃとしたやつ あの：：
12 Y1"→B：う：：ん
13        A：あの：：
14        B：う：：⌈ん
15  →  A：   ⌊何？＝
16  →  B：＝ナイロン⌈のね.
17  →  A：      ⌊うん¥ナイロンのね¥.
18 XM ⇒  あれに入ってたから,もしかしたら
19        ＞それとも私＜会社持ってったかな？
20        探しても探してもないんだよね.
```

Aは6行目で「袋」というカテゴリー・タームを用いた発話を中断し、7・9行目で「ビニールの袋」、9行目で「普通の袋」という描写を用いてより詳細なカテゴリー化によって聞き手にどんな袋か理解を促そうとしている。これに対して、10行目で聞き手から理解の主張を示す反応があるにもかかわらず、話し手はさらに11行目で「ぐちゃぐちゃとしたやつ」と描写し、11・13行目でフィラー「あの：：」を使用し、より適切な表現を産出しようとしている。15行目で、Aは「何？」と聞き手Bに助けを求めると、これに応じてBは「ナイロン」というタームを提示している（16行目）（第5章5.4節、5.6節参照）。このタームが発話されるやいなや、話し手は「うん¥ナイロンのね¥.」と言って、自分が探していたのはまさにそれだといわんばかりに、この表現の提示を承認している[*32]。16行目でBから「ナイロン」というタームの提示による理解の証拠提示がなされるまで、AはBが指示対象がどのようなものか知っているとみなす行動をとっていない。

では、タームの追求が行われたのはなぜだろうか。それは、プレゼントが捨てられてしまったと思う理由を説明する話し手にとって、プレゼントを入れていた袋が、捨てられても不思議ではない類のものであったことを聞き手に理解させる必要があるからである。話し手はこのタームを用いれば指示対象がどのような「袋」であるのかを適切に伝えることができ、それを聞き手も理解できるものとして、「ナイロン」というタームが承認されている。すなわち、タームの追求がなされた結果、両者がその意味を了解できるタームにたどり着くことで、指示対象の属性を含めた共通理解が達成されたと判断されているのである。

　このように、話し手が会話の主活動を遂行する上で必要な、指示対象の共通理解を得るために、タームの追求が行われるという側面は、可能ならタームを用いて指示するのがよいという「タームの選好」という指針にそって、対象を指示する表現が選択されるということを示している。


## 4.4.　カテゴリーの理解の追求と主活動の達成

　前節で取り上げた事例にも見られるように、話し手がある対象を指示しようとするとき、適切なタームを提示することができないという問題が生じると、主活動を成し遂げるために、多方面の観点から可能な描写を行うという対処法がとられる。とりわけ、質問や依頼のように、指示対象の理解が不可欠な活動においては、聞き手の理解が追求される。例えば（4–14）で、Aは質問を行う際に1–2行目のプレプレの後、3行目で、質問対象を表すカテゴリーの知識を調べる活動を開始している。


（4–14）［CallHome Japanese 1263］
（（前の話題が終わった後で））

| 01 | | A：↑＞ところで＜変な事聞いていい？ |
| 02 | | B：う：ん |
| 03 | X1 →A：あのさ **日本にあるさ：,** |

98

04　X1→　　.hh［ええ］と::**ちっちゃい** ほら **蛙があるじゃない**.

05　　　　B:　　　［うん］

06　X1'→A:**みどりの蛙. 1センチ四方の.**

07　X1"→　　＜**1センチより小さいかもしれない.**

08　X1'''→　**お財布に入れるや［つ　］.**

09　Y1→B:　　　　　　　　　　　［うん］

10　X2→A:**お金がかえるとかさ無事かえるとかさ.**

11　Y2→B:うん

12　XM⇒A:あれ　どこに売ってんだろう.

13　　　　（0.3）

14　　　B:あれってなんか:（0.3）なんか（.）お寺とか神社

15　　　　とかの:,

16　　　A:＞お土産屋＜さん:だよね:

17　　　B:そう. とかああいう（0.3）露天っていうかああいう所で売ってる.

((後の会話で、Bの問いかけでAが欲しがっていることが分かり、AはBに買っておいてもらうよう依頼する。))


　3–4行目でAは、念頭に置いている対象の属性を「日本にある」「ちっちゃい」と描写し、その対象が「蛙」としてカテゴリー化されるものであることを示す。そして、「あるじゃない」という述語を用いて、聞き手がこのカテゴリーを知っていると想定していることを示唆している。さらに、「みどりの」「1センチ四方の」と色と大きさを描写し（6行目）、大きさに関しては「1センチより小さいかもしれない」と正確な情報に修復（7行目）した後、「お財布に入れるやつ」と用途を描写し（8行目）、これら複数の描写を音声的に途切れることなく追加している。これに対して、9行目でBから「うん」という理解の主張が起こっている。その後も、Aはなお「お金がかえるとかさ無事かえるとかさ」と描写を続けるが、11行目でBから再び「うん」という反応が起こると、この反応を受けて、Aは「あれ」という指示詞を用いて、質問を行っている。

　ここで話し手は、指示対象がどのようなものかを聞き手が理解することができなければ適切な回答を得難い「質問」という主活動を、

ひいては、その購入依頼を実現するため、カテゴリーに関する聞き手の理解が追求されている＊33。そして、「ターム」を用いることが困難な場合には、話し手の意図するカテゴリーについて聞き手の理解が得られたと判断できるまで、描写による追求が行われる。このようなカテゴリーの理解の追求がなされる事例は、指示が「聞き手に合わせたデザインの選好」に志向して行われることを証拠づけるものである。

## 4.5. 二段階のカテゴリー指示

第3章3.4節では、二段階で認識要求を行うことで、話し手が意図する対象を指示する活動を取り上げた。同様に、指示対象のカテゴリーに関する知識を二段階で確認することによって、話し手が念頭に置いている対象の理解を得ようとする活動がある。

（4–15）は、卒業を1か月後に控えた大学生女子2人の会話の一部である。メグは卒業式に貸衣装の袴を着付けしてもらう予定だが、そのとき肌襦袢を持参する必要があるかどうかリサに尋ねようとしている。メグはすでに写真館で衣装を借りて写真の前撮りを行っているので、袴を着ることは経験しているが、「肌襦袢」というカテゴリー・タームを知らない。

（4–15）［Val 3］
((このやりとりの直前でひとつの話題が終わっている。そのなかで、リサは近々帰省するときに、卒業式に袴を着るため、足袋やぞうりを持ってくるということに言及している。))
01 XM ⇒ メグ：あ：ね：あのさ：
02　　　　　　（0.2）
03　　　リサ：ふん
04 X1 → メグ：＞なんか＜ （0.3）**はだぎ？** ＞ってゆうか＜なんか（.）
05 X1 →　　す- **すそよけ**ってゆうのか［名前知らんけどさ：］,
06　　　リサ：　　　　　　　　　　　　　［うんうんうん　　　　］
07 X1 → メグ：**ガーゼみたいなの**　［あるじゃん］.

100

08　Y1→リサ：((うなずきながら))［うんうん　］うんうん

09　X2→メグ：その上に［さ：］

10　　　リサ：　　　　　［うん］

11　X2→メグ：＞も1個＜白いの＞なんか＜着るじゃん.

12　　　　　　（.）

13　X2'→メグ：［襟が］ちゃん－［もうちょっとしっかりしてる］

14　Y2→リサ：［うん］　　　　　［うん　うん　うん　　　　　　］

15　X2'→メグ：＝［やつ　　　　　］

16　Y2→リサ：＝［((うなずき))］

17　XM⇒メグ：＜あれもいるかね.＞

18　　　　　　（0.3）

19　　　メグ：＞あれ＜は自分で＞準備しなきゃいけない＜ものかね.

20　　　　　　（0.4）

21　　　メグ：あの着付けするとき.

22　　　　　　（0.5）

23　　　リサ：写真撮るときは：¿

24　　　メグ：写真撮るとき↑［は：］

25　　　リサ：　　　　　　　［うん］

26　　　メグ：あの：そっちが用意してくれてたんだ（もんで）ね,

27　　　リサ：ふんふんふ［ん］

28　　　メグ：　　　　　　［で］ね：？

29　　　　　　（0.5）

30　　　メグ：じゃあもしね：,あの本番のときに：

31　　　リサ：うん

32　　　メグ：うちに頼まないならこれだけね：,

33　　　リサ：うん

34　　　メグ：あのゆ－＞準備＜してたら：どこでも：やれるから

35　　　　　　＞っていう＜のを書いてくれたんだけど［ね：

36　　　リサ：　　　　　　　　　　　　　　　　　　［↑うんう：ん

37　　　メグ：それにはこの－　その：2枚目に着るやつ：？

38　　　リサ：゜うん゜

39　　　メグ：はなかったの゜よね：゜＝

第4章　カテゴリーの知識を調べるプラクティス　IOI

| 40 | リサ：=↑じゃ：いいんじゃないの. |
|---|---|
| 41 | メグ：いいかな:: |
| 42 | リサ：う：ん |

　4–5行目でメグは「＞なんか＜」というフィラーを発した後、「はだぎ」と「すそよけ」というタームの候補を提示するとともに「名前知らんけどさ」と述べることによって、念頭に置いているものを表す適切なカテゴリー・タームを知らないということを示唆している。そこで、「ガーゼみたいなの」という描写をすることによって、指示対象がどのようなものか分かるかどうか確認を求めている*34。8行目でリサは「うんうんうんうん」とうなずいて、メグが意図した対象カテゴリーを知っていると強く主張している。

　9行目のターン冒頭で、リサは「その」という指示詞を用いている。この指示詞の使用によって会話の主活動が再開されるのではなく、ここでは、さらに副次的活動が継続している。メグは、11行目で「も1個＜白いの＞」という描写を行い、先にリサの理解を確認したカテゴリーと関連付けられるものとして、もう1枚色が白いものを着るという知識が聞き手にあるかどうか調べている。これに対する反応（14行目冒頭の「うん」）が遅れたため、メグは13・15行目で、「襟がもうちょとしっかりしてるやつ」という描写をさらに加えているが、14・16行目の反応を得て、メグは意図したカテゴリーの知識をリサが持っていると判断し、17行目では「あれ」を用いて質問という主活動を遂行している。

　ここで指示対象を表す適切なカテゴリー・タームが提示できないという問題に対処するため、話し手メグがその場でとった行動は、着付けの順番で2枚目に着るものを指示するために、1枚目に着るものに関するカテゴリーの共通理解を確立するということである。この過程は、後続の会話で再指示するときに用いられた、「2枚目に着るやつ」（37行目）という描写のデザインにも反映されている。指示対象に関する聞き手の知識を調べる活動を段階を経て行うことによって、話し手は念頭に置いている対象について聞き手との共通理解を得ることに成功している。

第3章3.4節において、二段階の認識要求について取り上げ、指示詞がひとつの対象の認識要求から新たな対象の認識要求へと橋渡しする役割を果たすことによって、会話の主活動を保留したまま指示活動を継続的に行うことが可能となっていることを観察した。認識要求の場合と同様に、カテゴリーの知識をめぐる活動に関しても、(4-15)の9行目の「その」のように、指示詞が二段階の副次的活動を橋渡しする役割を担っている。

## 4.6.　タームの選好と聞き手に合わせたデザインの選好

　4.3節で論じたように、話し手は念頭に置いている対象をカテゴリー・タームを用いて聞き手が理解可能と想定するならば、カテゴリー・タームを用いる方がよい、という「タームの選好」という指針に志向して指示表現を選択している。このことを裏づけるさらなる事例として、本節では、話し手が念頭に置いている対象を指示するために、タームを使用しようとするとき、そのタームを聞き手が知らない可能性を想定し、タームの使用を問題視していることを示すプラクティスに着目する。

　このプラクティスは、(4-16)に示す要素を資源としてなされる。

(4-16)　X1 → 話し手：フィラー　**カテゴリーターム（C）**ていうの（かな）？

　　　　X2 → 話し手：**描写（D）**

話し手はX1の発話末を上昇調の抑揚で発話することによって、ターム（C）の使用によって聞き手がその意味を理解できない可能性を想定していることを合図する。そして、その問題に配慮してX2で描写を行う。

　これは、本来「聞き手に合わせたデザイン」の指針に従うならば、話し手がタームを使用することを差し控えるべきではあるが、タームを使用せざるを得ないことに対して配慮を示すプラクティスである。具体的には、話し手が自分の不確かなタームの使用を問題視す

る場合と、自分がタームを使用することによって聞き手が理解できない可能性が生じることを問題視する場合がある。

## 4.6.1. 不確かなタームの使用に対処するプラクティス

話し手の選択するカテゴリー・タームが不適切である可能性に志向する場合、すなわち自身が選択したカテゴリー・タームで聞き手に指示対象を意味するものと受け取ってもらえない可能性に対処する事例を以下に示す。

（4-17）では、アメリカで家族とともに暮らしているAは、Bから送ってもらった畳の上敷き（Aは「ゴザ」と呼んでいる）を使おうとしたが、床に留めるためのピンがアメリカにはないかもしれないと話す。11行目で、ピンに最初に言及するとき、Aは「プッシュピン」というタームを使用することを問題視している。

（4-17）〔CallHome Japanese 1628〕
((アメリカ在住の姉Aは、日本在住の妹Bに、日本から送ってもらった「ゴザ」について話している。))

```
01        A：うん＞ほいで＜(.)それと昨日さ：,
02            あのあれが着いたゴザ.
03        B：あ着いたけ.
04        A：うん
05        B：.hh
06        A：ほんでな,
07        B：う［ん
08        A：  ［あの：：：そのゴザもその
09            .hh↓もうすぐひこうって言うとんやけどな,
10        B：うん
11  XM ⇒A：どうやって留めればいいかなって＜こっちに
12            そんななが：：い棒の
13            (0.6)
14  X1 →A：プッシュピンていうんかいね？
15  YM ⇒B：［無い  ］か.
```

104

| 16 | X2→A： | ［あの　］ **画鋲みたいなのがな？** |
|---|---|---|
| 17 | B： | ［うん－］ |
| 18 | XM⇒A： | ［無い　］かもしれん↓てティムが言うとんや？ |
| 19 | B： | ふ::ん |
| 20 | A： | ほんでな,あの::::(.) 分からんけど::u- 今度 (.) |
| 21 | | ゆ－ 時間のある時に探しに行ってみるって |
| 22 | | ゆって. |
| 23 | B： | そっか::. |
| 24 | A： | ［うん］ |

12行目でAは「なが::い棒の」と描写をし始め、0.6秒の沈黙の後、「プッシュピン」というタームを発話している。(18行目で、「プッシュピン」というタームが、英語話者であるAの夫が使った言葉を引用したタームであるということが明らかにされるふたりはこの会話の後で、「ピン」というタームを使っている)。この音の高さは、沈黙を挟んではいるが、「なが::い棒の」とつながり得るように聴こえる。Aは「プッシュピン」というタームの後に「ていうんかいね？」を付加して、この英語のタームを用いることが、必ずしも聞き手にとって最適ではないと想定していることを示している。それが証拠に、16行目で、「画鋲みたいなの」という描写を追加している。一方、Aの家族が「ゴザ」をどうやってとめればよいか思案していた(8–9・11行目)という先行文脈から、聞き手Bには「なが::い棒の」はゴザを留める道具の属性を描写したものであるということが理解できる。それは、Aが「プッシュピンっていうんかいね？」(14行目)と言い終わると同時に、Bは「無いか.」(15行目)と、Aが言わんとしていたことを先取りしていることから分かる。

## 4.6.2. 聞き手の知識を考慮したタームの使用

4.6.1節では、(4–16)のプラクティスが、話し手が用いようとするタームが指示対象を表すのに適切かどうか確信が持てないという問題に対処するために用いられることを見てきた。また、話し手

がある対象を指示する際に用いるタームが、聞き手にとって馴染みがないため、意味を理解できない可能性があることを想定し、その問題に対処するために（4-16）のプラクティスが用いられることもある。次の例では、英語の「キモセラピー」というタームが日本語では何という言葉に相当するのか知らないために、Aはこのタームを使用している。

（4-18）［CallHome Japanese 2157］
((Aは義父（「パパさん」）が病気なので、出産のときに義母に手伝いに来てもらうことができないと日本の母Bに話す。))

```
01      A：もうパパさん：すごいしんどいみたい.
02      B：あ：そう::::
03      A：う：ん＞だから＜クリスマスにももうほとんど何も
04          しはらへんみたい°むこうも°
05      B：ふ::ん　あ::ほんとう:
06      A：.hh う：ん　も::::すごい(.)強い薬のんではるし::,
07      B：あ::::
08  X1→A：キモセラピー::::っていうの?
09      B：［うん］
10  X2→A：［なん］ていうの?　あれ.放射能あてるやつ：?
11      B：あ：=
12      A：=あたしよう知らんねんけど：?
13  Y2→B：あ放射能な：
14      A：うんキモセラピーっていうねんけど：
15  XM⇒  それ::も：(.)やってはるし：,
16      B：は::
17      A：だからすごいなんか(.)副作用で：なんかあんまり
18          気分がよくないねんて.
19      B：あそう.
20      A：う：ん
```

8行目でAは、「キモセラピー」というタームの末尾の音節を長く

伸ばし、「ていうの？」を付加することで、このタームは聞き手にとって馴染みがないものと想定していることを示している。10行目では、このタームに相当する日本語を知らないが、放射能をあてる治療を意味することを伝えて、Bの反応を促している。すると、11行目でBは「あ：」と理解の反応を返している。

　12行目のAの「あたしよう知らんねんけど：？」という発話は、音声から判断すると、Aは治療法については、放射能をあてる治療だということぐらいしかよく知らないということを意味している。その後、13行目でBは「あ放射能な：」と、10行目でAが用いたのと同じ言葉を用いて、タームの意味が理解できると主張し、14行目でBはそれを承認している。13行目でBから例えば「あ：抗がん治療ね」のような別の言葉で理解の証拠提示が行われたわけではないが、AはBが「キモセラピー」というタームが何を意味するのかは伝えられたと判断している。そこで、Aは「**キモセラピー**っていうねんけど：」と、もとのタームを用いて説明することで、聞き手のタームの理解をそれ以上追求する必要がないと判断したことを示し、15行目で「それ」という指示詞を用いて主活動を再開させている。

　専門用語の選択が、話し手の社会的アイデンティティを指標・喚起すると主張するKitzinger & Mandelbaum（2013）は、産婦人科カウンセラーと相談者との会話において、相談者が専門用語を理解できると想定しているならば、その用語を使わなければならない、という指針に従って語彙の選択が行われると主張している。その証拠に、相談者が専門用語を知らないと想定したカウンセラーが、waters from above the baby's bottom という描写を用いた後、相談者が自ら hind waters（後羊水）という専門用語を用いて再指示を行う事例を挙げ、この相談者の行為は、カウンセラーが相談者の知識に関して誤った想定を行った（実際より知識がない人とみなした）として、抗議の念を示したものだと分析している（Kitzinger & Mandelbaum（2013: 184））。このような現象は、ある対象を指示する際に、タームを聞き手が理解できると想定しているならば、タームを用いなければならない、という「タームの選好」という指

針の存在を支持するものとなり、このタームの選好という指針は、Schegloff（1996）が、話し手が、聞き手が名前を知らないと想定した人物を、that girl'e use to go with for so long のように認識用描写（recognitional description）を用いて指示した後、聞き手が意図的にその対象の名前による認識の証拠提示 Alice?（「アリスのこと？」）に出る事例を証拠に提唱した、もし話し手が指示する人物を受け手が名前で認識できると想定しているならば、その名前を使わなければならないという「名前の選好」の指針に平行していると述べている。

Kitzinger & Mandelbaum（2013）が述べるように、聞き手が持っている知識を過少に見積もってタームを使用しないということは、聞き手が認識可能な人物の名前を知らないと想定することよりも、問題が大きい。そのため、話し手は聞き手の知識に配慮して、慎重に表現の選択を見極めなければならない。本章でみてきた指示対象のカテゴリーに関する知識を調べるプラクティスは、「タームの選好」という指針が、専門用語の選択だけではなく、日常会話で指示対象のカテゴリーに言及する際に用いられるカテゴリー・タームに関しても成り立つということを示している。

## 4.7. まとめ

本章では、話し手が念頭に置いている対象を指示する際に、指示対象のカテゴリーに関する知識を聞き手が持っているかどうか事前に調べるプラクティスについて記述した。話し手が用いようとするカテゴリー・タームの意味を聞き手が理解できるかどうかを調べるプラクティスと、描写を用いて聞き手にカテゴリーの理解を求めるプラクティスである。このプラクティスの記述を通して、話し手は自分が念頭に置いている対象を適切に指示するために、カテゴリーに関する聞き手の知識を考慮して、指示表現を選択（デザイン）している側面があることを主張した。

そして、カテゴリー・タームを用いるか描写を用いるかという選択に関しては、聞き手がカテゴリー・タームを理解することが可能

であると想定するならばカテゴリー・タームを用いよ、という「タームの選好」という指針にそってなされることを検証した。さらに、タームの使用が聞き手の知識をどう見積っているかに関わるため、聞き手の知識を過少に見積もることが原因で生じうる問題を予測し、その問題を回避しつつ、会話の主活動を円滑に行うプラクティスが用いられることを指摘した。

さらに、指示表現の選択（デザイン）は、単に聞き手に指示対象がどのようなものであるかという理解を促すだけでなく、会話の主活動を成し遂げるために行われているということを二段階のカテゴリー指示の活動の事例をもとに明らかにした。

本章では、第3章で取り上げた人物や場所を指示する「名前の選好」と平行して、ものを指示する「タームの選好」が成り立つことを検証した。これにより、より広範囲の指示現象を説明することができる。

本章で記述した現象は、話し手が念頭に置いている指示対象を聞き手が認識可能でないと想定される状況においても、指示対象の理解を促す活動が相互行為の一環として行われるということを示唆している。この点においても、相互行為という視点が指示現象の記述に有用であるということを例証するものである。

---

＊31　カテゴリー・タームの使用が、相手の知識を想定した交渉の上に成り立っていることは、次のような事例にも見て取ることができる。
［CallHome Japanese 2157］
（（Aは生まれてくる赤ちゃんが使うベッドがまだ用意できていないということを母親Bに話した後））
01 →A：だから最悪の場合は**こうき：がつこうてた**なんていうの？
02 　　あの**四角いやつ**？
03 　　［あれ］潰－］
04 　B：［あ！こう　　］**きのベット**あんのんちゃう？
1行目で「なんていうの？」と言った後に「あの四角いやつ？」と描写している。これは、Aは指示対象を「ベッド」としてカテゴリー化することが不適切であると考えていることの表れであり、もっと適切なカテゴリー・タームを

知っていれば、それを使った方がよいということに志向した行動である。4行目でBは「ベット」というカテゴリー・タームを「こうきのベットあんのんちゃう？」という発話に埋め込み（Jefferson（1987））、この「ベッド」というカテゴリー・タームの使用が両者にとって適切であるとみなしていることを示している。

**＊32** Brennan & Clark（1996）は、話し手と聞き手が交渉の末、指示対象をどのように概念化するかに関して、その場で話し手が一時的に提示した概念化に対して、ひとたび聞き手が同意すると、その表現が採用され、後の会話で使い続けられるということを指摘している。Bは「ナイロンの（袋）」という表現をAとの間で概念化の合意がなされ、両者の会話生活において使い続けられてきたものとして扱っている。

**＊33** 聞き手が認識できると想定される個体をサンプルとして提示することによって、カテゴリーの理解を得ようとすることもある。

［CallHome Japanese 1541］
（（アメリカにいる母Aが長野にいる娘B（えみ）に））

```
01  A： ［えみちゃん今度］それでね：，
02     あの：：：：：n:n：＜松本＞城でもなんでもいいんだけど：［：，
03  B：              ［うん］
04  A： おまもりで↑ママがほら.h＜きれ：いな＞あの（.）あのじゅー
05     あのほら（.）え：おまもりの：まるいやつつけてるでしょう.
06  B： う：ん
07  A： あ［れ］↑なんか二三個［＞あったら＜］
08  B：   ［何］        ［すず？      ］
09  A： すず.
10  B： .hh うんうん
11  A： ＜買って＞おいて.＝あれ非常に評判がよくて↑どこで手に入れた＜
12     とかって＞−  みんなきれいなのよね：あれね：.
13     それでみんなに［言われるの.］
14  B：         ［ふ：：：：ん ］
```

この例は、6行目の認識主張を得て、話し手は聞き手が指示対象の認識を共有しているということを確認後、同じようなものを買って欲しいという依頼をしている。「二三個＞あったら＜」「買っておいて」という叙述内容から、「あれ」を用いて自分が持っているのと同類のものというカテゴリーを意図しているということが理解できる。8行目では、聞き手から、カテゴリー・タームの候補「すず」が提示され、理解の証拠提示が起こっている。この事例も、「タームの選好」を証拠づけるものである。

**＊34** 「＞なんか＜（0.3）**はだぎ？**＞ってゆうか＜なんか（.）す−**すそよけ**ってゆうのか名前知らんけどさ：」という発話は、話し手の知識があいまいでありながらもカテゴリー・タームを用いようとしていることから、「タームの選好」に志向していることが分かる。また、不確かなタームの使用をせざるを得ないことを問題視し、聞き手への配慮を示した行動である。（6.4.1節参照）

第5章
# 言葉探しを伴う指示のプラクティス


## 5.1. はじめに

　第3章と第4章では、話し手が提示する指示表現について、聞き手の認識や理解に困難が生じることが予測される状況に対処するプラクティスを見てきた。そして、聞き手の認識を確認する指示活動と、聞き手のカテゴリーに関する知識を調べる活動を観察することによって、話し手は「名前の選好」と「タームの選好」という指針にそって指示表現をデザインする側面があることが明らかになった。

　本章では、話し手の指示表現の産出自体の問題に対処する活動を取り上げる＊35。本来は「名前の選好」や「タームの選好」に志向して指示表現が発話される位置で、話し手がその表現を思い出せないために指示表現を産出できない状況にあるという問題である。このような状況に直面したとき、話し手は、忘れてしまった名前・タームを探しつつ、指示対象を適切に認識・理解させなければならない。一方、聞き手は指示対象の名前・タームが提示されない状況で、話し手が意図する指示対象は何なのか理解しなければならない。このような問題に、話し手と聞き手はどのように対処しているのだろうか。

　本章では、話し手が指示表現の産出上の問題に対処するために、聞き手と協働で指示対象の認識・理解を確立しようとする活動を「言葉探しを伴う指示」と呼ぶ。5.2節で概観するように、言葉探しを伴う指示活動では、話し手が思い出そうとしている名前やタームの候補を聞き手の側から提示し、話し手がそれを承認することによって、指示が確立する。この聞き手による名前の候補の提示は、指示対象を認識できることの証拠提示となることを5.3節で確認する（第1章1.2.3および1.2.4節参照）。これは、「名前の選好」に

志向して、会話者が指示表現を選択しようとすることの表れである。5.4節では、日本語の「言葉探しを伴う指示」について、Hayashi（2003a）の指摘を踏まえて記述する。

　言葉探しによって、聞き手の助けを得て、話し手が忘れていた名前・タームを思い出せる場合もあるが、必ずしもそうとは限らない。言葉探しが成功しそうにないとき、会話活動を成し遂げるために十分な程度の指示対象の認識・理解が得られればよしとして、会話を進行させることもある。このような観察から、5.5節では、会話活動の達成のために、指示対象の認識・理解を確立するように指示活動がなされることを検証する。

　「名前の選好」とパラレルに「タームの選好」という指針が存在するということを第4章で論じた。5.6節では、カテゴリー・タームを探索する事例を取り上げ、言葉探しを伴う指示が、「名前の選好」および「タームの選好」という指示表現の選択指針の証拠事例になることを主張する。


## 5.2. 名前の探索

　日常会話において、話し手がある対象を指示しようとしたとき、その名前を思い出せないことがある。例えば（5–1）は、同年齢の大学生女子3人による会話で行われたやりとりである。あやは自分が好きな漫才師のことを話題にしようとしたとき、そのコンビ名を忘れてしまう。

（5–1）［D003］
（（直前であやがナイナイの岡村のまねをして、それについてりこがコメントした後））

| 01 | あや： | あnの　誰>やったっけ<　あの:::　(0.8) |
|----|-------|------|
| 02 | | >なん<やったっけ　岡－　え　ナイ－ |
| 03 | | ↑ナイナイにn似とる人おらん？ |
| 04 | | (0.3) |
| 05 | あや： | 新人［で: |

112

```
06    みく：       [キンコン？
07    あや：そう［キ      ン      コ：］::ン
08    りこ：   ＞［キ(h)ングコ(h)ングやh]＜
09          (0.7)
10    みく：((りこの方を向いて))［出  ］［てん↑な：]
11    りこ：              ［出た]
12    あや：            ↑ ［あれ］［あれ］
13       ↑ありか：と思うんけど好きなんやけどな
14       ↓見よって::
15    みく：((あやの方を向いて)) あれ
16       ((りこの方を向いて)) 21 やな：とし
```

　話し手あやは、念頭に浮かんでいる人物の「名前」が何なのかを思い出すことができないという困難を抱えている。そのため、意図した人物が誰なのかをいかに聞き手に伝えるかという問題に直面している。同時に、聞き手のみくとりこは、話し手から指示対象の「名前」が提示されないという状況で、話し手は誰のことを意図しているのかを推測しなければならないという問題に直面している。このような問題に会話参加者はどのように対処しつつ、会話活動を成し遂げようとしているのだろうか。この事例では、話し手あやは、「ナイナイに似とる人」「新人」という描写を用いて、指示対象の属性に関する情報を聞き手に提供することで、聞き手から意図した人物の名前を引き出すことを成し遂げている。

## 5.3. 言葉探しと認識の証拠提示

　第1章1.2.3節で述べたように、Heritage（2007）は、話し手が意図した対象を聞き手が適切に認識できたかどうかが相互行為上明らかになる場合とそうでない場合を、Sacks が提案した主張（claim）と証拠提示（demonstration）という概念を用いて区別している*36。話し手が指示対象の名前を聞き手に提示して、その認識の追求をする場合、聞き手は認識できるという主張をすること以

外はほとんど何も要求されない。しかし、話し手が指示対象の名前を提示しないで、聞き手の認識が追求される場合は、Schegloff（1996）が主張するように、聞き手の方から、名前の候補を提示する現象が起こるとHeritageは述べている。

　言葉探しが行われるとき、会話者間で指示対象の共通認識を追求した結果、話し手が提供した描写に対して、聞き手がその名前の候補を提示することにより、言葉探しが成功すれば、共通認識が確立したとみなされる。この言葉探しを伴う指示活動は、認識の証拠提示が行われる現象と捉えることができる。Heritage（2007）から英語の事例を引用する。

（5-2）［Heritage（2007）太字は筆者］

```
01      Nic： I hate that fuckin guy who does those
02             c'mmercials that assho [le
03      Sha：                        [Weh Al [an:°uh° ] =
04      Viv：                               [Oh  Alan]
05      Sha：  = Alan Hammil?
06             …
07      Nic： Guy's a de [t
08      Viv：            [Suzanne Summer's°husban'°
```

話し手Nicは1行目と2行目で「that＋名詞」の形式を2度発話していることから、Nicは指示対象を聞き手が認識できると想定しているが、その名前を忘れているということが伺える。そこで、聞き手のShaとVivは、Nicが行ったwho does those c'mmercialsという描写をもとに、Nicが意図する人物は誰なのかを探索し、その名前を3行目と4行目で提示している。さらに、5行目では、Shaによりフルネームが提示され、8行目では、Vivにより新たな描写が行われている。こうして、別の表現による認識の証拠提示がなされている。

　仮に1行目でNicが言葉探しをせずにI hate Alan Hammil.と述べた場合と比較すると、ここでは言葉探しが行われた分、会話の進

行が滞ることになる。したがって、会話参加者は、指示対象の共通認識の追求と進行性のどちらを優先するかというジレンマのなかで行動することを余儀なくされている。


## 5.4. 言葉探しを伴う指示活動

本節では、日本語の会話にみられる言葉探しを伴う指示活動のプラクティスを記述する。


### 5.4.1. 言葉探しと「あれ」による主活動の再開

まず、話し手が会話の主活動を開始しようとしたとき、もしくは主活動の発話産出の途中で、言葉探しの活動が行われ、指示表現を回復できたとき、「あれ」を用いて主活動を再開（開始）するプラクティスがある。本章の冒頭に示した事例を以下に再掲する。

（5-3 ＝（5-1））［Doo3］
((あやがナイナイの岡村のまねをして、りこがコメントした後))

```
01  X0→あや：あ n の　誰＞やったっけ＜　あの：：：（0.8）
02                ＞なん＜やったっけ　岡−　え　ナイ−
03  X1→        ↑ナイナイに n 似とる人おらん？
04           （0.3）
05  X1'→あや：新人［で：
06  Y1→みく：    ［キンコン？
07  X2→あや：そう［キ　　ン　　コ：　　　　　　　］：：ン
08       りこ：    ［＞キ(h)ングコ(h)ングやh＜］
09           （0.7）
10       みく：((りこの方を向いて))［出　］［てん↑な：］
11       りこ：                ［出た］
12 XM⇒あや：                    ↑［あれ：あれ］
13           ↑ありか：と思うんけど好きなんやけどな
14           ↓見よって：：
15       みく：((あやの方を向いて)) あれ
```

第5章　言葉探しを伴う指示のプラクティス　　115

16 　　　((りこの方を向いて)) 21 やな：とし

　1行目であやが「誰やったっけ」と発話していることから、あや
は「名前」を思い出せない人物を指示しようとしていることが分か
り、2行目の「何やったっけ」という発話から、あやが指示対象の
名前を思い出そうとしていることが見て取れる＊37。

　指示対象の名前の産出が困難な状況に陥ったあやは、3行目で
「ナイナイにn似とる人」という描写を上昇調で発話することで、
念頭に浮かべている人物の探索の資源を提供するとともに、聞き手
に反応を求めている。この後4行目で、聞き手から反応がないため、
「新人」という追加描写をすることによって、聞き手にさらに名前
探索の資源を提供する。6行目でみくから、「キンコン？」という
指示対象の名前の候補が提示されると、7行目で、あやは「そうキ
ンコ:::ン」と発話し、みくが提示した「キンコン」という「名前」
がまさに意図していた人物の名前であると認めている。遅れて、も
うひとりの聞き手であるりこも、「キ(h)ングコ(h)ング」という
フルネームの形式で指示対象の名前を発話し、指示対象の認識の証
拠提示を行っている。

　12行目のターン冒頭に発話された指示詞「あれ」は、Aが聞き
手との間で指示対象の共通認識が得られたと判断したことを指標し
ている。また、1–7行目までの言葉探しによって遅れた、会話の主
活動の開始を合図している。これは、日本語では文内の意味役割に
関わらず名詞句をターンの冒頭に置くことができるという文法が活
用されたものである。

　以上の記述をまとめると、言葉探しを伴う指示のプラクティスは、
(5–4)に示すように、話し手の行為Xと聞き手の行為Yとの相互
行為によって成り立っており、(5–5)に示す要素を資源として行
われている。


(5–4)
話し手［XM］：　（主活動）
話し手（X0）：　指示表現の産出が困難なことを示唆する


116

話し手（X1）：　指示対象を描写する
聞き手（Y1）：　指示対象の名前（N）の候補を提示する
話し手（X2）：　提示された名前（N）を承認する
話し手（XM）：　主活動を再開［開始］する


（5-5）

X0 →　話し手：　なんだっけ

X1 →　話し手：　**描写**

Y1 →　聞き手：　**名前（N）** ？

X2 →　話し手：　応答表現

XM ⇒　話し手：　あれ／Ø

## 5.4.2.「あれ」による言葉探しの先送り

　Hayashi（2003a、2003b、2005）は、話し手が発話の途中で、意図する言葉を忘れたとき、その場に「あれ」を仮置きして文を最後まで言い切ることによって、言葉探しの活動を先送りするプラクティスが用いられることを指摘している。そして、これは、名詞句が述語に先行するという日本語の文構造において、名詞句の位置で言葉探しが行われることで述語を発話する前にターンの進行性が停滞する状況を回避する方法になっていると分析している。

　例えば、（5-6）の電話会話の事例を用いて説明すると、ミステリー作家の作風について意見を述べるときに、話し手Yが念頭に浮かんだその作家の名前をすぐに思い出せないとき、「あれもあんまり怖くなさそうじゃないの」（9行目）と発話するような場合である。


（5-6）［CallFriend Japanese 1841］

01　　　M：［.hhh↑そのてんアガサクリスティーとか読んでも

02　　　Y：［ん：：：

03　　　M：あんま(h)(し)こ(h)わ(h)くないん［だよね　　　］

04　　　Y：　　　　　　　　　　　　　　　　　［＞全然こ　　］

05　　　　　　わくな(いよ)ね¿＜

```
06          (0.2)
07      M:（うん／ね：）=
08      Y:  =うん.
09 XM ⇒  .hh ↑あれ も あんまり怖くなさそうじゃ（ないの あ）
10  X1 →  最近のあの有名な
11          .hh あの：は－  あ：（れ）なんだっけ
12          (0.3)
13 X1'→ Y: よく映画んなる人
14          (0.2)
15      M: 誰¿
16          (0.2)
17 X1"→ Y: シドニー・シェルダンじゃなくて［なんだっけ］
18      M:                       ［あ::    ］
19  Y'→   えっと::（.）ジョン,（0.5）グリシャム¿
20          (0.7)
21      Y: じゃないよ：
22          (0.3)
23 X1'''→ Y: °え°恐怖映画ばっかり（って）（（  ））の人だよ. =
24  Y"→ M: =あ::スティーヴン・キングス
25          (0.3)
26  X2 → Y: そう
27          (0.3)
28      M: う::［ん  .hh ［あ↑れ］↑は：↑でも：
29          .hh あれ怖くなかった：¿なんか：
```

　（5–6）の話し手Yは念頭に置いている作家の名前がすぐに思い出せなくても、9行目で「あれ」を仮置きすることで、言葉探しの活動を行うより先に、文の形でターンを終えることが可能になっている。このプラクティスは、（5–7）のような相互行為によって成り立っており、（5–8）に記す要素を資源として行われる。

（5–7）

話し手（XM）： 主活動（指示表現の産出が困難なため仮置きした
　　　　　　　　　言葉を含む文を発話する）

話し手（X1）： 指示対象を描写する

聞き手（Y1）： 指示対象の名前（N）の候補を提示する

話し手（X2）： 提示された名前（N）を承認する


（5–8）

XM ⇒ 　話し手：あれ　叙述

X1 → 　話し手： 描写

Y1 → 　聞き手： **名前（N）**？

X2 → 　話し手： 応答表現


　Hayashi は、このプラクティスは、進行性の問題だけでなく、主活動の叙述部分をも言葉探しの資源として聞き手に提供することができるという点でも、指示の達成に寄与するものだと分析している。例えば、（5–6）について言えば、「あんまり怖そうじゃない」という述語の部分も指示対象の属性情報を提供するため、言葉探しの資源として活用することができるということである＊38。

　以上、日本語の日常会話において、「名前」の探索と指示対象の認識の追求を会話参加者が協働で行う「言葉探しを伴う指示」のプラクティスがあることを確認した。


## 5.5. 主活動の達成のために

　言葉探しは会話参加者の知識や経験に負うところが大きいため、必ずしも思い出そうとしている名前にたどり着けるとは限らない。本節では、聞き手の知識の欠如や、話し手の想定のずれなどが原因で言葉探しの達成が困難な状況に陥ったとき、会話参加者はどのように指示上の問題に対処し、会話を進めているのか観察し、会話活動を成し遂げるために指示活動がなされることを明らかにする。

## 5.5.1. 聞き手が知らない対象の名前を探索する資源

話し手は指示対象を聞き手が知らないと想定しているとき、言葉探しの達成が困難な状況に陥ることがある。例えば、（5–9）は、（5–6）と同じ会話の一部であるが、様々な映画の作品が話題になっている。先行会話でMが「シャイニング」という映画を見たことがないと知ったYは、1行目でその監督の名前を言おうとしたとたん、忘れてしまう。

（5–9）〔CallFriend Japanese 1841〕
((「シャイニング」を見たことがないMにYが説明を始める。「ヨシダさん」はYの呼称。))

```
01 XM ⇒Y： シャイニングはね：，監督が
02  X0 →   あのほら°° (.h〔h〕°°え：っと：：：：：：〔：＿＿＿＿〕＝
03                                 〔((機械音))〕
04          ＝誰だっけ ((破線部とぎれ音))
05          (0.8)
06  X1 →Y： 有名な人
07          (1.4)
08        M：え：¿
09          (0.5)
10  X1'→Y： 2001年作った人.
11          (0.7)
12  Y1 →M：えhと：あの：＞ヨシダ＜さんの好きな人：：？
13          (0.3)
14  X2 →Y： ＜キューブリック.＞
15        M：°.hhhh°あ：知らない.＝
16        Y： ＝スタンリー・キューブリックっていう
17          (0.4)
18        Y： フルメタルジャケットとかさ，
19        M：ふ：〔：：：：ん  〕
20        Y：   〔作った人〕でさ，
```

2行目でＹは、念頭に置いている「監督」の名前を思い出そうとして「え：っと‥‥‥‥‥」とフィラーの末尾を延ばして時間をかけるが思い出せず、4行目で「誰だっけ」と言って断念している。また、聞き手Ｍには知識がないため、Ｙの名前探索に協力することができずにいる（5行目）。6行目で、Ｙは「有名な人」という描写を産出しながら記憶の断片をたぐりよせようとするが、思い出せず、7行目の沈黙が生じている。この間、Ｍも該当する人物がいないかどうか思いめぐらすが、適当な人物が思いつかず8行目の反応を示している。すると、10行目でＹは「2001年作った人」と別の描写を行うが、これに対してもＭはＹの名前の探索に協力することができない（11行目）。そこで、Ｍは、「＞ヨシダ＜さんの好きな人∷？」（12行目）と尋ねることで、Ｙが意図する指示対象が誰なのか探索するための別の手がかりを求めようとしている。この「＞ヨシダ＜さんの好きな人∷？」という描写は、ＭがＹと過去に行った会話のなかで、Ｙが指示対象のことを「好きな人」として言及したことがあるかどうか確認を求めることで、名前の探索の突破口を開こうとしたものである。（この点に関して、第1章で示した（1–19）の「お前が言っちょった」という描写も同様である。）6–12行目の一連のやりとりは、話し手と聞き手が個別に入手した知識だけでなく、両者の「共有経験」から得た知識が認識探索及び「名前」の探索の資源として活用されるということを示唆している。

　（5–9）では、聞き手は自身が知らないと想定された対象についても、なんとか言葉探しの手がかりを見つけようとしている。一方、聞き手が知らないと想定されていた指示対象について、聞き手の側から認識できる可能性を探ろうとし始めることがある。例えば、（5–10）では、Ｋ（男性）が香水を替えようとした話を聞いた後、Ｉ（女性）は自分が昔試したティファニー社の香水のことを話そうとして、その銘柄名を忘れてしまう。

（5–10）〔CallFriend Japanese 4044〕
((Ｋ（男性）は新しい香水に興味を持ったが、購入できなかったので、香水を変えないことにしたと話した後))

第5章　言葉探しを伴う指示のプラクティス　　121

```
01        I： uhhhuhhh あたし変え t- わたしも↑変えようと思った
02           けどやめた.
03        I： .hhhh あのね：で 機会があったらティファニーの::,
04        K： う：ん あれ?
05        I： .hh
06           (0.3)
07        I： n?
08        K： え? >ティファニー<の何¿
09        I： ティファニーの：
10        K： うん
11        I： °え：となんだっけ名前 (0.3) >あ<忘れちゃった°
12           ((破線部ささやき音))
13     ⇒     <ティファニーの香水>があるの<ね?=
14     →  K： =うん 知ってる <あのいろnの (.) した
15     →     (0.3)
16     →  K：ティファニー (.) ブルー
17     →  I： そうそうそうそう<そう>
18     ⇒  I： .hh あれ：もすごい>私の<候補にあったのね,
19        K： う：ん
20        I： で友達がすごい (0.7) 好きなのね.
21        K： うん=
22        I： =香水↑が.hhで女の子が,
23        I： I子に¥似合うのを選んであげる¥とか言ってて：,
24        K： ありえんありえん=
25        I： = hhuhh=
26        K： =うん=
27        I： =で ↑イヴサンローランのパリスか：,
28        K： うん
29           (0.3)
30        I： .hhティファニー↑か,
31        K：(こえだめっか)か.
32        I： >なn-< え:::?
```

122

| 33 | I： | ·hhh |
|---|---|---|
| 34 | K： | ((パチパチ音がする)) |
| 35 | I： | ＜エタニティ＞. |
| 36 | | ＜あたしエタニティもともと最初から使ってたから：, |
| 37 | K： | え　エタニティ（0.3）一番俺のきらいなやつや. |
| 38 | I： | ↑あほんとに？ |
| 39 | K： | うん |
| 40 | I： | あ：別にいいんだ： |
| 41 | K： | う（h）ん　別にいいんだけど. |

　Iは8行目で「ティファニーの：」と言った後、香水の名前を言おうとしたが思い出せないことを11行目で述べている。その後すぐ、13行目で、「香水」というカテゴリー・タームで代用し、表現産出上の問題に対処している＊39。そして、「…があるのね」と、聞き手が知らないと想定する対象の存在を知らせるプラクティス（第6章参照）を用いて、記憶の探索をこれ以上続けなくてよいということを示して、会話を進行させようとしている。

　これに対して、聞き手Kは14行目で「あの色：nの（.）した」と言い、その香水の「色」を知っているということを根拠にIが意図する対象を認識できると主張する。しかし、その直後に承認は得られていない（15行目）。そこで、「ティファニー・ブルー」という、カンパニー・カラーの正式名称を提示している（16行目）。Kは、この香水の名前は知らないが、カンパニー・カラーの正式名称を発話することで、この香水がどのようなものかを理解できるだけの知識があるということを主張し、その結果Iから「そうそうそうそう＜そう＞」と承認を得ている。

　この事例では、香水の銘柄名が何なのかに関する探索は成し遂げられていない。しかし、18行目の「あれ」は、Iが念頭に置いている香水をKが認識できるとみなしているということを指標し、言葉探しという副次的活動によって分断された主活動が再開されたことを合図している。

第5章　言葉探しを伴う指示のプラクティス　123

## 5.5.2. 名前の探索の中止と会話の進行

　Schegloff（1996）は、話し手が認識用指示表現の名前と描写の
どちらも利用可能な場合は、名前で聞き手が指示対象を認識できる
と想定されるなら、名前を用いよ、という「名前の選好」という指
針に志向して指示表現が選択されるとしている。この指針は、話し
手が意図した対象を名前で聞き手が同定することができるならば、
あえてその対象がどのような属性を有しているのか聞き手が知って
いることを確認しなくても、会話を進行させているという事実から
得られたものである。つまり、指示対象を聞き手が名前で同定する
ことができるのであれば、指示対象の属性に関して共通の知識を
持っているのかどうか確認しなくても、話し手は聞き手が指示対象
を認識できるとみなすということを意味する。そのため、話し手の
名前の産出に問題が生じたとき、話し手が意図した指示対象の名前
を聞き手が知っているということを確認するための追求が行われる。
本節では、話し手が念頭に置いている対象の名前を思い出せないと
いう問題に対処するために行った言葉探しの結果、名前の産出がで
きなかった場合に、どのように対処しているのか観察する。

　（5-11）は、アメリカに住んでいる娘Aと日本に住む母親Bとの
会話である。Bは幼少の孫（Aのこども）のために日本のビデオを
送ろうと考えているが、どのようなものが喜ばれるか相談している。
先行会話の中で、ディズニーや『おかあさんといっしょ』が言及さ
れたが、この断片の直前に、Bが候補のひとつとして『ひょっこり
ひょうたん島』を挙げ、Aがそれに同意している。

（5-11）［CallHome Japanese 2208］

| 01 | | A： | なんか この間 ほら パパが買って来た（.） |
| 02 | | | 西遊記のビデオにも：［**じゃじゃ丸**］が出てく- |
| 03 | | B： | 　　　　　　　　　　［うん　うん］. |
| 04 | X1→ | A： | じゃじゃ丸じゃないや>なんだっけ< |
| 05 | X1'→ | | .hhh えっと：**何とか鬚**？ |
| 06 | Y1→ | B： | ［うんうん.］ |
| 07 | X2→ | A： | ［**赤鬚：**？］ |

```
08        B：[うん]
09  X3→A：[赤鬚］じゃなくてな（h）んだ（h）っけ（heh）
10        B：な：んか 出て来るよ＝う［ん.
11        A：              ［う：ん.
12          (0.5)
13        B：.hh あ：↑＜そうね＞,
14          .hh ↑そんなのもまあいいかも知れないね？
15        A：う：ん
```

　Aは2行目で西遊記の登場人物の名前を「じゃじゃ丸」と言った後、その発話の途中で、その名前が誤りであるということに気づくが、正しい名前を思い出すことができない。5行目では、「何とか髭？」と上昇調の抑揚でBに助けを求めるが、これに対してBは「うんうん」と反応するだけである。この反応と重複して、Aは、「赤髭？」と上昇調の抑揚で名前の候補を発話することによって、記憶が不確かであるということを示すとともに、Bに反応を求めている。これに対してもBは「うん」と言うのみである。続いて、9行目でAは「赤髭」ではなかったことを思い出すが、それが何であったか思い出せず、聞き手に助けを求めている。

　この後、Bは、非認識用指示表現「なんか」を用いて「な：んか出てくるよ」と発話している。このように発話することで、Bは名前の探索活動を止めて、会話の主活動を先に進めることを奨励している。14行目でBが「そんなのもまあいいかもしれないね？」と発言しているように、孫にどんなビデオを送ったらよいのかを知りたいBにとっては、西遊記の登場人物の名前を正確に思い出せなくても、西遊記がどんなジャンルのものかが理解できれば、十分会話の目的を成し遂げられる。この事例は、言葉探しの聞き手であるが、会話活動の話し手であるBの主導で、名前の探索が中止され、会話の主活動の進行性が優先されうることを示している。

　（5-12）では、アメリカに住んでいるAから久しぶりに電話をもらったBが、「おばさん」の近況について話そうとしている。3行目でBは「おばさん」の職場に言及するとき、Aもその場所を認識

できると想定して、「あそこ」という指示詞を用いている。しかし、お店の名前に言及しようとすると、思い出せなくなり、7行目で言葉探しを開始している。

（5–12）〔CallHome Japanese 1425〕

01　　　　B：＝〔おば〕さんも元気だよ？
02　　　　A：hahahahaおば（h）さ（h）んもげ（h）んきh＝
03 XM⇒B：＝＞相変わらず＜ あそこ で働いてるの＜.
04　　　　　↑一回辞めたんだけどね::,
05　　　　A：う：ん
06　　　　　　（0.3）
07 X1→B： あそこ なんだっけ↓お店.
08 Y1→A：.hhh
09 X1'→B：〔あのお店なん（だっ）た－〕
10 Y1'→A：〔あの：分かる分かる.　　〕＞あの＜
11　　　　B：〔うん〕
12　→　A：〔あれ〕 なんだっけ:
13　　　　B：ahaha〔hahaha　〕
14　　　　A：　　〔嫌　だ〕〔え::?　　　　　〕
15 X2→B：　　　　　　　〔な（h）んつ（h）う〕んだ（h）っけhh
16 Y2→A：〔うん 分か－ うん〕
17 X3→B：〔°（知ってる）°〕〔↑ね?〕
18 Y3→A：　　　　　　　　　〔　分　〕かるけど名前〔忘－〕
19 XM⇒B：　　　　　　　　　　　　　＜〔一　〕回＞
20　　　　辞めたんだけどね〔:〕
21　　　　A：　　　　　　　〔う〕:ん
22　　　　B：うんまたね:,働いているよ?
23　　　　A：うあほんと::う.

7行目でBが「お店」の名前を思い出そうとするが思い出せないと知り、Aも、その名前を思い出そうとするが、思い出せずにいる。10・16・18行目でAは「分かる」と言い、Bが意図する指示対象

を認識できると主張している。そこでBは、お店の名前を思い出せなかったが、Aとの共通認識を確認できたと判断して、言葉探しを終わらせ、19行目で会話の主活動を再開している。このとき、Bは「一回辞めたんだけど」という4行目と同じフレーズを繰り返すことによって、言葉探しが始まる前の活動を再開するということを示している。この活動の再開は、3行目でお店に言及した発話より後に発話された箇所である。この位置から話題を再開することによって、お店の名前によって指示対象が同定できなくても、おばさんの近況を語るという会話の目的は成し遂げられている。

　以上、言葉探しを行った結果、名前の産出が困難であることが判明したとき、言葉探しの聞き手による認識主張を受け入れ、指示対象の理解が得られたものとみなして、会話の主活動を進行させることがあるということを観察した。

## 5.6.　カテゴリー・タームの探索

　言葉探しを伴う指示のプラクティスは、特定の人物や場所の名前だけでなく、話し手が念頭に置いている対象を表すカテゴリー・タームが産出できないという問題に対処するときにも用いられる。本節では、カテゴリー・タームの産出が問題となる事例を観察する。

　（5–13）に示す女性同士の電話会話では、「わかさん」という共通の友人のことが話題になっている。先行会話で、Aはわかさんの父親が亡くなったと聞いてアメリカからわかさんに手紙を送ったが、その返事がまだ来ていないと話している。それを聞いたBは、2行目で「わかさんhh不精だからさh」と評価コメントを述べ、その根拠として、自分のところにもまだ「喪中葉書」が届いていないということを7行目以降で伝えようとしている。6行目のAの発話は自分が送った手紙がわかさんのもとに届いていると思うということを意味している。

（5–13）〔CallHome Japanese 2188〕

01　　　　A：＞届いてるのか＜〔どうか

| 02 | | B： 　　　　　　　　［わかさん hh 不精だから |
|---|---|---|
| 03 | | 　　　［さ h.　haha ［haha |
| 04 | | A：［haha |
| 05 | | B：.haha そうなの　もう |
| 06 | | A：まあ届いてはいるとは思うんだけど |
| 07 | → | B：hehehehehe.hh.hh あのさ（.hh）何だっけ |
| 08 | | 　　　（.hh）あの::(.) そ h もう暮れなのにさ, |
| 09 | | A：°うん° |
| 10 | | B：わかさんからさ喪中だから |
| 11 | → | 　　あの何だっけほらある［じゃない？ |
| 12 | | A： 　　　　　　　　　　　　［う：うん |
| 13 | → | **B：年賀状御［遠慮　］下さいって** |
| 14 | | A： 　　　　［ううん］ 　　　　　　うん |
| 15 | ⇒ | B：あれも↑来ないしさ hhaha |
| 16 | | A：↓嘘.あれって 12 月の頭ぐらいに来るよ h ね h. |

　　Bは 5 行目の終わりで「そうなのもう」と言った後、Aにターンが渡った後、7 行目でBは再びターンをとるが、「あのさ（.hh）何だっけ（.hh）あの::(.)」とフィラーを重ね、指示表現の産出を遅らせながら、適切な表現を探そうとしている。しかし、自身では適切なカテゴリー・タームが思いつかないので、言葉探しを断念し、8 行目の「そ h もう暮れなのにさ」から、2 行目で開始しかけた活動を再開しようとする。

　　11 行目では再び言葉探しを行うことになり、「ほらあるじゃない？」と聞き手との指示活動に踏み切っている。「ほら」や上昇調の抑揚を伴った「あるじゃない？」には、話し手が意図する言葉を聞き手が探し出せると想定しているということが示唆されている。指示対象をカテゴリー・タームで表現することはできないが、話し手と聞き手が共通の知識を持っているという想定のもとに発話された「ほら X があるじゃない」の X に相当するものが何なのか、聞き手は自分の持っている知識や記憶の中から想起するよう求められている。聞き手は「喪中だから」や「年賀状ご遠慮くださいって」

という描写を資源として、話し手が意図する対象が何であるのかを探索することになる。

15行目のBの「あれ」は、話し手が念頭に置いているカテゴリーを聞き手が理解できると判断したことを合図している。結局、この会話の中で、話し手の方から指示対象を表すカテゴリー・タームは一度も発話されていない。また「喪中葉書のことでしょう？」のように、聞き手からカテゴリー・タームによる理解の証拠提示も行われていない。それにもかかわらず、話し手と聞き手の間で指示対象の共通理解が得られたとみなし、話し手は「あれ」という指示詞を仮置きして主活動を遂行している。さらに、16行目で聞き手が「あれ」を用いていることから、聞き手も話し手と共通理解を確立したと判断していることが見て取れる。

この事例で、話し手は聞き手が理解可能なカテゴリー・タームを提示することができず、その産出をあきらめて、描写を選択している。これは、話し手が指示表現を産出するのが困難な状況でも、描写によって提供される属性情報を資源として、話し手は自分が念頭に置いているものが何なのか聞き手に理解させることができるということを示している。この事例もまた、指示が必ずしも言語表現形式上の結び付きによって保証されるものではないということ、属性的指示が指示活動の一部となるということを示唆している。

## 5.7. まとめ

本章では、指示表現の産出が困難な状況に対処するため、言葉探しを伴う指示のプラクティスを用いて、会話参加者が協働で指示対象の認識とカテゴリーの理解を成し遂げる側面を記述した。

また、言葉探しの達成が困難な状況において、会話参加者間でどのように共通認識が確立されるのか分析を行った。

5.5.1節では、聞き手が指示対象を認識できないと想定している場合でも、共通認識の追求のため、言葉探し（名前探索＋認識探索）を続行するよう聞き手の側から要求があるということが観察された。これは、「名前の選好」に志向して指示表現が選択されるこ

とを裏づけるものである。

5.5.2 節では、会話の主活動を遂行するために十分な程度の指示対象の理解ができれば、言葉探し（名前探索＋認識探索）が中断されることがあるということが観察された。このことから、会話の主活動の達成（進行）を優先し、指示対象の認識の追求が調整されるということが明らかになった。

5.6 節では、名前を探す事例と同様、カテゴリー・タームを探す事例にも同様のプラクティスがあることを指摘し、名前の選好と平行して、タームの選好が成り立つことを主張した。

本章で観察した現象は、会話者の実践の中に言語の役割を見出すことができることを示唆している。まず、会話の進行性に関連して、Hayashi（2003a、2003b、2005）が指摘するように、指示詞「あれ」が、言葉探しを先送りして進行性を優先することが確認された。また、「あれ」は言葉探しによって分断された主活動の開始を合図する役割を果たしている。そして、以下に示すように、話し手・聞き手の指示対象の認識の程度を指標する指示表現形式を、資源として、指示活動が実践されることが明らかになった。

- ・指示詞「あれ」は「聞き手が指示対象を認識できると判断していることを指標する（例（5–1）、（5–6））。
- ・カテゴリー・タームは、話し手が聞き手は指示対象を唯一的に同定する必要がないと意図していることを指標する（例（5–10）の「香水」）。
- ・不定代名詞「なんか」は、指示対象（の存在）を理解できることを指標する（例（5–11））。

最後に、第 3 章から第 5 章において取り上げた指示上の問題に対処するプラクティスが示唆することを述べておきたい。

1) 指示は必ずしも言語形式上の結束性（Halliday & Hasan（1976）によって保証されるものではなく、活動として成り立つものである。
2) 話し手は聞き手の知識や認知状態に合わせて対象を指示する表現形式を選択している（Prince（1981、1992）の情報構造

や Gundel et al.（1993）の Giveness など）。ただし、常に話し手が聞き手の認知状態を前もって想定できるわけではなく、聞き手の承認を得て初めて想定の適切さ［不適切さ］が分かることがある。これは、聞き手の知識に関する想定を時間の流れの中で変化するものとして捉えることによって、明らかにできる側面である。

3）指示的指示と属性的指示（Donnellan（1966））に関連して、単に指示対象が何なのかを同定するだけではなく、どのような対象であるのかを聞き手に認識・理解させることも指示活動の一部であると捉えられる。

---

*35 第3章3.5.1節で記述した「不確かな名前の提示」も話し手の指示表現の提示自体の問題に対処するプラクティスのひとつである。そこでは、最初に話し手が不確かながら名前の候補を提示できるケースを取り上げた。本章では、最初に名前やタームを全く思い出せないケースを扱う。

*36 Sacks（1992, vol2: 141）参照。

*37 他に「何て言うの」という表現が見られる。

*38 「描写」あるいは「述語」によって提供される資源は、「ナイナイに n 似てる人」のように、指示対象の属性情報のほか、「あんまり怖そうじゃない」のように、指示対象に対する話し手の評価が示されることもある。この場合、言葉探しが成功すれば、指示対象についての評価も、会話参加者間で共有されたとみなされる。さらに、「ヨシダさんの好きな人」「この前言ってた人」のように、会話参加者の共有経験を手掛かりとして言葉探しが成功に導かれることもある。

*39 Heritage（2007: 269）は、英語の事例について、非認識用指示表現による仮置き（place holder non-recignitional）によって、話し手は、会話を進める上で認識の追求が不可欠ではないということを示すと分析している（具体例は第1章1.3節を参照）。日本語の場合は、名詞句の形式ではなく、「（ある）のね」という文末表現によって、聞き手が指示対象を認識できないものと想定していることが示唆される。

第6章

# 聞き手が知らない対象の
# 存在を知らせるプラクティス

## 6.1. はじめに

　会話の中で話し手は聞き手が知らないと想定している対象を初め
て指示するとき、どのように指示表現を選択（デザイン）している
のだろうか。その手がかりのひとつとして、本章では、聞き手が知
らないと想定される人やものの存在を知らせるプラクティス（以下
「存在告知」）に注目し、このプラクティスによってなされる仕事に
ついて記述する。具体的には、6.2 節では、語りや報告において、
話し手が念頭に置いている対象がある場所に存在するということを
知らせるプラクティスについて、6.3 節では、会話の話題に上った
カテゴリーに属する人やものを聞き手に紹介するプラクティスにつ
いて記述する。そして、この記述を通して、話し手は聞き手が知ら
ないと想定する対象がどのようなものかについて聞き手に理解を促
すとともに、会話活動を成し遂げるように指示表現をデザインして
いることを検証する。6.4 節では、後続指示位置で、名前を用いて
聞き手が知らない対象の存在を知らせる現象に着目し、指示表現が
会話活動を達成するようにデザインされるさらなる証拠事例となる
ことを主張する。

　第3章で述べたように、話し手が念頭に置いている対象を聞き手
が認識可能かどうか確認するとき、それと関連する対象を認識可能
かどうか確認するという「二段階の認識確認」が行われることがあ
る。本章6.5節では、聞き手が知らないと想定している対象を指示
する場合でも、話し手は、念頭に置いている対象について聞き手に
理解を促すために、それと関連する対象について、共通認識を確認
する活動やカテゴリーの知識を調べる活動が行われることを指摘す
る。このことから、話し手は聞き手が知らない対象の存在を知らせ

133

るとき、聞き手がすでに持っている知識を参照して新たな対象を理解できるよう指示表現をデザインしているということを検証する。したがって、聞き手が知らないと想定する対象を指示する際にも、話し手は「聞き手に合わせたデザイン」に志向し、かつ会話活動を達成するように指示表現を選択（デザイン）していることを明らかにする。

　最後に、6.6 節では、第 3 章から本章で記述した指示活動のプラクティスを振り返り、主活動を開始（再開）する際に使用される指示詞の選択要因について考察する。


## 6.2.　聞き手が知らない対象の存在を知らせる

　会話の中で話し手がある人やものに言及しようとしたとき、その指示対象を聞き手が知らないと想定する場合、指示対象の存在を知らせるために用いられるプラクティス（以下「存在告知」）がある。このプラクティスを用いて成し遂げられる仕事のひとつは、ある場所に聞き手の知らない人物やものが存在するということを知らせることである。具体例を挙げよう。

（6–1）［CallHome Japanese 1461］
((渡米して間もない A は、B から英語を勉強しているかと質問され、教会で教えてもらえると答えた後))

| | | |
|---|---|---|
| 01 | | A：あと：, |
| 02 | | ここに今（0.3）住んでるアパートの：(0.6) |
| 03 | | 近くにすぐもう .hh 本当歩いても行けるけど：, |
| 04 | | 車でまあ二三分ぐらいのとこに, |
| 05 | S1 → | .h **East Lake College**っていう**カレッジ**があるのね？ |
| 06 | H1 → | B：［ん∷］ |
| 07 | S2 → | A：［そこ］で英会話とか∷,あとほら［書いたと思う.］ |

話し手 A は教会以外で英語を教えてもらえることを聞き手に伝えようとして、「あと」と言った後、2–4 行目で特定の場所を描写し

て、5行目でその場所に「East Lake Collegeっていうカレッジ」が存在するということを知らせている。そして、この発話を上昇調のイントネーションを用いて行うことで、新たに言及された指示対象について聞き手に理解を求め、聞き手から反応を得ている（6行目）。このように、聞き手が知らない対象の存在を知らせた後、7行目でAはBの質問に答えるという活動を成し遂げている。

　話し手の行為をS、聞き手の行為をHとして表すと、（6–1）の5行目から7行目では以下のような行為が観察される。

（6–2）
話し手（S1）：聞き手が知らない対象の存在を知らせる
聞き手（H1）：反応する
話し手（S2）：指示対象について叙述する［主活動の開始（再開）］

この活動は、以下のような要素を資源として成り立っている。

（6–3）
S1 → 話し手：（フィラー）**指示表現（N）**がある［いる］の
H1 → 聞き手：応答表現
S2 → 話し手：（接続表現）指示詞／Ø

　S1の発話は、存在文の形式をとっている。存在文は「場所表現を伴う存在文」と「場所表現を伴わない存在文」に大別される（西山（2003））。（6–1）の事例は、「ある場所に特定の対象（もの・人物）がある（いる）」という空間的意味を表すものに相当する。

　S1では、指示表現が産出される直前に、「なんか」「あの」のようなフィラーが生じることがある。「ほら」のように、リマインダーの役割を果たすものは生じない。

　指示表現（N）には、聞き手が指示対象を認識できると想定していない形式が用いられる。指示対象の名前に言及する場合は、「名前＋引用標識「ていう」＋カテゴリー・ターム」という形式が用いられる。また指示表現は、聞き手がすでに持っていると想定される

知識と関連付けて指示対象の存在を理解することができるようにデザインされる。（指示表現が聞き手に合わせてデザインされる側面に関しては、6.5節で詳しく述べる。）

　指示表現の後方に置かれた格助詞「が」は、その前の要素が指示対象を表す表現であるということを示す。

　述語には、存在を表す動詞（「ある」「いる」とその変種）が用いられ、終助詞「の」と共起することが多い。「の」はS1の発話内容（ここでは言及された指示対象が存在するということ）を聞き手が知らないと想定していることを指標する。

　聞き手の反応（H1）には、（6–4）に示すようなタイプが観察される。

（6–4）a. 指示対象の存在を知らないことを顕示しない
　　　　　（例「うん」）
　　　　b. 指示対象の存在を知らないことを主張する
　　　　　（例「本当」「へえ」「ふうん」）

　（6–4a）の反応は、聞き手が直前の発話内容を問題なく受け入れたということを示す。したがって、このタイプの応答が生じると、話し手は聞き手が指示対象の存在を知らないという想定が適切であると判断する。（6–4b）の反応は、聞き手が先行発話を聞くまで、その発話内容（話し手が言及した指示対象が存在するということ）を知らなかったということを表す。よって、この反応により、話し手は聞き手が指示対象を知らないという想定が適切であったと判断することができる。

　一方、聞き手が指示対象の存在を知らないという話し手の想定が誤りであるということが会話の途中で判明することもある。例えば（6–5）では、話し手Bは聞き手Aが「科学技術研究大学」の存在を知らないと想定していたが、会話の途中で聞き手がその存在を知っているということが判明する。

（6-5）［CallHome Japanese 1615］

（（母Bが息子Aに夫（Aの父）が仕事に復帰したことを伝えた後））

```
01        B：で↑昨日やったかな：,あの：：：：：＞こくぼの＜－
02          ん：：：え：＞あれ＜どこや－  龍口かな？
03        A：え：
04  S1 →B：あの：科学：技術：研究大学っちゅうとこあるねん.
05  H1 →A：＝え：え：
06  S1'→B：出来たのや？［うん］
07  H1'→A：        ［あ：］知ってますよ.＝
08  S2 →B：＝ そこ へ
09         (0.3)
10        B：うん.仕事に,
11        A：°ふ：ん°
12        B：行っとる↲
```

Bは「こくぼ」「龍口」という場所を指示した後、4行目で「科学：技術：研究大学っちゅうとこ」の存在を知らせている。その直後に、間を空けずにAが「え：え：」と反応している。これをBは、Aが指示対象を知っていると主張する反応ではなく、会話を先に進めるよう促したものと捉え、Aがその存在を知らないという自身の想定が適切であるとみなしたまま6行目の発話を行っている。そこで、Bは、7行目で指示対象の存在を知っていると明言している。この反応により、Bは8行目で開始しかけたS2を中断し、10行目で「うん」とAの主張を承認している。このように、話し手が意図する指示対象の存在を聞き手が知らないという想定が適切か否かをめぐって連鎖が拡張する場合もある*40。その際、聞き手が指示対象を知っているという主張が行われ、それが承認されると、聞き手は指示対象を認識できるものとして扱われる。

　S2では、話し手は指示対象について叙述し、会話の主たる活動を行う。このとき、指示詞などが用いられる。指示対象を聞き手が知らないと想定している場合、ソ系の指示詞が用いられる。（指示詞の選択に関しては、6.7節で議論する。）

第6章　聞き手が知らない対象の存在を知らせるプラクティス　137

## 6.3. カテゴリーの一員を紹介する

　聞き手が知らないと想定する対象の存在を知らせるプラクティスを用いて成し遂げられるもうひとつの仕事は、話題に上ったカテゴリーの一員として、話し手が思い浮かべた人やものを聞き手に紹介するということである。例えば（6–6）では、日本に住む話し手Bが、アメリカ在住の友人Aに、お薦めのインスタントラーメンの銘柄を紹介している。

（6–6）［CallHome Japanese］
((アメリカ在住の女性Aを近々訪問する日本在住の女性Bが、日本から持って行こうと思っていたものが必要かどうかAの意向を尋ねている。))

```
01        B：それで：あとは：,（1.2）あとね::,
02        A：うん.
03        B：インスタントラーメンとかは？
04          （0.5）
05        A：あの：－ ちゃらちゃらがみのやつ？
06          チャラ（がhh）四角いやつ？
07          （0.3）
08        A：カップ？
09        B：uう：ん. sh － 四角いやつ.
10        A：四角いの,↑美味しい［の  ］があったら.
11        B：            ［うん］.
12        A：［でも］
13  S1→ B：［あの］ね：   今ね：
14        A：        う－      うん
15  S1→ B：>なんか<細打ち名人とかっ>ていったやつで<さ：
16        A：うん ahhahahaha［hahahaha        ］
17  S1→ B：          ［け（h）っこ（h）う］
18        hhお：（h）い（h）し（h）いの（h）があんだわ.
19  H1→ A：.hhhhh ほん－
20        <これ［勉］強になんか役に立つのかなっていう＝
```

| 21 | B： | ［uha］ |
|---|---|---|
| 22 | B：ahha［hahahahahahaha］ |
| 23 | A：= ［hahahahahhahah］ |
| 24 | H1 → A：.hhhh ＜本当：＞. |
| 25 | S2 → B：.hhhh それ をﾟ一応買って行くね： |

3行目で、Bが「インスタントラーメン」を持って行こうとAに申し出ると、AはBがどんな種類のものを念頭に置いているかによって、その申し出を受け入れるかどうか決めようとしている。このときAはインスタントラーメンを2種類のカテゴリーに分類できるものと捉えている。ひとつは「ちゃらちゃらがみのやつ」（5行目）および「四角いの」（6行目）という属性を持つもので、もうひとつは「カップ」（8行目）と称するタイプのものである。9行目のBの応答から、Bが念頭に置いているのは前者のカテゴリーであると知ったAは、「美味しいの」（10行目）があればという条件付きでBの申し出を受け入れている。そこでBは、存在告知のプラクティスを用いて、Aの要望に合う特定のインスタントラーメンの銘柄を紹介している。このとき指示表現には、「細打ち名人とかっていったやつ」（15行目）という名前と「け(h)っこ(h)う hh お：(h)い(h)し(h)いの(h)」という描写を用いている。

　聞き手Aの「.hhhh ほん」（19行目）と「本当：」（24行目）という応答*41は、Bが提示した銘柄の存在を知らないということを主張するタイプの応答である。この応答の後、25行目でBは、冒頭に指示詞「それ」を用いて、告知した銘柄のインスタントラーメンを持参するという申し出を完了している。このように、存在告知のプラクティスを用いて、先行会話で提示された条件を満たすカテゴリーに属するもののひとつを紹介するということが行われている。

　カテゴリーの一員を紹介する際に、名前が利用可能でなければ描写が用いられる。例えば（6–7）では、「奈良公園の近くにある美味しいとこ」に行こうというAの提案をBが受け入れた後、存在告知のプラクティスを用いて一軒の店を紹介している。

（6–7）〔CallHome Japanese 1263〕

((Bは長年住んでいたアメリカから日本に帰国したばかりで、近々奈良に転居する予定である。))

| 01 | | B：（　）だから（0.8）奈良公園とかはすぐだけど： |
|---|---|---|
| 02 | | A：う：ん |
| 03 | | B：ひと駅で行けるから＝ |
| 04 | | A：＝いいね::行ったら**奈良公園の近くにある美味しい** |
| 05 | | **とこ行こうね**［：とか.］ |
| 06 | | B：　　　　　　［うん　］分かった［hahahaha］ |
| 07 | | A：　　　　　　　　　　　　　　　［hahahaha］ |
| 08 | | .hh.hh なんかこんなことばっかり |
| 09 | | B：［いっ－］ |
| 10 | | A：［むか　］しの思い出にひたるね：［hahaha］hahahaha |
| 11 | | B：　　　　　　　　　　　　　　　［.hhh　］ |
| 12 | S1→ | ↑一軒**飲む処**でね::, |
| 13 | | A：［（あ）－］ |
| 14 | S1→ | B：［**美　味**］しいとこがあったけど:::. |
| 15 | H1→ | A：ほんと::. |
| 16 | | （0.3） |
| 17 | | B：奈良でね？ |
| 18 | | A：あ： |
| 19 | | （0.4） |
| 20 | | A：［いや－］ |
| 21 | | B：［ それ ］はすごい小さいお店だけど. |
| 22 | | A：は:::. |
| 23 | | B：＞でも＜行ったことがあって. |
| 24 | | A：あ本当.いや奈良では飲んだことが無い. |
| 25 | | B：だから結構地酒とかあとおばんさい：(.)みたいな |
| 26 | | 感じの：？ |
| 27 | | A：はあ |
| 28 | | B：がいっぱいあって. |
| 29 | | A：いいね::. |

話し手Ｂは「奈良公園の近くにある美味しいとこ」というカテゴリーに属するもののひとつを紹介するとき、「一軒」という「1 ＋序数詞」の形式を用いて個別の対象を念頭に置いていることを示し、「飲む処」（12行目）という描写によって飲食店のジャンルに関する情報を提供している。さらに、14行目で「美味しいとこ」という評価語による描写をし、「あった」という存在動詞の過去形を使用することによって、自分の経験に基づいて、指示対象が当該カテゴリーに属す条件を満たすものであるということを主張している。

　このようにカテゴリーの一員を紹介するとき、（6–6）のように指示対象の名前に言及する場合と、（6–7）のように名前に言及しない場合がある。指示対象の名前に言及するということは、聞き手が知らないものを紹介する上で最も端的な方法である。なぜなら、聞き手に指示対象の名前を知らせておけば、他の属性を知らなくても、その対象を同定することが可能となるからである（「聞き手に合わせたデザインの選好」Sacks & Schegloff（1979））。このことは、第3章3.6.1節の（3–18）で見たように、「わさびふりかけ」の購入を依頼された母親が、その存在を会話のその場で初めて知ったとき、依頼者から提供された指示対象の属性に関する様々な情報よりも、名前が何なのかという情報を最も有用な情報とみなして商品を探そうとした行動にも表れている。（6–6）や（6–7）に見るように、話し手が聞き手にあるものを薦めるという行為は、遅かれ早かれ、聞き手が指示対象に出会う機会が訪れるということを想定して行われる。その名前に言及することによって、後の会話生活において聞き手が指示対象を同定する際に有用な情報を提供しているのである。

　（6–6）と（6–7）に見られる共通点は、話し手が紹介した指示対象について評価を表す描写を伴うということである。この描写は、指示対象が話題になっているカテゴリーの一員であるということを説明する。ひいては、会話の主活動である申し出や提案を聞き手が受け入れるための条件を満たすということを説明するものである。したがって、聞き手が知らないと想定する対象の存在を知らせるプラクティスは、聞き手に指示対象の存在を理解させるという側面だ

第6章　聞き手が知らない対象の存在を知らせるプラクティス　141

けでなく、会話活動を達成するために有用な情報を提供するように
デザインされているということができる。


## 6.4. 会話活動の達成のために

　前節で述べたように、聞き手が知らないと想定する対象を指示する表現は、会話の主活動を達成するために、指示対象の名前や属性や評価について聞き手の理解を促すようにデザインされている。本節では、聞き手が知らない人やものの名前に言及しつつその存在を知らせる活動に注目し、指示表現が会話活動を成し遂げるようにデザインされている側面をさらに例証する。6.4.1 節では、6.2 節で記述した、ある場所に存在する聞き手が知らない対象を知らせることがなされている事例、6.4.2 節では、6.3 節で記述したカテゴリーの一員を紹介することがなされている事例を取り上げる。


### 6.4.1. ある場所に存在する対象を知らせる

　まず、指示対象がある場所に存在することを知らせるプラクティスの事例を見てみよう。(6-8) は、アメリカに出張中のＡと、日本で留守を預かる妻Ｂとの会話の一部である。Ｂが通販でアメリカ土産のチョコレートを手配することになり、Ａは「ハーシーズ」のチョコレートを要望する。しかし、Ｂは「ハーシーズ」とは何のことか知らないため、Ａに説明を求める（7行目）。そこでＡは、「ランカスター」に行ったという報告を始めるが中断し（9行目）、ハーシーズがアメリカでは有名なチョコレートメーカーであるらしいと説明する。この説明にＢは理解を示すものの、「カリフォルニア」や「ニューヨーク」の地名の入ったチョコレートを提案する（17・19行目）。これを聞いて自分の意向を受け入れられないＡは再びハーシーズのチョコレートの手配を要望する（23行目）。そして、今度はハーシーズの関連施設を訪問したことを報告し、ハーシーズは有名らしいと説明する。この時、「チョコレートワールド」という名前を用いた存在告知が行われている。

（6-8）［CallHome Japanese 1032］

((アメリカに出張中の夫Aと日本で留守番している妻Bが、通販で注文する土産用のチョコレートについて話している。))

| | | |
|---|---|---|
| 01 | | A：で色々取り混ぜて．あと↑**ハーシーズの**さ， |
| 02 | | （0.2） |
| 03 | | B：［うん．］ |
| 04 | | A：［**チョコ**］レートがあるといいんだけどさ． |
| 05 | | B：**ハーシーズ**？ |
| 06 | | A：うん． |
| 07 | | B：なあに＞それ＜**ハーシーズ**っ［て¿ |
| 08 | | A：　　　　　　　　　　　［＞この］間＜行って来た |
| 09 | → | んだけどさ，↑**ランカスター**にその‐ |
| 10 | | ＞まあアメリカで有名な＜（.）メーカーらしいんだ． |
| 11 | | ↑**日本にも**輸出されているらしいんだけどさ． |
| 12 | | B：うん． |
| 13 | | B：あ本当． |
| 14 | | A：うん． |
| 15 | | B：へえ＝ |
| 16 | | A：＝まあ後ココナッツのでもいいし． |
| 17 | | B：［うん．あの　　　］　　なんか［カリフォルニア］とか |
| 18 | | A：［＞そういうの］＜　　　　　［取り混ぜて．　　］ |
| 19 | | B：ニューヨークのチョコレートはあったけど |
| 20 | | アメリカ用の． |
| 21 | | A：あ本当． |
| 22 | | B：うん． |
| 23 | | A：＞多分＜**ハーシーズ**あんじゃないかな．＜この間だから |
| 24 | | （0.2）あの::::::＞ホームステイ＜した時に， |
| 25 | | B：うん． |
| 26 | S1 →A：近くに**ハーシーズのチョコレート**　　kan- u |
| 27 | | **チョコレート**の‐なんなん？ |
| 28 | | B：うん． |
| 29 | S1 →A：**チョコレートワールド**ちゅうのあるんだよ． |

第6章　聞き手が知らない対象の存在を知らせるプラクティス　**143**

| 30 | H1→B：うん. |
| 31 | S2 →A：うん. そこ へ：行って来たんだけど, |
| 32 | H2→B：あ本当［：　］. |
| 33 | 　　　A：　　　　［まあ］一応有名らしいんだよね. |
| 34 | 　　　　こっちではね. |
| 35 | 　　　B：へえ：：：：. うん, 見てみるわ：¿ |
| 36 | 　　　A：それがあれば（.）そ［れを］入れれば. |
| 37 | 　　　B：　　　　　　　　　　　［うん］. |

　ハーシーズの手配を要望する説明のために行った報告で、A は
「ランカスター」という地名に言及している（9行目）。一方、再び
要望を述べて説明する際の報告では、「チョコレートワールドちゅ
うのあるんだよ」（29行目）と、ハーシーズの施設の名称に言及し
ている。
　1 度目の報告で言及された「ランカスター」という地名と、2 度
目の報告で用いた「チョコレートワールドちゅうとこ」という表現
は、Schegloff（2000）が提唱する「粒度」（granurality）の点で異
なる表現である。粒度とは、会話者が世界を観察・認識する上で、
対象を至近距離から捉えてその細部まで描写するか、距離を離して
概要を捉えるかという位置取りを表す尺度である。例えば、物理的
には同じ場所を表すのに、back in the States（アメリカ合衆国で）、
in California（カリフォルニアで）、in L. A.（ロサンゼルスで）、in
Topanga（トパンガで）、at home（家で）、in the study（書斎で）、
at the computer（コンピュータの前で）のように、粒度レベルが粗
いものから細かいものへと様々な表現があり、このような表現を文
脈に応じて選択することが可能であると Schegloff は述べている。
話し手 A は観光した場所を指示する際、1 度目は「ランカスター」
というエリア名を用い、2 度目には「チョコレートワールド」とい
う、より粒度レベルを上げて、訪問した施設の名前を用いている。
また、2 度目の報告では、時間に関しても「ホームステイした時
に」と詳細に描写されていることから、1 度目より 2 度目は、より
詳細に出来事を報告しようとしていることが伺える。それはなぜだ

ろうか。

　1度目の報告の後、BはいったんAの説明に納得するが、その後「カリフォルニア」「ニューヨーク」という地名の入ったいかにも「アメリカ用」と分かるものを候補に挙げ、BはAの1–4行目の要望を受け入れようとする反応を明示的に示していない。そのため、Aがハーシーズも考慮に入れるよう再び要望を伝える必要が生じたのである。そうするには、Bがたとえその名前を知らなくても、「チョコレートワールド」という観光名所があるということを理由に、ハーシーズのチョコレートが有名であるということを説明し、Bを説得しなければならなかった。つまり、ここで行われた存在告知は、単に聞き手が知らない対象の存在について理解を促すためだけでなく、ハーシーズを取り寄せることの意義を納得させるために行われているのである。

### 6.4.2.　カテゴリーの一員を紹介する事例

　話題に上ったカテゴリーの一員を紹介する場合に、指示対象の名前が言及される事例を見てみよう。(6–9) は、アメリカに住んでいる姉Aと日本で実家から会社に勤務する妹Bとの会話である。先行会話で、Bは、辛い仕事を辞めて好きなことをしたいと打ち明けている。この断片では、AがBにアメリカに遊びに来るよう薦め（1–2行目）、Bもそのつもりだと応えている（3行目）。そして、2行目の後半から訪問時期の相談が始まるが、姉Aの出産と転居の予定やBの辞職だけでなく、Bの「友達」の存在が考慮要因になるということが会話の中で明らかになる。

(6–9)〔CallHome Japanese 1370〕
((ダラスで暮らす姉A（まみ）が、実家で暮らしている妹B（ひろみ）にかけた電話で。Aは転居と出産を予定している。))

```
01    A：あ::もし↑良かったらさ:, あの:アメリカに遊び
02       においでよ:. あの［子供が         ］
03    B：              ［あ　行くつもり.］
04    A：うん. 子供が生まれて::
```

```
05      B：う：ん.［どのぐらい］してからがいいかな：

06      A：       ［お母さん  ］                    うん？

07      B：子供生まれたばっかしの時忙しいでしょう

08         姉ちゃん.

09      A：いやそんなこと無いけど：：.

10      B：（（咳）） 大変［だよ.］

11      A：          ［あの ］お母さんが帰ったら：，

12      B：うん.

13      A：また来てくれたら［いいし：.    ］

14      B：          ［そうそうそう.］

15      A：［うん.］

16      B：［うん.］でもね, 友達も行きたいって言ってるの：

17      A：うん

18      B：うん.そうすると大変じゃない？

19      A：いやそんなこと無いよ？［あの：今度］＝

20      B：            ［あ 本当？］

21      A：＝おっきな部屋借り－ 本当は一軒家借りるつもりで

22         探してるんだけど：，

23         その一軒家がね,

25      B：うん

26      A：見つかってないのよ.まだ.

27      B：［あ！そうかそうか］

28      A：［でもしかしたら  ］うん  今ワンベッドの

29         部屋だったけど：，

30      B：うん

31      A：ツーベッドルームかスリーベッドルームを借りる

32         予定でいるのね，

33      B：うん

34      A：だから来るのは友達と来ても構わないよ？

35      B：うん

36      A：で［：    ］ひろみちゃんさ：，

37      B：  ［（そっ）か］
```

| 38 | | ［うん］ |
|---|---|---|
| 39 | A： | ［ビザ］が無くってもさ：, |
| 40 | B： | うん |
| 41 | A： | 3カ月アメリカにいてもいいから：, |
| 42 | B： | うん |
| 43 | A： | あの少しさ羽を伸ばす気持ちでさ：, |
| 44 | B： | うん |
| 45 | A： | 遊びにおいでよ. |
| 46 | B： | うん |
| 47 | A： | ＞まみちゃん＜も子育てに手伝ってもらえる人が |
| 48 | | いたらたの－ いいし：, |
| 49 | B： | (hhh)［hh］＝ |
| 50 | A： | 　　　［で］ |
| 51 | B： | ＝大した(h)当てになんない［ahohoh］ |
| 52 | A： | 　　　　　　　　　　　　　　［いや　］ |
| 53 | | そんなことないよ.でほらもし来てくれたらね：, |
| 54 | B： | うん |
| 55 | A： | 来るんだったらやっぱしね夏：が最高だと思うよ? |
| 56 | B： | ［あ　うん］ |
| 57 | A： | ［夏逃げ　］て来たら日本を. |
| 58 | | (0.3) |
| 59 | B： | えっ? |
| 60 | A： | 日本を夏逃げて来たらいいよ..hh暑い夏を.＝ |
| 61 | B： | ＝う：ん |
| 62 | | (0.4) |
| 63 | B： | .hhhそだね＜その頃はでもなんかしてるかもれな［い.］ |
| 64 | A： | 　　　　　　　　　　　　　　　　　　　　　［うん］ |
| 65 | | まあ(0.2)↓まあ好きな時 |
| 66 | B： | う［ん］ |
| 67 | A： | 　［お］いで? |

((12行略。Bが3月か4月頃はどうかと尋ねる。Aは日本の北海道と思ってもらったらよいと答え、冬が長いが海の近くであると言う。))

第6章　聞き手が知らない対象の存在を知らせるプラクティス　**147**

| 80 | | A：夏　は　泳げ　る　し：, |
|---|---|---|
| 81 | | B：ちょっ［と］冬はパス［hhh］ |
| 82 | | A：　　　［で］　　　　　［冬］来たら：冬来たら：, |
| 83 | | B：うん |
| 84 | | A：あのスキーがすぐ出来るし：, |
| 85 | | B：うん |
| 86 | | A：でボストンまで車で一時間ちょっとだし, |
| 87 | | B：うん. |
| 88 | | A：すごいいいとこだから. |
| 89 | | B：うん. |
| 90 | | A：うん［あの：］ |
| 91 | S1 →B： | 　　　　［.hhh　］さとみっていうね, |
| 92 | | A：うん？ |
| 93 | S1 →B： | さとみっていう友達がいるのね？ |
| 94 | H1 →A： | うん |
| 95 | S1' →B： | 2個下なんだけどさ： |
| 96 | H1' →A： | ＞うん＜うん. |
| 97 | S2 →B： | で家出る時は その子 と一緒に出ようって |
| 98 | | 言って［んの.］ |
| 99 | H2 →A： | 　　　　　［うん］ |
| 100 | S3 →B： | で その子 がね行きたがってんだ |
| 101 | H3 →A： | ふ：ん |
| 102 | | B：うん |
| 103 | | A：ダラス別に来てもいいけどまみ姉ちゃんも |
| 104 | | 今ほら身重だからさ：, |
| 105 | | B：うん［（うん）］ |
| 106 | | A：　　　［（で）　］11月に引っ越すしさ：. |
| 107 | | B：＞あたし＜もまだ仕事：今年いっぱいはやるか［ら］ |
| 108 | | A：　　　　　　　　　　　　　　　　　　　　　　　　［う］うん |
| 109 | | B：ん：終ってから？ |
| 110 | | A：うん |

16行目でBは、特定の人物を念頭に置いて「友達」というカテゴリー・タームを使用している。一方、34行目で「友達と来ても構わないよ」とBの要望を受け入れるAの発話は、21–32行目で部屋数を気にしていることから分かるように、来訪者の人数が増えても構わないということを意味している。つまり、この時点でAにとって「友達」とは、「Bの「友達」というカテゴリーに属するだれか」を意味している。

　では、91・93行目で行われた「さとみっていう友達」の存在を知らせることによって何が成し遂げられているのだろうか。ここでBは先のやりとりで連れていきたいと言っていた「友達」の名前に言及することで、単に「友達」というカテゴリーに属するだれかではなく、特定の個人をAに紹介している。91行目でBは、前置きなく16行目で言及した「友達」の名前を唐突に発話したため、Aが「うん？」と修復を開始している。（このことは、このプラクティスが用いられるのは、指示対象が属するカテゴリーが話題にされているときであるということを裏付ける。）ここで「さとみ」という名前が言及されたことにより、その人物をファースト・ネームで呼ぶ間柄であるということが伝えられ、95行目では年齢について描写することで、Bはこの「友達」がどのような人物なのかAに紹介している。その上で、実家を出るときはこの友達と一緒に出ようと約束しており、その子が行きたがっていると述べることによって、訪問時期は友達次第であるということを伝えている。これを受けて、AもBがすぐに来る可能性を考えて話を進めている（103行目）ことから、Bの意向が受け入れられたということが分かる。

　ここで、ある場所に存在する対象の存在を知らせる事例（6–8）と、話題に上っているカテゴリーの一員を紹介する事例（6–9）との共通点についてまとめておこう。どちらも、話し手が聞き手との交渉の場面で、自分の要望を申し入れる際に聞き手が知らない対象に言及している。（6–8）では、聞き手に手配を依頼したチョコレートについて、ハーシーズも入れて欲しいという要望、（6–9）では、姉の家を訪問する時期について、友達と予定を合わせたいという要望である。しかも、これらの要望が相手の意向と異なったも

第6章　聞き手が知らない対象の存在を知らせるプラクティス　**149**

のであるということが分かった時点で、事情を説明し、相手を説得するために、名前に言及して指示対象の存在を知らせる活動が行われている。

このような事例から、話し手が単に聞き手が知らないと想定する対象の理解を促すだけでなく、会話活動を成し遂げるために指示表現をデザインしているということを見て取ることができる。これは、指示が単なる指示以上のことを成し遂げるということを例証している。

## 6.5. 聞き手の知識に合わせたデザイン

第3章4節で見たように、話し手が意図する対象を指示する活動に先立って、指示対象と関連する対象について、聞き手の認識を確認する活動が行われることがある。また、第4章5節で述べたように、話し手が念頭に置いているカテゴリーについて聞き手の知識を調べる際に、先にそれと関連するカテゴリーについて聞き手の知識を調べる活動が行われることがある。さらに、本章で記述した聞き手が知らないと想定される対象の存在を知らせる活動に先立って、指示対象の認識を確認する活動やカテゴリーの知識を調べる活動が行われることがある。聞き手が知らないと想定する対象を指示する際に、聞き手が認識・理解可能であることを直前に確認した対象と関連付けるという現象である。本節では、この二段階の指示活動を記述することによって、話し手は聞き手が認識可能な対象や理解可能なカテゴリーの知識と関連付けて、聞き手が知らない対象を指示するように指示表現をデザインしているということを検証する。

### 6.5.1. 認識可能な対象との関連付け

聞き手が知らないと想定する対象を初めて指示するとき、それと関連する別の対象について認識要求を行うことがある。

（6–10）［CallHome Japanese 1462］

01 XM ⇒ B：あのそれこそ

02　X1→　　あのほら前の− **前のオフィス**が丸の内にあった

03　　　　　でしょう

04　Y1→A：うんうんうんうん

05　X2→B：あそこの後あたしがあの次に就職した所で

06　　　　A：うん

07　　　　B：やっぱりみんなあの子持ちのお母さんが仲良く

08　　　　　なっちゃったのね

09　　　　A：あ：

2–3行目で「前のオフィス」という描写を用いて行われた認識要求に対して、4行目でAから強い認識主張が起こったのを受けて、5行目で話し手Bは、それと関連付けた「あそこの後あたしがあの次に就職した所」という描写を用いて、聞き手が知らない職場の存在を知らせている。

　このように聞き手が知らないと想定する対象を指示するときに、関連する対象について、聞き手が認識可能であることを事前に確認するという活動が見られる。このことから、聞き手が知らない対象を指示する表現は、聞き手が認識可能と想定する対象に関連付けよ、という「関連付け」(association)の指針にそってデザインされるということが見て取れる。

　(6–11)では、1行目で話し手Bは「お母さんの家の隣」という描写を用いている。これは聞き手Aが認識可能と想定される「お母さんの家」と関連付けることで、指示対象の理解を促すようにデザインされた表現である。

(6–11)［CallHome Japanese 2180］

01　　　　B：それであの**お母さんの家の隣**が火事になったのは

02　　　　　言った［よね］？

03　　　　A：　　　［え hh］？　　↑ほんと？

04　　　　B：う：［ん］.

05　　　　A：　　［**お**］母さんの家ってその<u>こうじ</u>さん達が

06　　　　　住んでる［所　　　　　　］？

第6章　聞き手が知らない対象の存在を知らせるプラクティス　**151**

| 07 | B： | 　　　　　［そうそうそう］そう. |

08　S1→　　あそこの家の隣に：**事務所みたいの**があってね？

09　H1→　A：［うん］.

10　S1'→　　［きた］な：い.

11　H1'→　A：うん.

12　S2→　B：で：そこが：↑いつだったかしら, (0.7)

13　　　　　＜10月＞か：

14　　　　　A：うん.

15　　　　　B：何か＞だったと思うんだけど＜

16　　　　　A：うん.

17　　　　　B：あの：：：＞なんか＜コンロの火だかを：こぼした

18　　　　　とか, ＞なんか＜お鍋が (.) こぼれた［と<u>か</u>］？

19　　　　　A：　　　　　　　　　　　　　　　　［うん］.

20　　　　　B：なんかちょっと理由がはっきり分かんないんだけ

21　　　　　［ど］,

22　　　　　A：［う］：［ん］.

23　S3→　B：　　　［そ］の事務所が燃えちゃって<u>全焼した</u>のね,

24　　　　　A：あら：：：：

5–6行目でAは、1行目でBが言及した「お母さんの家」について、「こうじさん達が住んでる所」という描写を用いて、自分の認識が正しいかどうか確認を求め、7行目でBの承認を得ている。その後、「あそこの家」（8行目）というア系の指示詞を用いて、聞き手が認識可能な対象と関連付けた場所（「あそこの家の隣に」）に、聞き手が知らない対象（「事務所みたいの」）が存在するということを知らせている。

　このように、聞き手が知らないと想定する対象の存在を知らせる表現は、聞き手がすでに認識可能と想定される指示対象と関連付けて理解できるようにデザインされている。

### 6.5.2.　カテゴリーに関する知識の参照
　第4章で記述したカテゴリーに関する知識を調べる活動も、聞き

手が知らない対象の存在を知らせる活動に先立って行われることがある。（6–12）に再掲する事例では、11行目で「お雛様のタペストリー」という指示表現を用いて、聞き手が知らない対象を提示する前に、5–6行目で「タペストリー」というカテゴリー・タームを聞き手が知っているかどうか調べる活動が行われている。

（6–12（＝4–2））〔CallHome Japanese 2210〕

((姉妹の会話。アメリカ在住のAが、0歳の娘に母が日本から服を送ってくれたが暑くて着られないと話した後))

```
01 XM⇒B：あ！ 昨日な：,
02      A：うん.
03 XM⇒B：生協が来てな：,
04      A：うん.
05 X1→B：あの：(.) ↑タペストリーっていうんが＞あるやろ＜
06      ＝壁［掛けな  ］;
07 Y1→A：   ［あ：あ：］あ：あ：.
08 S1→B：あれでってな,
09      A：［うん］.
10 S1→B：［お雛］様のタペストリーがあったん ［よ］.
11 H1→A：               ［う］わ::.
12 S2→B：それ頼んだからそれ送るわ.
13      A：うわ：ありがとう.嬉しいな［：］.
```

7行目のAの反応から、BはAが「タペストリー」というカテゴリー・タームの意味が分かると判断し、8・10行目でそのカテゴリーの一員の存在を知らせている。

　話し手は、聞き手がカテゴリーに関する知識を持っていると判断したことを、指示詞「あれ」を用いて示唆している（8行目）。そして、その知識と関連付けて、聞き手が知らない「お雛様のタペストリー」という個別の対象の存在を知らせるとき、指示詞「それ」を用いている（12行目）。

　（6–11）の「事務所みたいの」と（6–12）の「お雛様のタペスト

第6章　聞き手が知らない対象の存在を知らせるプラクティス　153

リー」はどちらも聞き手が知らない出来事を報告するという活動の中で用いられた指示表現である。（6-11）では、まず、「お母さんの家」という場所を聞き手が認識できるということを確認し、その場所に関連付けて「事務所みたいなの」が存在するということを知らせている。（6-12）では聞き手が「タペストリー」というカテゴリー・タームの意味を理解できるということを確認した上で、そのカテゴリー・タームを用いて、「タペストリー」というカテゴリーに属する「お雛様のタペストリー」の存在を知らせている。いずれの場合も、聞き手が知らない対象を指示する表現は、聞き手が持っている知識に関連付けて新たな対象の存在を理解するようにデザインされていると言うことができる。

　聞き手のカテゴリーの知識を調べるとき、カテゴリー・タームではなく描写が用いられることがある。（6-13）では、話し手AがBに俳句の本を送ってもらった理由を述べるとき、9-10行目で、新聞連載記事に出ている俳句というカテゴリーをBが知っているかどうかを調べ、14行目で、そのカテゴリーの一員の存在を告知している。

（6-13）［CallHome Japanese 2180］
((日本在住の姉Bは、アメリカ在住の妹Aに依頼された俳句集を著者に電話して入手したことを話す。))

| 01 | | B：同人の方ですか？とかって言われたんだけ［ど　　　　　］, |
| 02 | | A：　　　　　　　　　　　　　　　　　　　　　［°うんうん°］ |
| 03 | | B：＞あなた＜なんでまたあの（0.2）＜俳句の本など＞ |
| 04 | | 　　（0.6）買ったの？ |
| 05 | | A：あ　あれはね？ |
| 06 | | B：う［ん］. |
| 07 | | A：＞違うの＜. |
| 08 | XM ⇒ | 　↑日本にいた時に新聞に |
| 09 | X1 → | ＞ほら＜朝日新聞か何かにいつも**句**が出てるでしょ, |
| 10 | | **俳句**が： |
| 11 | Y1 →B： | うんうんう：ん |

154

12　X2⇒A：うん. <あれを>読んでね,

13　　　B：うん.

14　S1 →A：**すごくその自分::の本当思ってる通りの句**が

15　　　　ひとつあったのよ.

16　H1 →B：う［ん］.

17　S2 →A：で,その時その人の名前と,

18　　　B：うん.

19　S2 →A：>その<俳句集の名前を書き抜いといたのね？

20　H2 →B：うんうん.

21　　　A：でクリスマスが来たから,

22　　　B：うん

23　　　A：こういう時に送ってもらえればちょうどいいかな

24　　　　と思って

25　　　B：うんうん.

26　　　A：うん


9–10行目の「>ほら<朝日新聞か何かにいつも句が出てるでしょ,
俳句が：」という発話によって、AはBが日本の新聞に掲載されて
いる俳句というカテゴリーを知っているかどうか調べる活動に対し
て、Bは11行目で「うんうんう：ん」と反応している。その上で、
Aは指示詞「あれ」を用いて、そのカテゴリーの一員である特定の
俳句の存在を、「すごくその自分::の本当思ってる通りの句がひと
つあったのよ」と、描写を用いて知らせている。

　このように、あらかじめ聞き手のカテゴリーに関する知識を調べ
た上で、聞き手が知らないと想定する対象を指示する現象が見られ
ることから、話し手は聞き手が既に持っているカテゴリーに関する
知識を参照して、指示対象がそのカテゴリーの一員であることを理
解できるように指示表現をデザインしているということができる。


## 6.5.3.　指示詞の選択

　二段階の指示活動で使用される指示詞の選択には、一定の傾向が
見られる。以下にこれまで観察した事例を、［元の用例番号］、**指示**

表現、指示詞を含む発話、〈主活動〉の順に、簡略化して示すことにする。

聞き手が認識可能な指示対象と関連付けて、聞き手の知らない対象の存在を知らせるときには、X2でア系の指示詞が使用される。その後S2ではソ系の指示詞が使用される。

[6-11]　お母さんの家　　〈認識要求〉

あそこの家の隣に事務所みたいのがあってね〈存在告知〉

そこがいつだったかしら〈ニュース語り〉

話し手が念頭に置いている対象のカテゴリーに関する知識を聞き手が持っていると判断したとき、ア系の指示詞が用いられ、そのカテゴリーに属する特定の対象の存在を知らせるとき、ソ系の指示詞が用いられる。

[6-12]　タペストリーっていうん　壁掛け　　〈カテゴリー知識調べ〉

あれでもってな,

お雛様のタペストリーがあったんよ.〈存在告知〉

それ頼んだからそれ送るわ.〈報告〉

[6-13]　朝日新聞か何かにいつも句が出てる　俳句　〈カテゴリー知識調べ〉

あれを読んでね

自分の思ってる通りの句がひとつあったのよ.〈存在告知〉

その人　その俳句集〈陳述〉

## 6.6.　聞き手の知識に関する想定と指示詞の選択

　第3章から第6章で記述した指示活動のプラクティスにおいて、指示詞は、先行する指示活動を通して話し手の想定が適切であると判断し、主活動を開始（再開）することを合図するということを見てきた。では、指示詞（ア系とソ系）はどのように選択されるのだろうか。（以下に、[元の事例番号]、指示表現、指示詞を含む発話、

〈主活動〉の順に、事例を簡略化して示すことにする）。

### 6.6.1. 話し手の想定が適切であると判断されるとき

　話し手が念頭に置いている対象を聞き手が認識可能であるという想定が適切であると話し手が判断したとき、聞き手がカテゴリーの知識を持っているという想定が適切であると話し手が判断したとき、ア系とソ系の使い分けについて以下の観察が得られた。

　まず、話し手が聞き手にとって認識可能と想定される対象を指示する際に、聞き手が指示対象を認識可能と話し手が判断した場合、ア系の指示詞が選択される。

[3-5]　ジュン
　　　　 あの人 が整骨院をやってる〈報告〉

[3-7]　大海通運
　　　　 あそこ の支社で面接受けた〈報告〉

[3-8]　としみさんのホストファミリーの人
　　　　 あの人達 が来る〈告知〉

[3-11]　70ドルの
　　　　 あれ 日吉が五千円俺二千円出すから…と矢萩が言った〈報告〉

　同様に、言葉探しを伴う指示活動において、聞き手が指示対象を認識可能と話し手が判断した場合は、ア系の指示詞が選択される。

[5-1]　キンコン
　　　　 あれ 好きなんや〈陳述〉

[5-6]　スティーブン・キングス
　　　　 あれ 怖くなかった？〈評価〉

　次に、指示対象が属するカテゴリーに関する知識（カテゴリーを何と呼ぶか、どのような属性か）を聞き手が持っていると話し手が判断したとき、ア系かソ系の指示詞が用いられる。

話し手が指示対象を直接経験に基づいて認識可能な場合、ア系が用いられる。例えば（4–1）のくるくる髪巻くカーラーは、話し手自身が友人から入手した経験により認識可能なものである。同様に、（4–3）のハリケーンは、話し手が実際に体験していることから認識できる指示対象である。

［4–1］　くるくる髪巻くカーラー
　　　　　あれ友達から買ったの〈報告〉
［4–3］　ハリケーン
　　　　　あれが近くに来てるから〈報告〉

　一方、指示対象との直接的な面識や経験があるとは限らないが、聞き手がカテゴリーの知識を持っていると話し手が判断し、話し手が他者から聞くなどして間接的に知っている対象を指示する場合はソ系が用いられる。（4–6）と（4–9）の指示対象は、話し手が伝聞報告をする際に言及しているものである。

［4–6］　音声のフリークエンシイ
　　　　　それを…研究してるっちゅうの〈伝聞報告〉
［4–9］　骨
　　　　　それが壊れちゃって…だって〈伝聞報告〉

　なお、話し手が指示対象のことを聞き手との過去の会話から得た情報により間接的に知っている場合も、同様にソ系が用いられる。（3–13）がその例である。

［3–13］　トイザラートだっけ素敵なの
　　　　　トイザらスっていうおもちゃ屋さん
　　　　　そこに連れていく〈提案〉

　話し手が念頭に置いている対象の存在を聞き手が知らないと想定し、その想定が適切であると判断した場合、ソ系の指示詞が使用さ

れる。

[6-1] **East Lake College**っていう**カレッジ**〈存在告知〉
  そこ で英会話とか〈報告〉
[6-6] **細打ち名人っていう結構おいしいの**〈紹介〉
  それ 持って行く〈申し出〉
[6-7] **一軒飲むところで美味しいとこ**〈紹介〉
  それ はすごい小さいお店だけど〈評価〉

## 6.6.2. 指示対象の認識・理解の資源と指示詞

　第3章から第6章では、指示活動の結果、話し手による聞き手の知識に関する当初の想定が誤りであるということが会話の途中で判明する事例も見て来た。このような事例から、指示表現は、指示対象を何と呼ぶか（名前・タームで呼ぶか）、指示対象はどのような人・ものか（どんな属性を持っているか）という2つの側面から、聞き手に指示対象の認識・理解を促すための資源を提供しているということが分かる。本節では、話し手が知っている人やものを指示するとき、指示対象の名前・ターム、属性を聞き手が知っているかどうかという観点から、指示詞の選択要因について考察する。

　まず、聞き手が名前も属性も知っている対象には、ア系が用いられる。その証拠を（3-17）に見て取ることができる。聞き手が認識可能と想定していた対象について、名前だけ知っているということが分かった後、16-23行目で聞き手の認識を追求した結果、属性も認識できると判断された。このとき、ア系が用いられている。

[3-17]

04　　　　そうそう**トイー　トイレ　クレー　クhルー　トイレ**

05　X1 →　**クリクッル？　あら？　トイレクルックル**だっけ:

06　Y1 → B : u–（0.3）**クイックル**ね？ =

07　X2 → A : = **クイックル**.　　　　　　　　　　　　　[名前]

08　Y2 → B : うん

09　X3 → A : 知ってる？**トイレの除菌**.

第6章　聞き手が知らない対象の存在を知らせるプラクティス　**159**

| 10 | Y3→B：うん |
|---|---|

11　X4 ⇒ A：あれの詰め替え（.）の方があるでしょう

12　　　　　＜詰め替えの方でいいんだよ.

13　　　　B：((電話のそばにいる人に)) **トイレクリー　クリー**

14　　　　　**クリックル**って何？

15　　　　　((Bのそばにいる人が何か話している声))

16　→　　B：あ：あの何？　あ**ボトルになってるやつ**？

17　→　　A：**ボトルじゃなくって**：(0.3) ［＜**雑巾**＞

18　→　　B：　　　　　　　　　　　　　　［あの

19　→　　　　［**ペーパーになってる**］やつ？

20　→　　A：［**紙雑巾**　　　　　　　　］

21　→　　B：うん＝

22　→　　A：＝うんで**流せるやつ**.

23　→　　B：う［ん

24　⇒　　A：　　［＞あれ＜の詰め替え用も一緒に送って！

　次に、聞き手が名前を知らなくても、属性を知っているとみなせるならば、ア系が用いられる。例えば、(5-9) では、聞き手が知らないと想定する対象を何と呼ぶか話し手が思い出せない時、聞き手からの指示対象の属性に関する認識主張（14・16行目）が承認される（17行目）と、ア系が用いられている。

[5-9]

11　　　 I：°え：となんだっけ名前（0.3）＞あ＜忘れちゃった°

12　　　　　 ((破線部ささやき音))

13　⇒　　＜ティファニーの香水＞があるの＜ね？＝

14　→　　K：＝うん　知ってる＜あの**いろ n の**（.）**した**

15　　　　　(0.3)

16　→　　K：ティファニー（.）ブルー

17　→　　I：そうそうそうそう＜そう＞

18　⇒　　I：.hh あれ：もすごい＞私の＜候補にあったのね,

このことから、指示対象の名前を知らなくても、会話者間で属性に関する共通認識があるとみなせるならば、ア系の指示詞が用いられると言える。

同様に、カテゴリー・タームの場合も、言葉探しの後、聞き手から属性の理解の主張が起こったときも、ア系が用いられている。

［5–12］

11　　　B：あの何だっけほらある［じゃない？

12　　　A：　　　　　　　　　　［う：うん

13　→　B：**年賀状御**［**遠慮下さいって**

14　→　A：　　　　　［ううん

15　⇒　B：あれも↑来ないしさ hhaha

16　　　A：↓嘘. あれって 12 月の頭ぐらいに来るよ h ね h.

よって、指示対象を表すカテゴリー・タームを知らなくても、属性に関する共通理解が得られたとみなせるならば、ア系の指示詞が用いられるということができる。

話し手が聞き手は知らないと想定していた対象について、会話の中で、その名前だけは聞いたことがあるということが判明した場合、ソ系の指示詞が用いられる。

［1–20］［CallHome Japanese 1557］

01　　　B：ちゃう　なんか　修学旅行終ってからな：,

02　→　　　**おおひがしって知らんやろ？お前.**

03　　　A：え？

04　→　B：**おおひがしって**［**知らん**］

05　→　A：　　　　　　　　　　［聞いた］ことあるで

06　　　B：うん　聞いたこと（h）あるやろ

07　　　　 そいつ：がなんか何 – イン – え バスガイドとか

この事例から、聞き手が名前だけを知っていて面識がない、つまり、属性を知らない対象については、ソ系が選択されるということが分

かる。

　このように、会話の中で話し手が聞き手の知識に関する想定を修正し、指示活動を調整する事例を見ることによって、聞き手が指示対象の名前・タームを知っているかどうか、指示対象の属性を知っているかどうかという観点から、指示詞の選択要因を分析することが可能と思われる。


## 6.7. まとめ

　本章では、聞き手が知らないと想定される指示対象の存在を知らせるプラクティスを用いて、指示対象の物理的な存在を告知する活動と、指示対象をカテゴリーの一員として紹介する活動がなされることを記述した。そして、話し手は、特定の指示対象について聞き手の理解を促すために、名前や属性などの情報を提供するとともに、会話活動を達成できるように指示表現をデザインしているということを検証した。また、聞き手が知らないと想定した対象を指示するとき、聞き手が持っていると想定する既存知識と関連付ける指示活動が観察されることから、話し手は、聞き手の知識を考慮して、聞き手が指示対象を理解できるように、指示表現をデザインしていることを明らかにした。

　本章 6 節では、これまで記述してきた指示活動の分析から、話し手による聞き手の知識に関する想定と聞き手の反応による指示対象の認識と理解のみなしという観点から、指示詞の選択要因を解明できる可能性を示した。

---

＊40　例えば、下の断片では、13 行目で話し手 I が「ティファニーの香水」を聞き手が知らないと想定しているが、14 行目で「うん知ってる」と聞き手 K が主張している。14 行目と 16 行目で聞き手 K から認識の証拠提示があり、17 行目で話し手 I はそれを承認している。詳細は第 5 章 5.5.1 節参照。
［CallFriend Japanese 4044］

09       I：**ティファニーの**：
10       K：うん
11       I：°え：となんだっけ名前（0.3）＞あ＜忘れちゃった°
12          ((破線部ささやき音))
13   S1→I   ＜**ティファニーの香水**＞があるの＜**ね**？＝
14   H1→K   ＝うん　知ってる　＜**あのいろnの**（.）**した**
15          （0.3）
16   H1→K   **ティファニー**（.）**ブルー**
17   S1'→I   そうそうそうそう＜そう＞
18   S2 →I   .hh　**あれ**：**もすごい**＞私の＜**候補にあったのね**,
19          K：う：ん

**＊41** 20–23行目で、Bは自分たちの会話が研究の役に立つとは思えないというコメントをし、Aの笑いを誘っている。ここでは、インスタントラーメンを持参することを申し出るという本題から逸れた活動が起こっているが、Aが19行目と同じ発話内容を24行目で繰り返したことから、この活動が収束している。

第7章

# 物語りにおける指示表現

## 7.1. はじめに

　第3章から第6章では、報告、質問、要請などの会話活動で用いられる指示表現について論じてきた。本章では、会話の中で物語を語るという活動に焦点を当てる。そして、これまで記述してきた指示活動のプラクティスがどのように実践されているのかを観察し、物語の語り手は、聞き手の指示対象に関する理解を促すためだけでなく、物語を語るという活動に寄与するように指示表現を選択（デザイン）していることを明らかにする。

　7.2節では、日常会話の中で行われる物語を語るという活動の特徴について述べる。7.3節では、物語の舞台設定時、背景説明時に見られる指示活動の事例を観察することによって、指示表現が単に聞き手が知らない人・場所・ものが誰・どこ・何なのかを告知するだけでなく、どんな人・場所・ものなのかを聞き手が理解するようにデザインされているということ、そのデザインが、出来事の結末に関する聞き手の理解を助け、物語を語るという活動を成し遂げることに寄与していることを明らかにする。

　7.5節から7.7節では、物語の登場人物を再指示するときに、その人物の名前を披露するプラクティス（以下、「名前披露」）の存在を指摘する。そして、後続指示位置で、聞き手が知らない対象の「名前」に言及するというこの有標な指示表現の選択が、物語を語るという相互行為上の要請から実践されていることを議論する。

## 7.2. 物語を語るという活動

　会話分析において、物語り＊42（storytelling）は会話の中で自然

に発生し、話し手と聞き手が協働で営む活動の特徴を記述する＊43。物語りにおいて出来事を語るという活動は、ひとりの話者が語り手としてターンを維持し、ターンの交替が保留されるという点で特徴的な活動である。そのため、会話のなかで物語を語るということがどのように開始され、どのように終わるのか（Jefferson（1978））、ある活動が物語りと認識されるにはどのような要因があるのか（Sacks（1992））という問題が探求されてきた。

　物語りは、（7–1）のような連鎖によって組織されていることが明らかにされている（Jefferson（1978）、Sacks（1974、1992）、串田（2006）、西阪（2008））。


（7–1）
1. 前置き連鎖
　　　語り手：物語りを開始することを提案する
　　　聞き手：物語りの聞き手になることを受諾・拒否する
2. 語りの連鎖
　　　語り手：出来事を語る
　　　聞き手：先に進むよう促す・物語を理解したことを示す
3. 受容の連鎖
　　　聞き手：語られた出来事（対象）に対する評価・感想を述べる
　　　語り手：聞き手の評価・感想に対する反応を示す


　この中で本書が注目するのは、「語りの連鎖」である。語りの連鎖において語り手が「出来事を語る」という活動には、（7–2）のような行為が含まれる。後で提示する事例の中で、それぞれ（舞台）（概要）（背景／状況）（移行）（山場）（結末）と記す。


（7–2）　a．出来事の舞台を設定する
　　　　　b．出来事の概要を述べる
　　　　　c．背景や状況を説明する
　　　　　d．山場へ移行する
　　　　　e．山場を詳細に語る

f. 結末を語る

　具体的な事例を用いて説明しよう。(7-3) は、親しい間柄の女子大学生の電話による会話である。B は、授業に出席できない A になりすまして授業に出席したことが教授に見つかりそうになったことを語っている。A の姓は「藤本」であり、B は A を「藤子」と呼んでいる。1-6 行目が開始の連鎖、6-21 行目が語りの連鎖、22 行目以降が受容の連鎖に相当する。

(7-3) ［CallHome Japanese 1607］

01 ［開始提案］B：す［ごい］辛か (h) って (h) ん (h) い (h) っか (h) いなんか hh

02 　　　　　　A： ［（　）］

03 　　　　　　A：え∷？

04 　　　　　　B：.hhhh!すごい辛いことあっ¥てんから

05 　　　　　　　　［あんた¥］

06 ［受諾］　　A：［なに (h)］(h)：h ［：heheh］

07 （概要）　　B：　　　　　　　　　［出席　　］出してさ∷∷,

08 　　　　　　A：.hhih!

09 （背景）　　B：なんか質問カードみたい［なん (.)］出さなあかん

10 　　　　　　A：　　　　　　　　　　　　　［hhhh　　］

11 　　　　　　B：＝くって［さ∷,］

12 　　　　　　A：　　　　　［う∷］ん.

13 （移行）　　B：でさ∷∷,(0.3)¥出したら　や

14 （状況）　　　＞なんか＜↑タイミング悪くってさ hh¥

15 　　　　　　A：うん.

16 　　　　　　(0.2)

17 （山場）　　B：＜¥君 (h) 藤本さ：ん？＞↓［ゆわれて hh］hihi

18 　　　　　　A：　　　　　　　　　　　　　　　［hhhuhehhhe］

19 　　　　　　B：［はいって hh］

20 　　　　　　A：［ゆわれたん？］

21 （結末）　　　.hhh↑¥はい：ってゆっても (h) う (h) た (h)¥ahaha

22 　　　　　　A：嘘や：ん. ほんで：どうした：ん？

第7章　物語りにおける指示表現　167

| | |
|---|---|
| 23 | B：hihi.hhh つ：(h) ら (h) か (h) っ (h) た h |
| 24 | A：[つっ] こ [まれ] んかった：ん？　ほか＝ |
| 25 | 　　　　　　　　[.hhh] |
| 26 | B：＝走るようにして帰ってったわ hahaha |
| 27 | A：hihihihhihihi .hhh [hh] |
| 28 | B：　　　　　　　[な] んで：あたし藤子の＜<u>犠牲</u>＞に |
| 29 | 　な (h) って (hh) んの (h) よ hhhh |
| 30 | A：hehheh |

　語り手Bは、1行目と4–5行目で、物語りを開始することを提案している。そして、「すごい辛かった (h)よ(h)いっか(h)いなんかhh」と述べて、この出来事を「すごい辛い」こととして聞くように予示している。と同時に、笑いを含みながら発話することによって、語り手はその辛さを深刻に受け止めなくてもよいということを示唆している。6行目でAは、物語りの聞き手になることを受諾している。

　語りの連鎖は7行目から始まる。7行目でBは、出席を出したという出来事を語ろうとしていることを示し、9–10行目で出席を出すということがどのようなものなのか具体的に説明している。背景・状況説明を終えて、その後13行目で、出来事の山場にさしかかろうとする。山場への移行時には「で」や「それで」のような接続表現の使用が見られる。また、「…したら」という接続助詞は、その後に山場が語られるということを合図する。ここでは、教授から「君、藤本さん？」と尋ねられたという出来事が山場となっている。物語の山場を詳細に語る手段として、登場人物の発話の引用がよく行われる。ここで、何が起こったのか、聞き手Aは、前段の物語の特徴付けと状況説明を経て理解することになる。

　22行目以降では、「受容の連鎖」が観察される。教授とBとのやりとりに対し、聞き手Aは「嘘やん？」と驚きを表明している（22行目）。この物語は、23行目の語り手自身の評価と28–29行目でのBの心の声にも表れているように、「辛 (h) かっ (h) た」出来事としてまとめられている。

語り手は出来事を語る際に、聞き手が物語を理解できるように、適切な資源を提供し、その資源をもとに、聞き手に物語りの結末を理解するように導いている。(7-3) の物語りで用いられた指示表現に目を向けると、「質問カードみたいなん」がどのようなものを意味するのかを聞き手が理解でき、教授の発言した「藤本さん」というのが誰の名前なのかを聞き手が認識できるからこそ、この物語りを受容することができ、語り手は物語を語るという活動を成し遂げることができる。本章では、語り手が出来事を語る際にどのように指示表現をデザインしているのかを記述し、指示表現が会話活動に貢献するようにデザインされる側面を明らかにする。7.3 節では、物語の舞台設定、出来事の概要を述べる、背景・状況を説明する際に見られる指示活動を取り上げる。7.4 節では、物語の山場に見られる指示活動に着目する。

## 7.3. 物語りにおける指示活動

### 7.3.1. 舞台設定における指示表現

　物語の舞台を設定するとき、語り手は指示表現をどのようにデザインしているのだろうか。舞台が「どこ」なのか、だけでなく「どんな場所」なのかを伝えるために、名前、カテゴリー・ターム、描写が用いられる。聞き手が知らない場所を指示するとき、存在告知プラクティスを用いる事例を見てみよう。

　(7-4) では、語り手である母 B が、息子 A（ヨシ）がアメリカに出張している間、留守番している家族（A の妻子）を楽しませるために、自身が企画して食事に招待したということを語っている。1・3 行目でこの出来事の概要が語られ、38 行以降、物語の舞台は待ち合わせをしたホテルターミナルから、ヒルトンのバイキング・レストランに移る。44-46 行目で、語り手 B は、聞き手が知らない対象の存在を知らせる（存在告知）プラクティスを用いて、舞台を設定する。

（7-4）〔CallHome Japanese 1048〕

((Aはアメリカに単身で出張中の男性。Bは日本在住の母。「あけみ」はAの妻。))

01（概要）　B：で名古屋で会ったの.

02　　　　　A：う::ん

03（概要）　B：18日に.

04　　　　　A：そう［だって］ね::

05　　　　　B：　　［昨日　］

06　　　　　A：いや

07　　　　　B：そうだってじゃ↑ないのよ.名古屋で会ったのよ

08　　　　　　　　昨日.待ち合わせ［して：］

09　　　　　A：　　　　　　［あ　］昨日な：？

10　　　　　B：う::ん

11　　　　　A：しらたまホテルか？

12　　　　　　　　（0.3）

13　　　　　B：え？

14　　　　　A：東急ホテルか？

15　　　　　B：そうじゃなしに**ターミナルホテル**で：,

16　　　　　A：［分かった？］

17　　　　　B：［**ターミナル**］うん［**ホテル**　］**ターミナル**って

18　　　　　A：　　　　　　　　　［（いつも）］

19　　　　　　　あったじゃない**名古屋駅の**［**構内**］

20　　　　　A：　　　　　　　　　　　　　［うん］

21　　　　　B：［**松坂屋の**］

((16行略))

38　　　　　B：それでね,

39　　　　　A：うん

40　　　　　B：結局そこで↑<u>会</u>ってから：,

41　　　　　A：う：ん

42　　　　　B：あの:::>私<ちゃんと前に<u>調べ</u>といたから：,

43　　　　　A：うん

44（舞台）　B：**<u>ヒルトン</u>**のね,

170

| | | |
|---|---|---|
| 45 | | A：うん |
| 46 | → | B：あの::**バイキング**があったの. |
| 47 | | （0.3） |
| 48 | | A：hえ::っ［と：　　　］ |
| 49 | | B：　　　　［＞だから＜］そこへリザーブして：, |
| 50 | | A：ケーキがいっぱいあったと（こ）か：. |
| 51 | | （0.2） |
| 52 | | A：ケーキ［が　　］ |
| 53 | | B：　　　［いや］そうじゃなしに**28階**へ− |
| 54 | | ヨシの知らない所なんだけどね？ |
| 55 | | A：お28階なんて［のぼった−　のぼってな−］ |
| 56 | | B：　　　　　　　　　［**28階のバイキング**は　　　］：, |
| 57 | | A：うん |
| 58 | | B：別のルートで調べてあった［の：. |
| 59 | | A：　　　　　　　　　　　　　［へ::［：　 |
| 60（背景） | | B：　　　　　　　　　　　　　　　　　　［だからね, |
| 61 | | 大人じゃない子供が主役だから, |
| 62 | | A：あ：あ：あ： |
| 63 | | B：せっかくの夏休みに, |
| 64 | | A：う::ん |
| 65 | | B：3人ともこども↑が主役だから［と思って］＝ |
| 66 | | A：　　　　　　　　　　　　　　　　［う::ん　］ |
| 67 | → | B：＝＞これはもう＜**取り**＜**放題**＞食べ＜**放題**＞［のね？］ |
| 68 | | A：［う:::ん］ |
| 69 | → | B：あの：**バイキン**［**グを** |
| 70 | | A：　　　　　　　　　［uhuhu（.）［hehehehehe　　　］hehe |
| 71 | | B：　　　　　　　　　　　　　　　　　　［連れてった訳よ.］ |
| 72 | | 分かる：？ |
| 73 | | A：う：ん |
| 74（移行） | | B：想像したら.だ−　ゆってんの. |
| 75 | | A：う：ん |
| 76（山場） | | B：ヨシもこれはアメリカで同じ［こ］とやってる［よ＝ |

第7章　物語りにおける指示表現　171

| 77 | | A： | | | [h] | | [そ |
|---|---|---|---|---|---|---|---|
| 78 | | | うなん－ | | | ] | |
| 79 | | B： | ＝ってゆって（ね）] | | | | |
| 80 | | A： | そうなんだよ:: | | | | |
| 81 | | | う::ん　¥＞だから＜太って帰ってくるぞ¥とか | | | | |
| 82 | | A： | う::ん | | | | |
| 83（結末） | | B： | ↑<u>さん</u>：＞ざん＜昨日はヨシのことゆった. | | | | |
| 84 | | A： | そ：う.hhh | | | | |
| 85 | | B： | う::ん | | | | |

　44行目の「ヒルトン」という場所を表す名前は、Aが認識可能と想定して用いられている。Bは「ヒルトンのね」と発話した後、45行目でAの反応を得た後、聞き手が認識可能なこの対象と関連付けて、「バイキング」（のレストラン）という聞き手が知らない場所の存在を知らせようとしている。しかし、47行目からAはその場所を自分も知っている可能性について「ケーキがいっぱいあったと（こ）」という描写を用いて探ろうとする。そこで、Bは54行目で「ヨシの知らない所なんだけどね？」と、息子の認識の証拠提示を否定し、「28階（のバイキングは）」（53・56行目）と、さらに詳細に場所を描写することで、息子が行ったことのない場所であることを伝えている。

　「バイキング」というカテゴリー・タームを用いて舞台設定することは、この物語を語る上で適切（relevant）となる。67行目で「取り＜放題＞食べ＜放題＞の」という追加描写を行っていることから分かるように、「どんな」食事ができる場所であるのかを聞き手に理解させることによって、おとうさんも（アメリカで）同じことをやっているから太って帰ってくるぞと言って笑いの種にした、という物語の山場と結末の理解を助けることになるからである。

### 7.3.2.　出来事の概要を述べる際の指示表現

　存在告知のプラクティスを用いて、物語の出来事の概要を述べる事例を見てみよう。（7–5）は、就職活動を始めた大学生どうしの

会話である。紀子は美咲に会ったとたん、美咲が髪を黒く染めたことに気づき、そのことに話題を向ける。すると、美咲は2週間後に予定されているある会社の説明会に備えて早めに髪を染めたが、それまで色がもつかどうか心配だと言う。その後、紀子は、美咲が出席する説明会が選考過程の中でどの段階のものなのか、質問をする（1・3行目）。

（7–5）［Fami3–1］

```
01          紀子：（＞そっちの＜）説明会行かないと：
02          美咲：うん
03          紀子：＞なんか＜（0.3）選考受けれないっていうやつ.
04          美咲：それの一個手前の説明会らしいまだ.
05               （0.4）（（美咲が視線をはずす））
06          美咲：な［んか　　］
07          紀子：　　［う：ん］
08          美咲：も－　もうその次にある：？
09          紀子：うん
10          美咲：説明会が：［たぶん］
11          紀子：　　　　［う：：ん］
12          美咲：そう選考：進む：ために：行かなあかんやつで
13          紀子：う：：ん　で　た－［ただ＜説明会：＞みたいな］
14          美咲：　　　　　　　　　［うん　そうそうそうそう　　］
15               （0.5）
16（概要）　紀子：なるほど：：そうか. なんか（0.3）こない↑だ
17          美咲：うん
18（概要）　紀子：いつやっけ.（　）昨日＞ちゃうわ＜一昨日だ.
19               一昨日一昨日，
20          美咲：うん
21    →     紀子：あれ（.）**一個企業の**：，
22          美咲：うん
23    →     紀子：なんか**一次選考**あ［って：，
24          美咲：　　　　　　　　　　［え：：？
```

| 25 | → | 紀子：で ［そ］れ［に：＞なんか＜ |
|---|---|---|
| 26 | | 美咲：　　［うん］ |
| 27（背景） | | 紀子：↑＞別に＜（0.3）すっごいもうどうしても |
| 28 | | 　　　行きたいところ |
| 29 | | 美咲：うん |
| 30 | | 紀子：じゃなかったから， |
| 31 | | 　　　別にそこまで準備してなかっ［たん　　］だけど |
| 32 | | 美咲：　　　　　　　　　　　　　［うんうん］ |
| 33（移行） | | 紀子：当日になって：， |
| 34（山場） | | 　　　あ：時計無いや［とか：］ |
| 35 | | 美咲：　　　　　　　［あ：：　］ |
| 36（山場） | | 紀子：なんか（0.4）＞なんか＜スプレーでとめな |
| 37 | | 　　　きゃ＞いけないけど＜スプレーないや |
| 38 | | 　　　［とかなってh |
| 39 | | 美咲：［う：：：ん |
| 40（結末） | | 紀子：ぜhん［ぜhんなんか　　　］あんまピチっと＝ |
| 41 | | 美咲：　　　［そうやんな hahaha］ |
| 42 | | 紀子：＝して行けんかった． |
| 43 | | 紀子：う：：：ん |

　1・3行目の紀子の質問に応じて、美咲は4・6・8・10・12行目で、自分が参加する説明会が、選考過程の中でどの段階のものなのか説明している。美咲が参加する予定の就職説明会が、選考に進むための説明会より「一個手前」の段階のものであると述べ、それに対して、紀子は、13行目で「ただ＜説明会：＞みたいな」という描写で自身の理解を提示している。そして、その後、紀子は就職活動に関係する自身の経験を語り始めている。

　21・23行目で紀子は、出来事の概要を述べる際に、聞き手が知らない対象の存在を知らせるプラクティスを用いて、「一個企業の：」の後に投射される名詞を発話する際、フィラー「なんか」を発し、「一次選考」というカテゴリー・タームを慎重に選んでいる。会話参加者達が「説明会」や「選考会」と呼ばれる一連の就職活動

のどの段階のイベントに出席するのかということを表現することが、この物語りを語る上で適切（relevant）になっている。それは、紀子が出席したのが「一次選考」であると聞いて、美咲は「え::？」と驚きを示していることからも伺える。ここで紀子が「一次選考」と表現したイベントは、先のやりとりから、美咲が参加する予定の「説明会」より二段階進んだ段階であるということが理解できる。美咲は「ただ＜説明会：＞みたいな」説明会に出席するために、2週間前から髪を黒く染めて準備しているのに対して、紀子はその二段階先の「一次選考」に出席するにもかかわらず、当日になってあわてるほど「ぜｈんぜｈんなんかあんまピチっとして行けんかった」という対照的な結末を語ることに指示表現のデザインが寄与している。

7.3.1 節および 7.3.2 節での観察から、物語りの舞台設定や概要説明をする際に用いられる指示表現は、単に場所やイベントの存在を告知するためだけでなく、それがどのような場所やイベントなのかについて、聞き手の理解を促し、ひいては物語りの結末の理解に寄与するようにデザインされていると言うことができる。

### 7.3.3. 背景・状況説明における指示表現

これまで見たように、物語の舞台設定や出来事の概要を述べる際、指示表現は物語の理解に寄与するようにデザインされている。本節では、語り手が物語の背景・状況を説明する際に行われるカテゴリーの知識を調べる活動に注目する。

物語の山場に移行する前に、語り手が言及しようとするカテゴリーを描写して聞き手の知識を調べるプラクティスが用いられる事例を見よう。

（7–6）［Kyu 1: 30］
((大学生の麻子と理美が、通っていた小学校の給食で、牛乳がパックだったかビンだったか話題にした後))
01 　　　　麻子：うちでも小学校食器は陶器やった.
02 　　　　理美：あ:

| 03 | X1→ | 麻子：うん　だからこう**食器** |
| 04 | X1→ | 　　　　((両手でかごを持ち上げ上下に軽く揺らすしぐさ)) |
| 05 | | 理美：うん |
| 06 | X1→ | 麻子：**運ぶ係の人**とかいるやん. |
| 07 | Y1→ | 理美：うん |
| 08 | (山場) | 麻子：あれがガシャーンってやったら |
| 09 | (結末) | 　　　　全部割れてた ha |
| 10 | | 理美：へ：うっそ |
| 11 | | 麻子：ほんと |
| 12 | | 理美：こわ：： |
| 13 | | 麻子：うん　あれむっちゃ怖そうやった. |
| 14 | | 理美：やりたくないわそんなん |
| 15 | | 麻子：うん |

　3・6行目の「こう食器運ぶ係の人」は、小学校の給食という会話者の経験から理解可能と想定されるカテゴリーを描写した表現である*44。語り手の麻子は、この描写とともに、両手でかごを持ち上げ、上下に軽く振るしぐさを行い、聞き手の反応を促している。7行目で理美から、このカテゴリーを理解可能との反応が示された後、麻子は語りの山場へと移行している。山場では、「ガシャーン」というオノマトペを使って、食器を運ぶ人がかごを落としたことをリアルに語っている。食器が陶器だったという情報が先行文脈で提供されているため、「ガシャーンって」やるということがどのような結末になるのかを聞き手は容易に理解することができる。

　　次に、ものを表すカテゴリーについて聞き手の知識を調べる活動が行われる事例を見てみよう。(7–7)は3人の大学生女子による会話である。それぞれの高校時代の制服の話題になり、あかねは出身校の制服にまつわるエピソードを語り始める。あかねの高校では、ソックスか黒いタイツをはくことが校則で定められていたが、生徒は学校指定のソックスを履くのが嫌で、夏が終わるとすぐに黒いタイツをはこうとしたと話した後、以下の語りが行われている。8・10・11行目の「ひざまでの黒タイツ」という描写に注目しよう。

（7–7）〔Dem 15〕

01（背景）あかね：ん：でもみんなな：だんだんな：
02　　　　　　　　　　く－　工夫し始めてな：なんか暑いやん［か：］
03　　　　いずみ：　　　　　　　　　　　　　　　　　　　　　　［うん］
04　　　　あかね：タイツ（.）はくの：
05　　　　いずみ：［うん
06　　　　ち　ほ：［((うなづき))
07（状況）あかね：だからな：
08　X1→　　　　　こうひざまでの：
09　　　　いずみ：＞うんうんうんうん＜［うん］
10　X1→　あかね：　　　　　　　　　　　［ひざ］までの（.）
11　X1→　　　　　［黒タイツってあるやんか：
12　Y1→　ち　ほ：［((うなづき))
13　XM⇒　あかね：それをはいとった.
14　　　　　　　　（0.2）
15（移行）あかね：［階段あがったら　　　　　　　　］
16　　　　いずみ：［ガードルで留めるようなやつ］やろう？
17（移行）あかね：そ　で階段あがったら
18（山場）　　　　チラチラチラチラ
19（結末）　　　　肌見えてんねんチラリズム
20　　　　いずみ：((笑い))


　8行目であかねは「ひざまでの：」という表現と、座っているひざ上のところに手をあてるしぐさで、はきものの長さを示している。これを受けていずみは「＞うんうんうんうん＜うん」と強い理解の主張を行っている（9行目）。しかし、もうひとりの聞き手であるちほは何も反応を示していない。そこで、あかねは、ちほの方に顔を向け、ちほから見える自分の顔の前で、両手でタイツを引き上げるジェスチャーをしながら、「ひざまでの（.）黒タイツってあるやんか：」（10行目）と描写をやり直ししている。そして、ちほがうなずくのを確認した後、13行目で「それ」を用いて、物語の背景を説明している。

あかねたちが校則を破らずにおしゃれができ、かつ暑さをしのげる「ひざまでの黒タイツ」を履くという苦肉の策を見出したにもかかわらず、階段を昇ると肌が見えてしまい、かえって滑稽であるということがこの物語の主眼である。その理解を得るために、あかねは聞き手ふたりから「ひざまでの黒タイツ」がどのようなものか事前に理解を得る必要があった。それが証拠に、16行目でいずみが「ガードルで留めるようなやつ」という理解の証拠提示をしたにもかかわらず、「そ」というごく短い反応を返すだけで、直ちに山場への移行を再開している（17行目）。

　この物語りでは、語り手は「ひざまでの黒タイツ」という描写によって、聞き手がこの描写がどのようなものを意味するのか理解できると想定している。このカテゴリーについての共通理解をあらかじめ確認しておくことで、階段をあがったら「肌がみえてしまう」という結末（落ち）を失敗なく語ることができる。実際、20行目で聞き手に受容されている。

　このように、物語の主眼を理解する上で鍵となる対象を指示するとき、語り手は聞き手の理解が得られるように、指示表現を選択（デザイン）している。ここで、語り手が念頭に置いている対象を指示するために使用するカテゴリー・タームが正確かどうかわからないとき、その使用をめぐる問題に対処するプラクティス（第4章4.6.1節）が用いられる事例を見よう。

　（7-8）では、語り手である父Bがアメリカに住む息子Aに、日本がとても暑いということを伝えるため、最近まで滞在していたアメリカの気候を引き合いに出して、アメリカでは「長袖」と「ジャンバー」を重ね着していたのに対して、日本は「半袖とパンツいっちょ」だと語っている。アメリカで着ていた衣服に言及するとき、Bは「ジャンバー」というカテゴリー・タームを使用した後、「グランドコート」というタームを用い、このカテゴリー・タームの選択が不確かな知識に基づくことを「かね？」でマークし、「野球選手が着るような」という描写を補っている。

（7-8）［CallHome Japanese 1123］

((アメリカ在住の男性Aと日本在住の父Bの会話、きよひとはBの息子で、アメリカでAとは別の場所に住んでいる。先行会話で、父Bはきよひとの家に滞在し、庭の整備と子守をしていたこと、20日前に帰国したこと、日本は空梅雨で水不足であることが話されている。))

```
01        B：［きよ］ひとんとこ 2 カ月おったけど::
02           ＜もう＞寒いぐらいだったね：,
03        A：う::ん
04        B：もう長袖着て：土方＞（しと）った＜ 時には::
05           上からジャンバー着とったよ.
06        A：へ::::::＝((少しずつ上昇調))
07  →     B：＝グランドコートかね？＜
08        A：［うん  ］
09  →     B：［やきゅ］う選手が着るような.
10           (0.4)
11  ⇒     B：あれを着とったよ.
12        A：うん
13        B：↑こっち帰って来たらもう.
14           (0.3)
15        B：＞もう＜半袖とパンツいっちょたいもう.
16        A：uhhu［hhu ］
17        B：   ［he ］hehe
```

((この後、Bは暑くて家中のクーラーをつけたままだと話す。))


　Bは、自分の経験からアメリカでの服装と日本での服装を対比させて語っている。4-11行目で、物語の背景として、アメリカでの服装を説明し、13行目で「こっち帰ってきたら」と山場に移行した後、15行目で日本での服装を描写して結末を語っている。具体的には、アメリカでは「長袖」の上に「ジャンバー」日本では「半袖とパンツいっちょ」という、2組の衣服のカテゴリーを組み合わせて言及し、そのギャップによって落ちをつけている。Aは自分に馴染みのある「ジャンバー」というカテゴリー・タームを使用した

第7章　物語りにおける指示表現　179

後、「グランドコート」というカテゴリー・タームを提示している。このアメリカ文化に根差したタームを使用することによって、アメリカでの服装と日本での服装との対比を際立たせて、より効果的に語りの落ちを理解させることが可能となる。そのため、語り手に馴染みのない「グランドコート」という表現をあえて提示しつつ、不確かなタームの使用に対処するプラクティスを用いて、聞き手の方がより知識を持っているとみなしていることを示唆している。

本節では、語り手は出来事の背景や状況を説明する際に、結末にとって鍵となる指示対象について、カテゴリーの知識を調べる活動を通して、その理解を促していることを観察した。このことから、語り手は指示対象がどのようなものかについて聞き手の理解を促すとともに、物語の結末を理解するように指示表現をデザインしていると言うことができる。


## 7.4. 登場人物を指示する表現

物語の登場人物を指示する表現も、物語の主眼について聞き手の理解を助ける資源となる。本節では、聞き手が知らない人物を指示する表現に焦点を当てる。


### 7.4.1. 最初の指示

登場人物の描写は、物語の結末の理解の資源となる。(7-9) は、大学 1 年生の女子 3 人による会話である。ちほは、アルバイト先の居酒屋で、最近調理を担当させてもらえるようになったと言う（1・2 行目）。この話題に、別の居酒屋でアルバイトをしているいずみが関心を寄せ、自分が働く居酒屋と比較している。この居酒屋を舞台に、ちほ自身にとっての一大事が起こったことを語っている。トランスクリプト上に、語り手ちほの視線の向きを（（→））で示す。A はあかね、I はいずみを表す。

（7-9）〔Dem17〕

01　　　ち　ほ：今な：めっちゃな：(.) ご飯を作り出し

02　　　　　　　　てんねやん (.) バイト先 ((→A)) ［で］

03　　　　　　　　　　　　　　　　　　　　　　［あたしが］

　　　　　　　　　((6行略))

10　　　ち　ほ：［そうそれでな：めっちゃ料理覚えてきて

11　　　　　　　　な：うれしいねん.

12　　　　　　　　(0.6)

13　　　いずみ：あ＝ちゃんと：(.) ＞ちゃんとした＜ (.)

14　　　　　　　　料理を＞作るところ＜なん？

15　　　ち　ほ：う：ん (.) 普通－(.) の居酒屋：やで？

16　　　いずみ：↑そうなんや.

17　　　　　　　　うち なんか (0.4) もう (.) もとは作ってて：

18　　　ち　ほ：あ！　作っ－ (0.2) てるのもある：

19　　　いずみ：あ！　そう＝

20　　　ち　ほ：＝作ってない＜のもある＞.

21　　　　　　　　(0.1)

22　　　ち　ほ：((→I)) ［で：：：：　　］

23　　　いずみ：　　　［サラダとか］作る.

24　　　ち　ほ：((→I)) あ　うん　切ったあるから：：

25　　　いずみ：°ふう：：：：［：ん°((小刻みにうなづいて))

26　　　ち　ほ：((→I))　　　［朝 (.) ＞店長が切ってくれるから：

27　　　　　　　　それを＜が：：：：って＞盛っていくねん＜けど：

28　　　いずみ：((うなづき))

29（状況）ち　ほ：((→下)) なんかな：(.) ＜うちの↑上：＞(.) で：

30　　　　　　　　＞もうひとり＜できる人：((→I)) が ［いとって：：：　　　　］

31　　　いずみ：　　　　　　　　　　　　　　　　　　　［((2回うなづき))］

32（山場）ち　ほ：((→下)) で その人とあたしふたりで：(0.8)

33　　　　　　　　み ((→I)) せを開けるとかって：＝

34（受容）いずみ：　　　　［°うそ：：°］

35（背景）ち　ほ：((→I)) ＝［店長　　　］＞いっつも今月曜日休み

36　　　　　　　　やねんやん, その＜定休日を：(0.4) うちと：

第7章　物語りにおける指示表現　181

| | | |
|---|---|---|
| 37（山場） | (→I) **その (.) >松井さん<っていう人で**： | |
| 38 | <u>＜開ける＞</u>とかって言ってさ：, | |
| 39（結末） | ＜どうしよう＞とか思っ | |
| 40 | ［てどきどきしてんねん<］もう (→A)：：： | |
| 41 | いずみ：［（（笑い））］ | |
| 42 | ち　ほ： (→A) <u>すごい</u>＞うち＜立派じゃな：：［：い？］ | |
| 43 | あかね：　　　　　　　　　　　　　　　　　　　　　　［（　）］ | |
| 44 | ち　ほ： (→A)　<u>なんか</u>：：ahh　.hhhh | |
| 45 | いずみ：すごいな： | |
| 46 | ち　ほ： (→I) ［立　派　］やんな：：＝ | |
| 47 | あかね：　　　　［°出世：：°］ | |
| 48 | ち　ほ： (→A) ＝出世するよな：［（ちょっと）］ | |

　語り手ちほは、29–30行目で「うちの↑上：＞(.)で：＞もうひとり＜できる人：」という描写を用いて先輩従業員の存在を告知している。このように描写を用いることによって、居酒屋の従業員の上下関係や居酒屋での業務内容といった社会的・文化的知識を照会しつつ、指示対象がどのような人物か聞き手に理解を促すことが可能になる。しかも、語り手自身と関連付けて描写することによって、ちほは自分も料理を担当できる人というカテゴリーの一員であるということを伝えることができる。この描写は、「ふたりで」「店を開ける」と店長から命じられるほど、自分の仕事ぶりが認められたという物語の主眼の理解を助ける。ちほは、31行目で聞き手いずみが2度うなずいているのを確認した後、山場へと語りを進めている。このことから、ちほは、山場に移る前に、物語りの理解に適切な（relevant）情報を提供しようとしているということが分かる。仮に描写の代わりに「松井さんっていう人」のように名前が用いられたとしても、聞き手はその名前を聞いて特定の人物を認識できるというわけではないため、上述の効果は得られないだろう。

## 7.4.2.　後続指示位置での名前の使用
では、描写を用いて導入された人物が再び指示されるとき、名前

が用いられるという現象に注目しよう。

　(7–9) において、29–30 行目で「＜うちの↑上：(.) で：＞もう
ひとり＜できる人：」という描写を用いて言及した人物を、32 行
目で再指示する時、「その人」という照応形が使用されている。こ
の形式は、Schegloff (1996) による指示の有標性の点で、後続指
示位置における無標の指示表現である。注目したいのは、37 行目
で、同じ人物を「その (.) ＞松井さん＜っていう人」と「名前」
を用いて指示していることである。ここで聞き手が認識できないと
想定される人物の名前が言及されているのはなぜだろうか。もし人
物の名前に言及する必要があるならば、最初の指示位置で「名前＋
ていう＋名詞」という形式を用いて指示することもできるはずであ
る。この会話では、この後、この人物を指示する機会があるわけで
はない。それにもかかわらず、あえてこの位置で、名前に言及して
いるのはなぜだろうか。この問題について考察するために、7.5 節
で、聞き手が知らない人物の名前を披露するプラクティスについて
記述する。その上で、7.6 節において、後続指示位置で聞き手の知
らない人物を名前で指示するということが、物語を語る活動におい
てどのように寄与するのか考察することにする。

## 7.5.　聞き手が知らない人物の名前を披露する

### 7.5.1.　名前披露

　聞き手が知らない対象の名前を後続指示位置で告知する活動を
「名前披露」(name announcement) と呼ぶことにする。名前披露
は、聞き手が認識できないと想定する指示対象の名前を披露するこ
とに特化した副次的活動である。［名前＋引用標識「て」＋伝達動
詞「言う」＋終助詞「の」］という形式を基本としてデザインされ
た発話が用いられる。直前にはピッチや速度の変化や言い淀みが生
じ、会話の主活動との境界が合図される。

(7–10) 話し手：**名前 (N)** っていうの［んだ／ねん］

第7章　物語りにおける指示表現　**183**

「名前」は姓・名だけでなく、タイトルや敬称などの接辞を含めた呼称の形式をとる。例えば、（7-11a）は、指示対象が「このみ」というファースト・ネーム（敬称なし）で呼ばれる人物であることを伝え、（7-11b）は、姓に敬称をつけた「今野さん」と呼ばれる人物であることを伝える。

（7-11）　a.　↓**このみ**っていうねん
　　　　　b.　その::uその：**今野さん**っていうんだけどね？

名前披露は、指示対象が当該の名前で呼ばれる人物であるという理解を促す。固有名に付加されるタイトルや敬称などの接辞は、名前を呼ぶ人と指示対象との対人関係を指標する役割を果たす。

以下の節では、次のような観点に注目して、具体例を観察することにする。

1）名前が披露される人物は、物語りにどのように導入されているか。
2）どのような連鎖環境で名前披露が行われているか。
3）名前を披露された人物は、物語の中でどのような役割を担っているか。
4）物語りの主眼は何か、語り手は物語を語ることによって何を成し遂げようとしているか。

## 7.5.2.　物語の序盤での名前披露

聞き手が知らない人物を物語りに導入するとき、その人物のことをその後も名前で指示できるように、名前を知らせておくことがある。例えば、（7-12）では、3行目でメグが「いじめっ子」というカテゴリー・タームを用いて指示した人物の名前を4行目で披露している。

（7-12）［val17］
01　　　　メグ：あたしもね,

| 02 | | リサ：°ううん° |
|---|---|---|
| 03 | → | メグ：**そのね，いじめっ子**がね |
| 04 | → | ［**よう子**］**ちゃん**ってう［んだけどね？］ |
| 05 | | リサ：［うん］　　　　　　　　　　［ehahahahaha］ |
| 06 | | 名前が出た［ぞ　　］． |
| 07 | | メグ：　　　　　　　　［（そ）］名前が出た！ |
| 08 | | なんかね：**よう子ちゃん**と［かね：］ |
| 09 | | リサ：　　　　　　　　　　　　　　　　　　［うｈん］ |
| 10 | | メグ：＞なんかね＜（0.2）**手下**がこう何人かいてね， |
| 11 | | リサ：うん |
| 12 | | メグ：なんか＞**その**＜**手下の子**°が°こうあたしのとこに |
| 13 | | ［来て］ね |
| 14 | | リサ：［うん］ |
| 15 | | メグ：なんかね：↑**よう子ちゃん**のことどう思う |
| 16 | | ＞とかあた［し（がh）＜ |
| 17 | | リサ：　　　　　［あ::::hhhh |
| 18 | | メグ：うそうそうそ［う］ |
| 19 | | リサ：　　　　　　　［ね］来るよね： |

　この断片で「いじめっ子」（3行目）というカテゴリー・ターム
を用いて指示された人物は、先行会話で一度言及されている。そこ
では、名前は出さずに、同じクラスの子が嫌いでびくびくしていた
と語られている。その後、リサもいじめられたことがあると話し、
その体験を次のように語っている。5人グループのうち2人は幼馴
染なのでいじめられてもリーダー格の子に従っているだけだと思っ
ていた。幼馴染が仲間はずれにされるたびに、リーダー格の子から、
その子のことをどう思うかと聞かれるが、自分が仲間はずれにされ
たときに幼馴染との仲を裂く材料にしようとしていることが分かっ
ていたので、好きだと答えていた、という内容である。（7–12）は、
このリサの物語のセカンドストーリーとして語られたものである。
　この断片では、「いじめっ子」が再び指示され、その名前が披露
されている。この後も「よう子ちゃん」にいじめられた出来事が語

第7章　物語りにおける指示表現　185

られる。その時、語り手はこの名前を用いて指示している。このように、その後の会話でも名前で指示することが可能になるように、主人公の名前を披露するということは、しばしば行われる。これは、聞き手がある人物を名前で認識できると想定されるならば、名前を用いよという「名前の選好」にのっとった指示プラクティスである。

### 7.5.3. 物語の終盤での名前披露

　物語りの中で一度しか言及されないにもかかわらず、聞き手の知らない人物の名前が披露されるケースがある。そのような事例について、見ていこう。

　（7–13）は大学生女子3人の会話である。3人はそれぞれ違う高校から同じ大学に入学し、1年が経とうとしている。先行会話では、高校時代の話題になり、あかねはオーストラリアの姉妹校から自分たちのクラスに来た交換留学生と仲良くしていたと話す。その交換留学生と過ごした日々の出来事のひとつを語っている。あかねは交換留学生を交えてクラスメートと一緒に話をしていたら、その留学生が、ホスト・シスターに対する不満を訴えて泣き出したという出来事である。

　語り手は、2行目で「**その：（子）のホスト（.）シスター**」という、すでに語りに登場している交換留学生と関連付けたカテゴリー・タームを用いて、留学生の不満の対象者を物語に導入している。そして、この人物について「**↓このみっていう（ねん）**」（16行目）と名前披露を行い、18行目で留学生の発話を引用するときに、その名前を使用している。

（7–13）［Dem3］

01　　　あかね：［で　その］うちらのクラスに来て：(.)

02　→　　　　　で　**その：（子）のホスト**（.）**シスター**（.）

03　　　ち　ほ：うん

04　　　あかね：家族が：,

05　　　ち　ほ：うん

06　　　あかね：吹奏楽部であんま相手したあげられへんから：,

186

| 07 | | ち　ほ：うん |
|----|---|---|
| 08 | | あかね：うちらが一緒しゃべっとってんやんか： |
| 09 | | ち　ほ：うん |
| 10 | | あかね：ほんだらな：**その子**がいきなりな：, |
| 11 | | ち　ほ：うん |
| 12 | | あかね：なんか　こう＞みんなで＜しゃべっとったらな： |
| 13 | | ち　ほ：うん |
| 14 | → | あかね：＞なんか＜（1.0（（鼻いじり）））なんで：,うちの：, |
| 15 | | 　　　　（0.4） |
| 16 | → | あかね：↓**このみ**っていうねん. |
| 17 | | 　　　　（0.3） |
| 18 | → | あかね：↑＜Why, **Konomi**::＞↓とか言って［な：　　］, |
| 19 | | いずみ：　　　　　　　　　　　　　　　　　　［huhuhu］ |
| 20 | | ち　ほ：　　　　　　　　　　　　　　　　　　［うん　　］ |
| 21 | | あかね：なんでこのみは私を（0.2）相手してくれへん |
| 22 | | 　　　　ねんやろうとか言っ［て： |
| 23 | | いずみ：　　　　　　　　　　　［＞nhuhu＜hu：［huhu |
| 24 | | ち　ほ：　　　　　　　　　　　　　　　　　　［un　　］ |
| 25 | | あかね：　　　　　　　　　　　　　　　　　　［んで　］ |
| 26 | | 　　　　ポロポロポロポロ泣くねやんか：［haha　　］ |
| 27 | | ち　ほ：　　　　　　　　　　　　　　　　　　［hahaha］ |
| 28 | | いずみ：　　　　　　　　　　　　　　　　　［マジで］ |
| 29 | | 　　　　可愛いな［： |
| 30 | | ち　ほ：　　　　　［かわいそう： |

　1–8行目で出来事の背景説明を終えた後、10行目であかねは「ほんだらな」という接続表現を用いて、山場への移行を予測させる。しかし、「その子がいきなりな」と発話した後、その文によって投射される述部（その子がどうしたのか）を話すのではなく、12行目で「なんかこう＞みんなで＜しゃべっとったらな：」と、8行目と同じ内容の背景を離接的に語っている（Goodwin（1984））。これにより、いったん山場への移行を保留するが、再び山場へ移行

することを明示的に「たら」を用いて合図した後、山場となる出来事を語り始めている。

14行目以降、あかねは、留学生がホスト・シスターへの不満を訴えたということを、留学生の発話を引用する形で語っている。しかし、「なんで：うちの：」と言った後、格助詞が投射する名詞（「ホスト・シスター」）を発話せずに、0.4秒の間の後、「このみっていう（ねん）」と、関連する指示対象（ホスト・シスター）の「名前」を披露するために、新たなターン構成単位を構築している。

この物語の中心人物は留学生である。この留学生の名前は披露されないが、語り手のあかねが実演する留学生の発話で言及される人物の名前が披露されている。では、なぜこのような名前披露が行われるのだろうか。

### 7.5.4.　物語の山場と発話引用

物語りの終盤では、しばしば語り手が物語の登場人物の過去の発話を引用することによって物語の山場を語るということが行われる。例えば、（7–13）では、語り手のあかねが、物語の山場で交換留学生がホスト・シスターに対する不満を訴えた発話を直接引用している。18行目の< Why, **Konomi**：：>という発話の直接引用に先立って、16行目で名前披露が起こっている。この引用発話の中で指示されるKonomiという人物は、最初の指示位置では「ホスト・シスター」というカテゴリー・タームで指示されていた。そのため、物語の終盤で、語り手が直接引用を行う際に、名前に言及する必要が生じたために、急きょその直前に名前披露が行われている。物語の登場人物のなかでも、引用発話の話者である交換留学生の名前は言及されていないのに、引用発話内で指示されたホスト・シスターの名前（「このみ」）が披露されている。

以下に、名前披露の特徴を記述する。

（7–14）

a.「名前披露」は副次的な活動である。「名前披露」によって、物語り（主活動）の進行性が保留される。

b.「名前披露」は、間隙、ピッチ変化、吸気音、フィラーによって主活動との境界が合図される。

c. 披露される「名前」は、姓・名だけでなく、タイトルや敬称など、接辞を含めた呼称の形式をとる。

d.「名前披露」の後、聞き手に反応する機会ができるが、聞き手の反応がなくても主活動を再開することがある。

　これらの特徴について、（7-12）の事例に基づいて説明する。断片の一部を以下に再掲する。

（7-15）

| 14 | → | あかね：＞なんか＜（1.0（（鼻いじり）））なんで：,うちの：, |
|---|---|---|
| 15 |  | 　　　　　（0.4） |
| 16 | → | あかね：↓このみっていうねん. |
| 17 |  | 　　　　　（0.3） |
| 18 | → | あかね：↑＜Why,**Konomi**：：＞↓とか言って［な：］, |

　（7-14a）の名前披露が副次的活動であるという点に関しては、あかねが14行目で「うちの：,」と言った後、まだ発話が続く抑揚が用いられているものの、格助詞「の」によって投射される名詞の産出が保留されたまま、16行目で名前披露に特化したターン構成単位が発話されており、ここでは、あかねの語りの進行性が保留されていることが観察できる。（7-14b）については、15行目に生じた間隙と16行目冒頭の音程の変化によって、14行目の主活動と16行目の名前披露という副次的活動との境界が合図されている。（7-14c）については、クラスメートおよび交換留学生が使っていたファースト・ネームの呼称の形式が披露されている。（7-14d）については、名前披露の直後にターン移行関連場が生じるが、聞き手の反応はなく（17行目の間隙）、語り手は主活動を再開し、物語りを進行させている。

　ここで、仮に語り手のあかねが名前披露をせずに語っていたらどのような展開になっていただろうか。名前披露が行われなければ、

第7章　物語りにおける指示表現　189

14行目の後に続く名詞として「ホスト・シスター」というカテゴリー・タームが用いられ、「なんでうちのホスト・シスターは私のこと相手してくれへんねやろう」という発話が行われることになるだろう。しかし、実際は、あかねは話題の人物を「ホスト・シスター」というカテゴリー・タームで指示することを選択せず、聞き手が知らない人物の名前を披露することを選択している。

　では、なぜ語り手は、このように山場を語る最中に、物語りの進行性を保留してまで「名前」を「披露」しなければならなかったのだろうか。「名前披露」によって成し遂げられることとは何だろうか。この問題は、物語りの終盤で引用を用いて出来事が詳細に語られること（西阪（2008））と関係している。以下の節では、発話引用に関するSchegloff（2000）の「粒度」（granurality）という概念と、Holt（2000）によって記述された話法の相互行為的役割という観点からこの問題について考察する。

### 7.5.5.　粒度

　Schegloff（2000）は、会話のなかで行われる引用の種類の違いを「粒度」という概念を用いて記述している＊45。粒度は以下の3つのレベルに分類できるとし、（7–16）に引用する英語の事例を用いて、だれかが何か「話をする」ということを伝達する語りには、粒度の観点から以下の違いがあると分析している。

　第1の粒度レベルは、「多人数の発話をひとつの活動単位（ひとまとめに伝達可能な出来事）としてまとめる」レベルである。（7–16）の2行目の we were kin'v admiring th'car という発話がその例である。話し手curtと仲間達が車についてやりとりした発話を、「賞賛する（admire）」という出来事として捉えている。

　第2の粒度レベルは、「実際に産出された発話を複数の文であれ多項目の発話であれ、ひとつの活動単位にまとめる」レベルである。（7–16）の1行目の he wz tellin us がその例である。

　第3の粒度レベルは、「文脈の特異性に基づいた単一のターンを提示する（が、その産出の詳細事項については注意を払わない）」レベルで、（7–16）の3行目の 'e siz hah, I gotta get rid'v it though.

という発話がその例である。

（7-16）［Schegloff（2000: 717）］
01　Curt: En he wz tellin us,
02　　　　we were kin'v admiring th'car
03　　　　en 'e siz hah, I gotta get rid'v it though.
04　　　　（0.5）
05　Curt: I said why dihyou have tih get rid'v it.
06　　　　'n 'e sid well I'm afraid my wife will get it.
07　　　　＜ er my ex wife.
08　　　　（1.0）

　この粒度という概念を（7-13）に当てはめて考えてみると、登場人物が「話をする」という出来事が、異なる粒度レベルで語られていることが分かる。

（7-17）［Dem3］
10　　　あかね：ほんだらな：その子がいきなりな：,
11　　　ち　ほ：うん
12　　　あかね：なんか こう＞みんなで＜しゃべっとったらな：
13　　　ち　ほ：うん
14　→　あかね：＞なんか＜（1.0（（鼻いじり）））なんで：,うちの：,
15　　　　　　　（0.4）
16　→　あかね：↓このみっていうねん.
17　　　　　　　（0.3）
18　→　あかね：↑＜ Why, **Konomi**::＞↓とか言って［な：　　］,
19　　　いずみ：　　　　　　　　　　　　　　　［huhuhu］
20　　　ち　ほ：　　　　　　　　　　　　　　　　［うん　　］
21　　　あかね：なんでこのみは私を（0.2）相手してくれへん
22　　　　　　　ねんやろうとか言っ［て：
23　　　いずみ：　　　　　　　　　　［＞ nhuhu ＜ hu：［huhu］]
24　　　ち　ほ：　　　　　　　　　　　　　　　　　　［un ］

第7章　物語りにおける指示表現　191

| 25 | あかね： | [んで] |
|---|---|---|
| 26 | | ポロポロポロポロ泣くねやんか：[haha　] |
| 27 | ち　ほ： | [hahaha] |
| 28 | いずみ： | [マジで] |
| 29 | | 可愛いな[： |
| 30 | ち　ほ： | [かわいそう： |

　12行目の「こう」という副詞は、何をどのように話しているか、何も具体的に語らずに表すことができる表現である。また、「みんな」という代名詞を用いて、話している人々を個々人としてではなく、集団として扱っている。したがって、12行目の「なんかこう＞みんなで＜しゃべっとったらな：」という発話は、だれかが何かを話すという出来事が、最も低い粒度レベルで語られている。すなわち、「多人数の発話をひとつの活動単位（ひとまとめに伝達可能な出来事）としてまとめる」第1の粒度レベルで伝達されている。

　これとは対照的に、14行目では、留学生個人が発話した内容をより細かな粒度レベルで表現しようとしている。さらに、18行目では、もっと細かな粒度レベルで出来事を表現している。つまり、語り手は、＜Why, **Konomi**：：＞と、留学生が話していた英語で彼女の発話を実演（enactment）しようとしている。この発話では、ホスト・シスターをファースト・ネームで呼び、その第2シラブルに強勢をおいた特異な抑揚を用い、名前の最後の母音を伸ばすことで、留学生のなげきの感情を表現している。その後、語り手は留学生の発話を直接引用することを途中でやめているが、21行目では、日本語で「なんでこのみは私を（0.2）相手してくれへんねんやろう」と言い直している。そして、26行目では、「ポロポロポロポロ」とオノマトペを用いて、留学生がどのように発話したのか詳細に伝えようとしている。

　以上の観察から、名前披露は次のような相互行為上の要請によって行われると考えられる。

(7–18)

1. 物語りの山場では、より詳細な粒度レベルで出来事が語られる。

2. 出来事をより詳細な粒度で語るために、登場人物の発話が引用される。

3. 引用発話の中で、話法の話し手が人物を名前で指示することがある。

4. その場合、聞き手は引用発話で使用される名前が誰のことか理解できないと想定されるので、話し手は引用の前に、名前を披露しなければならない。

## 7.5.6. 発話引用と聞き手の反応

Holt（2000）は、会話の中で直接話法を用いることによって、登場人物が何を発話したかだけでなく、どのように発話がなされたのかということを伝達することができると述べている。そのため、語り手は発話者に対する感情や態度を言葉にせずとも伝えることができ、その結果、語られた出来事について聞き手から適切な反応を引き出すことができると述べている。そうすると、聞き手にターンが渡り、それまでの語り手ひとりがターンを保持していた状態から、ターンの交替がなされる状態へと参与枠組みが変化し、物語りが終結へと導かれることになる（Jefferson（1979））と考察している。

（7–13）の事例について、聞き手の反応を見てみると、18行目の「< Why, Konomi::>」と、21行目の「なんでこのみは私を(0.2)相手してくれへんねやろ」という2回の名前指示引用のそれぞれに対して、聞き手ふたりから反応が起こっている。さらに、結末が語られた後では、いずみから「マジでかわいいな：」ちほから「かわいそう：」というアセスメントが引き出されている。

物語の山場を名前披露と直接話法によって語ることによって、聞き手の反応が引き出されるという側面は、視線に関しても確認することができる。（7–19）に、名前披露時と名前指示引用時の会話者の視線の方向を示す。各行の上に当該発話者の視線を、各行下に、その聞き手の視線を示している。例えば、あやの方に視線を向けている場合、その視線が一定方向を向いている間をA⎯⎯⎯のように

下線の長さで表す。あやをA、いずみをI、ちほをCと表記する。

(7–19)

```
                    下      顔いじり      C      I
14   あかね： ＞なんか＜（1.0）    ↑＜なんで：うちの：＞
    （いずみ）A_____下                        A___
    （ち　ほ）A_____
```

```
15   (0.4)
    （あかね）I_____
    （いずみ）A_____
    （ち　ほ）顔A方向に小さく動かす
```

```
                    I_____    C_____
16   あかね： ↓このみっていう（ねん）
    （いずみ）    A_____
    （ち　ほ）    A_____
```

```
17          (0.3)
    （あかね）C_____
    （いずみ）A_____
    （ち　ほ）A_____顔を横に小さく動かす
```

```
              →C前眉挙げ            I            C
18   あかね： ↑＜Why, Konomi：＞↓とか言って［な：,      ］
    （いずみ）A_____（徐々に下に）
    （ち　ほ）Aわずかに首まわす　口角あがる_____
```

```
19   いずみ：                      ［((huhuhu))］
20   ち　ほ：                      ［う　ん　　］
```

<pre>
                    C_____下
21    あかね：なんで**このみ**は私 (0.2) を相手してくれへんねんやろう
      （いずみ）       A_____
      （ち　ほ）A_____


                    I        C_____
22    あかね：　とか言っ［て：
      （いずみ）A_____
      （ち　ほ）A_____
</pre>

　会話参加者の視線に関して、以下の3点が観察される。第一に、名前披露時には、語り手は聞き手に視線を向け、聞き手も話し手の方を向き視線を合わせる。この会話では、聞き手がふたりいるので、語り手は名前披露の発話を終えるまでに、両者に視線を向けている（16行目）。前半の「このみって」と言うときにいずみ（I）に視線を送り、後半の「いうねん」と言うときにちほ（C）に視線を向けている。第二に、名前指示引用の直前では一度視線をはずすが、名前指示引用時（18行目）には再び語り手と聞き手が視線を合わせている。第三に、聞き手はふたりとも、名前披露の直前と、名前言及時（21行目）に、話し手の方を見ている。

## 7.5.7.　名前披露によって成し遂げられること

　これまでの観察から、出来事を詳細な粒度で語るために、登場人物の発話が引用されるとき、引用発話内で言及される名前が誰のことか聞き手に分かるように名前披露が行われるということができる。ここで、さらに他の事例を観察し、名前披露によって成し遂げられることは何か考察を深めたい。

　（7–20）のYumiとMakiは、以前アメリカの同じ地域に住み親しくしていた間柄である。今はYumiが転校したため、別々の地域で暮らしている。Yumiの転居後、MakiはYumiから手紙を受け取り、その中に失恋したと一言書かれていた。Yumiに久しぶりに電話をかけたMakiは、Yumiから、転校後に知り合った男性と最近

第7章　物語りにおける指示表現　**195**

別れたという話を聞く。そのいきさつを Yumi は次のように語る。電話で彼から別れ話が切り出され、Yumi は一度受け入れたものの、どうしても失いたくないと思い手紙を書いたところ、彼から手紙の返事をもらった。1 行目で「その気持ち::が書いてなかった」と述べているのは、その手紙に自分のことをどう思っているのか書かれていなかったということを意味している。ここまで語る間に Yumi はずっと元恋人の名前を伏せていたが、自分が書いた手紙の内容を引用する直前で名前披露を行っている。

(7–20)［CallFriend Japanese 1758］

```
01      Yumi：(.) で：.h え::その気持ち::が書いてなかった
02          から：
03      Maki：う：ん
04      Yumi：あたしの：(.) そう気持ち：をオーガナイズする
05          の［に：,
06      Maki：  ［う：ん
07    → Yumi：あの ケインっていうんだけど：
08      Maki：［うん  ］
09      Yumi：［ケイン］の気持ち：>を知ることが必要だから<
10          教えてって言って
11      Maki：う：んう：んう：ん
```

　これまで見てきた事例と同様に、名前披露には以下の特徴が観察できる。

(7–21)　a．Yumi の出来事の語り（主活動）の進行性を保留して行われる。7 行目の名前披露の前に一旦語りを中断し、9 行目で再開している。

　　　　b．「あの」というフィラーによって、主活動と名前披露の境界が合図されている。

　　　　c．披露される「名前」には、「ケイン」というファーストネームの呼称の形式が用いられる。

d.「名前披露」の直後に 8 行目で聞き手が反応を示してい
　　　 るが、語り手はこの聞き手の反応を待たずに、9 行目
　　　 で主活動を再開している。


　そして、7 行目で披露された「ケイン」という名前が、引用発話
内（9 行目）で言及されている。ではなぜ、「ケイン」という名前
を披露する必要があったのだろうか。名前を披露せずに出来事を語
ることはできなかったのだろうか。
　9 行目で「ケインの気持ち：」という表現が、誰の気持ちのこと
を意味しているのかは、名前にあえて言及しなくても、文脈（1 行
目の発話内容）から推論できるだろう。また、4 行目で「あたし
の：そう（.）気持ち：をオーガナイズするのに：」と対比させて、
誰の気持ちのこと「を知ることが必要」なのかを明示的に表現する
必要があったという理由が考えられるかもしれない。しかし、その
ためなら、「ケイン」ではなく「あなた」という二人称代名詞を用
いて「あなたの気持ち：＞を知ることが必要だから＜教えて」とい
う引用を行うこともできただろう。では、ここでは、なぜそれまで
言及せずにいた「ケイン」という名前をあえて披露しているのだろ
うか。
　この問題について、次の事例をもとに検討したい。（7–22）は、
親しい間柄の女子大学生ふたりによる対面会話である。先行会話で
は、ふたりが現在住んでいる街には、ケーキ屋が少ないという話題
から、それぞれの地元にケーキ屋さんがあったかどうか交互に話し
ていた。そして、すみの地元のケーキ屋が遠いところにあるという
ことに関連して、自動車の運転に話題が及んでいる。


（7–22）［T ＆ S：09：24］
((すみは自転車で何十分もかかる所にしかケーキ屋がなく、運転免許を持って
いるが車には乗れないと話す。すると、ともが、帰省したときに練習してみた
が、運転は怖かったと話している。))

01　　　すみ：(°私も：その°) なんかその**はとこが**：今年
02　　　　　　取って：，で＞もう＜無事に［取れたんだけど::，

```
03    とも：                          ［うんうんうん

04    すみ：なん (.) で＞いつも＜↑マックで (0.3) その (.)

05         会おうね＞みたいな＜［話　　］してたときに

06    とも：              ［°うん°］

07    すみ：あの (.) 親も一緒にね？

08    とも：うん

09    すみ：ときになんか着いたとき［に：¿

10    とも：              ［うん

11    すみ：その (.) おかあさんの方？((破線部 左手を前に伸ばす))

12    とも：うん＝

13    すみ：＝が hhhhh って＞［顔して来るんだよ＜.

14         ((破線部 うなだれる))

15    とも：              ［hhhhh

16    すみ：で［どう］したの？＞った (ら) ＜

17    とも：  ［うん］                うん

18  → すみ：((下方を指さして)) ゆきちゃんって言っ (て)

19         °ゆき－°

20    とも：うんうんうん

21  → すみ：＞だから＜ゆうさんの：，

22    とも：うん

23    すみ：運転めっちゃ怖いって hhhehe

24    とも：.hh hhh そうか［：：　］

25    すみ：          ［とな］りでひやひや［：：　］¿

26    とも：                        ［そう］.

27         となりがうるさいんだよね.

28    すみ：［そう］

29    とも：［自　］分はそんなにだと (0.2) 思ってんだけど.

30         ((うなづきながら)) すごい分かるかもそれ.

31         やっぱ怖いんやね.＝

32    すみ：＝うん.
```

　1行目ですみは、「はとこ」という、話し手自身と関連付けたカ

テゴリー・タームを用いて、聞き手の知らない人物を物語りに導入している。そして、11行目では、はとこと関連付けた「お母さん」という表現を用いて、はとこの母親を導入している。

　語り手のすみとの待ち合わせ場所に、「お母さん」が疲れた顔をして入ってきたので、すみが「どうしたの？」と質問した後、返ってきた言葉がこの物語の山場として語られている。この山場に入る直前に、名前披露が行われ、はとこの名前が「ゆきちゃん」であるということが18行目で披露されている。一方、21行目で、引用された「お母さん」の発話内では、はとこの名前は「ゆうさん」と言及されている。つまり、同じ登場人物を指示する名前が、名前披露時と、発語引用時では異なっているのである。

　これまで、名前披露によってなされることは、語り手が出来事を詳細な粒度で語るために登場人物の発話を引用するとき、引用発話内で言及される名前が誰を指示しているのか分かるようにすることだと述べてきた。しかし、単に指示対象のアイデンティティを告知するために名前を披露するのであれば、引用内で使用する名前を名前披露時に言及すればよい。しかし、この事例では、異なる名前を用いて名前披露をしている。

　「ゆきちゃん」というのは、すみがはとこに対して使う呼称である。語り手すみは自分がはとこを呼ぶときに使う名前を用いて名前披露を行っているのである。そして、引用発話内の「ゆうさん」は、「お母さん」が娘に対して使う呼称である。語り手のすみは、聞き手のともが名前披露を受けて「うんうんうん」（20行目）と比較的強い反応を示したのを確認した後、「お母さん」の発話を引用している。21行目で、すみは「ゆうさんの：,」と続きがあることを予測させる音調で発話した後、22行目でともが「うん」と反応したのを確認してから、23行目で先の格助詞「の」が投射する名詞「運転」を発話し、21行目と23行目が一続きのターン構成単位を構成するものとして組み立てている。つまり、名前披露で異なる名前に言及したために、引用発話内で使用する「ゆうさん」と名前披露時に使用した「ゆきちゃん」が同一人物であるということを聞き手が十分理解できたかどうかを確かめて、「お母さん」の発話引用

を続けていることが観察できる。

　名前披露時には、語り手のすみが普段使っている呼び名を用いて、「ゆきちゃん」をともに紹介するということをしている。18行目で、すみは胸の前でそこにゆきちゃんがいるかのように、下向きに指さすしぐさをともに見せながら、名前披露をしている。

　この名前披露によって、語り手のすみが「ゆきちゃん」と呼ぶように、聞き手のともも、「ゆきちゃん」と呼べる立ち位置にあるものとして扱っていることが示される。語り手のすみも聞き手のともも「ゆきちゃん」と同様に運転の初心者である。その運転初心者同士という立場から、聞き手にこの物語の主眼を理解させるように、語り手は名前披露をしながら、誘導していると考えられる。実際、ともは24行目で「そうか::」と言い、すみが結末を語るのを待たずとも予測可能であることを示唆している。そして、25行目で、すみが「となりでひやひや::」と結末を語ると、ともは「そう」と言って同調し、「となりがうるさいんだよね」と、運転初心者の目線から同乗者への評価をアップグレードした形で述べている。したがって、聞き手ともは、語り手すみの意図した物語の主眼を理解していることが分かる。

　では、ここで（7-20）のYumiの物語りに戻ろう。Yumiは自身の過去の発話を引用するとき、「あたしの:(.) そう気持ち:をオーガナイズするのに:, (あなたの) 気持ちを知ることが必要だから教えてって言って」と発話したとしても、何が起こったのかを伝達することはできるはずだが、なぜ元恋人の名前（ファースト・ネーム）をあえて披露しなければならなかったのだろうか。

　（7-22）の事例で、名前披露によって、すみがともに、はとこを紹介したのと同様に、ここでも、YumiはMakiに、元恋人を紹介するということが行われている。つまり、Yumiが当時恋人を「ケイン」と呼んでいたように、Makiもその人物を「ケイン」と呼べる立場にあるものとして扱っているということを示している。もしYumiがMakiのそばに現在も住んでいたら、ケインのことを実際に紹介したり、恋愛について相談したりしただろう。Yumiは、Makiにそういう立場から、自分がケインに対して行った発話を聴

くように誘導し、Yumi の取った行動についての反応を求めている
と考えられる。

　以上の観察から分かるように、名前披露は、引用発話内で言及さ
れる名前が誰のことを指すのか事前に知らせ、聞き手の理解を促す
ということに加えて、どのような立場で物語りを聴くべきか誘導す
るという仕事を果たしている。したがって、名前披露は、単なる指
示上の問題を解決するために行われるのではなく、物語を語るとい
う会話活動を達成するよう寄与していると言うことができる。

## 7.5.8.　名前披露の生起位置

　名前披露は、物語を語るという会話活動の一環として行われる副
次的行為である。前節で述べたように名前披露は物語を語る上で重
要な役割を果たしている。その一方で、名前披露は、物語を語ると
いう主活動の進行性を停滞させる要因にもなりうる。ここで、名前
披露が行われる連鎖上の位置で、どのように進行性を保つ工夫がな
されているかについて見ておこう。

　(7–13) の「このみ」の事例では、交換留学生の発話を引用し、
詳細な粒度で語る最中に名前披露が起こっている。「うちの」の後
に投射される名詞を保留した状態で名前披露が行われることで、後
で主活動が再開されるということが予測される。さらに、名前披露
を終えた後、語り手は、名前披露前と同じ発話内容を引用すること
によって、名前披露によって分断された前後の連鎖のつながりが保
たれている。

(7–23)　あかね：留学生の不平の引用「なんでうちの」

　　　　 名前披露 　このみって言う（ねん）

　　　　 （英語引用）「Why **Konomi**：」

(7–20) の「ケイン」の事例では、直前の発話から投射される述語
を保留して名前披露が行われ、名前披露後にそれが述べられている。

(7–24)　Yumi：自分の発話の引用

　　　　　　「あたしの：(.) そう気持ち：をオーガナイズ

　　　　　　するのに：,」

　　　　　 名前披露 **ケイン**っていうんだけど：

　　　　　　「**ケイン**の気持ち：＞を知ることが必要だから＜

　　　　　　教えて」って言って

　（7–22）の「ゆきちゃん」の事例では、語り手は、「どうした
の？」という質問を引用して粒度を高めた語りがなされている。こ
の発話の後、名前披露が起こっている。そして、名前披露の後では、
先の質問に対する返答の引用が行われている。ここでは、質問とい
う隣接句第1句によって発生した第2句の生起を予測させる力（rel-
evance）によって、物語りの進行性が保証されている。

（7–25）　すみ：自分の質問（隣接句第1句）の引用

　　　　　　　　　　「どうしたの？」

　　　　　　　 名前披露 （**ゆきちゃん**って言って）

　　　　　　　　はとこ母の返答（隣接句第2句）の引用

　　　　　　　　　　「＞だから＜**ゆうさん、**…」

　隣接句第2句の引用時にも、進行性を確保する工夫がなされてい
る。発話の冒頭に「＞だから＜」を用いて、「どうしたの？」とい
う質問に対する返答であることが分かるようになされている。この
ように、名前披露によって生じる主活動の分断が最小限におさまる
ように工夫がなされている。

## 7.6.　聞き手が知らない対象の名前指示引用

　7.5 節では、物語の山場で行われる発話引用の前に名前披露が生
じることを見てきた。しかし、名前指示引用の前に必ずしも名前披
露が行われるとは限らない。過去の発話を引用するときには、前
もって「名前披露」をせずに、聞き手が知らないと想定する対象を
名前で言及することが可能である。

（7–26）では、ロンドンに語学研修に行ったことをいくに話した
かなが、海外渡航の経験がないいくから、海外に行って何か変わっ
たかと尋ねられ、積極的に英語で話すようになったと話している。
その例として 1–7 行目で、道に迷ったときには見知らぬ人に話し
かけるということを挙げ、9 行目以降、ロンドンでホームステイ先
に帰宅する途中で道に迷った出来事を語っている。

（7–26）［toa］

| | | |
|---|---|---|
| 01 | かな： | ［でも　　　　　］方向音痴やからもう::人に訊 h き h まくる |
| 02 | | ［し hh わたし　］ |
| 03 | いく： | ［ehehehehehen］ |
| 04 | かな： | エクスキューズ・ミー！((片手をのばして)) |
| 05 | | ［みたいな.　　］ |
| 06 | いく： | ［うんうんふん］ |
| 07 | かな： | どこ：((片手のばして)) みたい ［な h.　　　　　］ |
| 08 | いく： | 　　　　　　　　　　　　　　　　［うんうんうん］ |
| 09 | かな： | ＞（だ）か r ＜ロンドンでも途中で:，((宙に視線)) |
| 10 | いく： | うん |
| 11 | かな： | 友達と別れて ＝ |
| 12 | いく： | ((うなずき)) |
| 13 | かな： | ＝違う街に住んでるから: |
| 14 | いく： | ((2 回うなずき)) |
| 15 | かな： | 地下鉄ひとりで乗り継いで ＝ |
| 16 | いく： | ((うなずき)) |
| 17 | かな： | ＝ ＞でも＜　(.)　↑それはね::，なんか（0.2） |
| 18 | | 日本と一緒みたいで路線が書いてあるか |
| 19 | | ［ら:　　　　　］ |
| 20 | いく： | ［((うなずき))］ |
| 21 | | あ ［う：ん］ |
| 22 | かな： | 　［読　ん］↑で：((宙に指さし)) |
| 23 | いく： | うん |
| 24 | かな： | ＞んで＜こう ((天に指さし)) 見て |

第 7 章　物語りにおける指示表現　203

| 25 | | ↓あ　ここ　（（宙に指さし））で降りたらいいって |
|---|---|---|
| 26 | | ＝そこは　（（テーブル上で指さし））：(.)　＞別に＜ |
| 27 | | ［問題なかったん　（（指で線引き））やけど］ |
| 28 | いく： | ［うんうんうんうん］ |
| 29 | かな： | .hh　＞その＜駅　（（テーブル上で指さし））から |
| 30 | → | **バス**　（（指移動））**(.) 停**まで行くのに |
| 31 | | ［まhよhっ］［てh：(　)］ |
| 32 | いく： | ［（（笑み））］［ha:haha.hh］［そっかh |
| 33 | → | かな：　　　　　　　　　［どこ：？（（宙を見て）） |
| 34 | いく： | ［ehehehe］ |
| 35 | → | かな：　　［＜ヴィクトリア＞］**コーチズ**どこ：h？ |
| 36 | | （（破線部　テーブル上指でぐるぐる円を描く　指先に視線）） |
| 37 | いく： | ［ahahahaha］ |
| 38 | かな： | と思っ（て）（（いくに視線）） |
| 39 | いく： | uhuhuhu |
| 40 | かな： | ＞なんか＜地図やと近いから |
| 41 | | ↑近辺に来てるはずやのに |
| 42 | いく： | うんうんうんうん |
| 43 | かな： | なんか　分からなくて |
| 44 | いく： | 近いとよけい分からんよな： |

　この物語は、路線が複雑なロンドンの地下鉄はひとりで乗り継ぐことができたのに、地下鉄の駅からすぐ近くのバス停まで行くのに道に迷ったということに落ちがある。26行目でかなは「そこは」と発話するとともにテーブルの上に置いていた指で線を引くジェスチャーをして、道に迷ったのが地下鉄の移動ではなかったことを示している。27行目では「問題なかったんやけど」と「けど」を用いて、この直後に山場へと移行している。

　語り手かなは、利用する地下鉄の駅名は何も言及していないが、探し求めた「バス停」のことは、35行目で「ヴィクトリア＞コーチズ」という名前で指示している。この指示対象は30行目で「バス (.) 停」というカテゴリー・タームを用いて導入されている。ま

ず「バス」と発話して、マイクロポーズを置いてから「停」を付加するという方法で、帰宅するための交通機関は地下鉄以外に「バス」を使ったという情報を伝え、かつ、地下鉄の駅から目指した場所が「バス停」であることも同時に伝達している。そして、33・35行目で「どこ：？＜ヴィクトリア＞コーチズどこ：h?」という心の声の引用内で名前に言及している。

　では、ここではなぜ「ヴィクトリアコーチズっていうところなんだけど」のような名前披露をせずに、引用内で名前に言及しているのだろうか。

　連鎖上の位置を見ると、「ヴィクトリアコーチズ」という名前は、33行目でかなが「どこ：？」という発話引用の後、もう一度35行目で「**名前**どこ：h?」と、同様の発話内容を繰り返す引用内で言及されている。つまり、かなが探しているバス停の名前が「ヴィクトリアコーチズ」であるということが分かるようにデザインされている。つまり、披露される名前は何であれ、そういう名前の特定の場所を指示しているということを聞き手に理解させることが出来さえすればよいものとして提示されている。語り手は、このバス停の名前を聞き手が知らないとしても、その名前を記憶に留めさせようとしているわけではない。

　ここで、7.4節で掲げた後続指示位置で聞き手の知らない名前に言及するのはなぜか、という問題について、考えてみたい。(7–12)では、8–9行目で「＜うちの↑上：＞(.) で：＞もうひとり＜できる人：」という描写によって、この人物の存在告知が行われている。この最初の指示位置では、「松井さん」ということは知らされていない。ところが、16行目で再び同じ人物を指示するときに、「その (.) ＞松井さん＜っていう人」という非認識用名前の形式が用いられている*46。

(7–27 ＝ (7–9))［Dem17］

| 24 | ち　ほ：((→I)) | あ　うん　切ったあるから：： |
|---|---|---|
| 25 | いずみ： | °ふう::::[：ん° ((小刻みにうなづいて)) |
| 26 | ち　ほ：((→I)) | ［朝 (.) ＞店長が切ってくれるから： |

| 27 | | それを＜が::::って＞盛っていくねん＜けど: |
|---|---|---|
| 28 | いずみ： | ((うなづき)) |
| 29 (状況) | ち　ほ： | ((→下)) なんかな:(.)＜うちの↑上:＞(.)で: |
| 30 | | **＞もうひとり＜できる人**:((→I)) が［いとって::: 　　］ |
| 31 | いずみ： | 　　　　　　　　　　　　　　　［((2回うなづき))］ |
| 32 (移行) | ち　ほ： | ((→下)) で **その人**とあたしふたりで:(0.8) |
| 33 (山場) | | み((→I)) せを開けるとかって:= |
| 34 (受容) | いずみ： | 　　［°うそ::°］ |
| 35 (背景) | ち　ほ： | ((→I)) =［店長　　］＞いっつも今月曜日休み |
| 36 | | やねんやん、その＜定休日を:(0.4) うちと: |
| 37 (山場) | | ((→I)) **その**(.) ＞**松井さん**＜っていう人で: |
| 38 | | ＜開ける＞とかって言ってさ:, |
| 39 (結末) | | ＜どうしよう＞とか思っ |
| 39 | | ［てどきどきしてんねん＜］もう((→A)):::: |
| 40 | いずみ： | ［((笑い))　　　　　　　　　］ |
| 41 | ち　ほ： | ((→A)) <u>すごい</u>＞うち＜<u>立派じゃな</u>::［:い？］ |
| 42 | あかね： | 　　　　　　　　　　　　　　　［(　　)］ |
| 43 | ち　ほ： | ((→A)) <u>なんか</u>::ahh.hhhh |
| 44 | いずみ： | すごいな: |
| 45 | ち　ほ： | ((→I))［立　派　］やんな::= |
| 46 | あかね： | 　　　［°出世::°］ |
| 47 | ち　ほ： | ((→A)) =出世するよな:［(ちょっと)］ |

「松井さん」という名前は、実際に店長や話し手がその人物をそう呼んでいる呼称である。すなわち、話し手は「その(.)＞松井さん＜っていう人」という指示表現によって、「開ける」という行為の主体を示すとともに、その人物が店内でどのように呼ばれているのかを表している。

バイト先の居酒屋で最近料理をさせてもらえるようになって喜んでいるちほは、店長からもうひとりの従業員とふたりだけで店を開けるように命じられたという一大事を聞き手に受容してもらうことを期待して語っている。そこで、ちほは32–33行目で「で その人

とあたしふたりで：(0.8)みせ を 開けるとかって：」と叙述した
山場を、35行目以降でもう一度詳細に語り直そうとしている。こ
のとき、ちほは「うち」というよりプライベートな場で用いられる
1人称直示表現を使用し、先輩従業員を指示する表現として、「＞
松井さん＜っていう人」という呼称を用いた非認識用指示表現を選
択している。「その」の後にマイクロポーズが起こっていることや、
名前の「松井さん」が早口で発声されていることから、この形式は
始めから一続きの名詞句としてデザインされたものではなく、その
場で「松井さん」という名前を挿入したものとみなすことができる。
「姓＋敬称（さん）」という、店長や店の従業員がその人物を呼ぶと
きに使う形式を名詞句に埋め込むことによって、店長が命じた発話
の引用に近い形で出来事を高い粒度レベルで詳細に語ることを可能
にしている。そして、「＜開ける＞」をゆっくりと発声することに
よって、店長が命じたという出来事をより詳細に表現している。

　もし、名前に言及しなければ、照応形を用いた「うちとその人で
開けるとかって言ってさ：」と発話することになるが、これでは、
出来事の粒度を高めた語りにはならない。名前と引用発話を用い、
高い粒度レベルで物語の山場を劇的に語ることによって、聞き手の
受容を得るために、語り手は、「うちと：その(.)＞松井さん＜っ
ていう人で：＜開ける＞」という発話のデザインを選択している。

　ここで起こっている現象は、語り手が店長の発話を引用する際に、
名前披露をせずに、引用発話内で初めて名前に言及したものとみな
すことができる。では、なぜ名前披露をせずに、聞き手が知らない
対象の名前に言及しているのだろうか。まず、物語の山場の語りを
名前披露という副次的活動によって分断しないようにするためとい
う理由が考えられる。7.5.8節で見たように、山場に入ってからの
名前披露は、語りの分断を避けるための工夫が必要であった。では、
なぜ引用発話内に、名前を埋め込むことが可能なのだろうか。
(7–26)の事例では、物語の山場で、かなの発話（心の声）を「ど
こ：？」と引用し、それと同じ発話内容の引用を繰り返す際に、
「＜ヴィクトリア＞」コーチズ どこ：h？」と名前に言及している。
同様に（7–27）でも、同じ出来事がすでに一度語られており、名

前指示が行われているのは、やり直された二度目の語りの中である。そのため、聞き手が認識できない指示対象の名前が突然言及されても、それが誰・何のことなのかを推測することができる。よって、その名前を引用発話内に埋め込むことが可能なのである。

　以上の観察から、物語りの山場で行われる名前指示引用では、聞き手に指示対象の理解を促すため、物語を語るという活動を達成するためという両面の理由から、聞き手が認識できると想定していない対象を名前で指示するということが行われていると言える。
では、聞き手が認識できないと想定する対象の名前に言及することによって成し遂げられることとは何だろうか。この問題について、次節で考察する。


## 7.7. 呼称による指示

　前節では、聞き手が認識できないと想定する対象を、後続指示位置で名前を用いて指示する現象について観察した。では、聞き手が知らない対象を名前を用いて指示することによって何が成し遂げられているのだろうか。

　まず、語り手が指示対象の名前に言及することで、その名前でその人物を呼ぶ人の存在を表すことができる。例えば、先の事例（7–27）で語り手が「松井さん」という名前を用いることで、その人物を「松井さん」と呼ぶ店長や従業員の存在が示唆される。（7–28）の会話を見てみよう。7行目で、語り手は「甥っ子」というカテゴリー・タームを用いてその存在を知らせ、18行目で、その甥っ子が「しん君」という名前であることに言及している。

（7–28）［CallHome Japanese 1889］
（（BとAは同じ年頃の子供を持つ母親。先行会話からBの息子「よう君」の成長ぶりが話題になっている。BはAの質問（1–2行目）に返答する機会に、息子の日常の出来事を語り始める。））
01　　　　　A：ご実家に帰られたり（したとき）なんか＞もう＜じゃ
02　　　　　　<u>大変</u>↑なんじゃないですか：？＝

| 03 | | B：＝うちへ帰っ＞て（い）くと＜ |
| 04 | | A：う－ |
| 05 | | B：もう ほら おじいちゃんおばあちゃんって言えるし． |
| 06 | | A：ううん |
| 07 | | B：で **甥っ子**姪っ子もいるでしょ::う？ |
| 08 | | A：ううん |
| 09 | | B：だからもう嬉しくて嬉しくて． |
| 10 | | A：ふ:::ん． |
| 11 | | B：.hhh で ビデオを主人がこう取っ－ 取って来るの |
| 12 | | A：ええ |
| 13 | | B：う－ 私の実家で． |
| 14 | | A：ええ |
| 15 | | 　　　（0.5） |
| 16 | | A：ええ |
| 17 | | B：で 雨の日とかお天気の良くない時にかけて（.） |
| 18 | → | あげるともう.hh **しん君**っていうやっぱり**甥っ子**－ |
| 19 | → | あ**甥っ子っ**＞ていうか＜ |
| 20 | | A：［ううん］ |
| 21 | → | B：[**よう君**]のいとこがいるのね？ |
| 22 | | A：ええ: |
| 23 | | B：hhh 一年生なった子と |
| 24 | | A：［ううん |
| 25 | | B：［あとひとみちゃんていう四歳の子がいて． |
| 26 | | A：う［ん］ |
| 27 | | B：　［で］ひとみちゃんってゆい－ ゆいにくくて |
| 28 | | A：うん |
| 29 | | B：＞まだちょっと＜言えないんだけど |
| 30 | → | B：.hhhh **しん君しん君**って言ってて． |
| 31 | | A：［は::::　］ |
| 32 | → | B：［で　**しん**]君のビデオをかけてみたいな感じでね？ |
| 33 | | A：へえ::: |
| 34 | | B：＜言ったりして＞． |

| 35 | A：ふ：：：ん |
|---|---|
| 36 | B：う：：ん |

　出来事の背景を語っている 18–19・21 行目で語り手Ｂは、「しん君」「甥っ子」「よう君のいとこ」という表現を用いている。「しん君」という名前は、語り手Ｂからみた「甥っ子」の名前でもあるが、主人公の「よう君」がいとこに対して使う呼称でもある。「甥っ子」というカテゴリー・タームは、語り手Ｂと「しん君」とを関連付ける指示表現だが、21 行目でこれを「よう君のいとこ」という、「しん君」と息子の「よう君」を関連付ける表現に修復している。Stivers（2007）による関連付けの分析を援用すると、この指示表現によって、「しん君」と語り手との距離を離し、「しん君」と「よう君」との距離を縮めるということが行われる。このことが、この後の語りの山場を、「しん君しん君」（30 行目）「しん君のビデオかけて」（32 行目）というよう君の発話引用を用いて語るための準備となっている。そのため、「しん君」という名前がよう君が用いる呼称であるということを山場に移る前に事前に知らせておくということがなされているのである。

　もうひとつの理由は、「名前」が人物の関係を指標するということである。名前披露が行われるとき、「名前」の形式は姓・名だけでなく敬称やタイトルなども伴った呼称の形式をとる。そのため、名前に言及する話者が、対象人物をどのような関係の人物として捉えているのかということを「名前」が指標するという点で、物語りの理解を助ける役割を果たす。名前が対人関係を指標する役割を果たすということを、わたしたちが普段から自覚しているということは、次のような会話のなかに見て取ることができる。（7–29）で話し手Ｂは、息子が仲良くしている同級生の兄に殴られたという出来事を語った後、その同級生と息子との関係を説明する際に、名前を呼び捨てにする間柄だということを述べている。

（7-29）［CallHome Japanese 2004］

((Bは中学生の息子が、お祭りを見に行った後、道端でわけもなく上級生に殴られるという事件があったことを語った後、その弟と、Bの息子は幼なじみであると話している。1行目の「自分」はBの息子を、「弟」は同級生を指す。))

| | | |
|---|---|---|
| 01 | | B：［その］ほら　自分は**弟**とnと、ほら、親しいから |
| 02 | | 　　　［遊んではいないんだ］けども. |
| 03 | | A：［弟は真面目な＝　　　］ |
| 04 | | B：［弟］はね，ごく普通. |
| 05 | | A：［弟＝］ |
| 06 | | A：ごく［普通　］？ |
| 07 | | B：　　　［真面目］うん.勉強は馬鹿だけど［ね］. |
| 08 | | A：　　　　　　　　　　　　　　　　［う］： |
| 09 | | 　　　［::ん］. |
| 10 | | B：［ごく普］通で， |
| 11 | | 　　　幼馴染みであまりにもほら遊んだし， |
| 12 | | 　　　自分の子分みたいな［感じなの］. |
| 13 | | B：　　　　　　　　　　　［う::ん］. |
| 14 | | A：ふ：［:::::ん］. |
| 15 | → | B：　　　［子分じゃ］ないんだけどさとしなんて |
| 16 | | 　　　よう呼び捨てに［ね］， |
| 17 | | A：　　　　　　　　　　［う］［ん］. |
| 18 | | B：　　　　　　　　　　　　　［す］る仲なの［弟とは.だから］ |
| 19 | | A：　　　　　　　　　　　　　　　　　　　［ふ::::::::::］:ん. |

　「弟」（1行目）という表現は、すでに話題に上っている息子のことを殴った人物と関連付けて用いられている。一方、この人物がどんな人物かを叙述する際、「幼馴染みであまりにもほら遊んだ」（11行目）「自分の子分みたいな感じ」（12行目）と述べ、息子との関係に言及している。この「弟」の名前が「さとし」であることが15行目で披露される。しかし、この「さとし」という名前は、息子の同級生（「弟」）の名前を知らせるために言及されているわけではない。Bの息子がその同級生のことを「よう呼び捨てにする

第7章　物語りにおける指示表現　**211**

仲」であるということを説明するために言及されている。つまり、ここでは言及される人物が「名＋敬称なし」の形式で呼ぶ間柄であるということを伝えることが重要である。

　ここで用いられた名前は、特定の人物を同定するために使用されているのではなく、ある人物をどのように呼ぶのかを提示し、登場人物との対人関係を指標するために使用されている。後続指示位置で名前が言及される理由のひとつは、名前がこの役割を担うことにある。


## 7.8.　まとめ

　本章では、物語りにおいて、指示表現は、単に指示対象が誰・どこ・何なのかということを伝えるだけでなく、指示対象がどのような人・場所・ものなのかについて聞き手に理解を促し、物語の理解を助ける資源としてデザインされているということを観察した。これは、指示表現が会話活動を成し遂げるように選択（デザイン）されているという側面を例証している。

　そして、聞き手が知らない人物の名前を披露するというプラクティスが、物語りの山場となる出来事をより詳細な粒度で語り、聞き手にどのような立場で物語りを聴くべきかを促すことで、聞き手の反応を引き出すことに寄与することを記述した。このプラクティスは、名前が指示対象を同定するために用いられるだけではなく、語りを詳細化し、物語を語るという会話活動を成し遂げるために用いられることを示している。

　後続指示位置で指示対象の名前に言及することは、Schegloff (1996) が指摘する指示が単に指示対象を指示的に指示すること以上のことを成し遂げるという有標な指示現象の事例のひとつとして捉えることができる。これまで、指示の有標性という概念は、主に聞き手が認識可能と想定される対象を指示する現象について議論されてきたが、本章で取り上げた後続指示位置での名前の使用は、指示の有標性という概念が、聞き手が知らない指示対象にも適用できるということを示唆するものとなる。

\*42 「物語り」という表記は、物語を語るという活動を意味する場合に用いる。物語りの結果生まれた対象を「物語」と表記することにする。

\*43 物語（story）を構造的観点から分析可能であるということを示唆したLobov & Waletsky（1969）は、口頭によるスクリプトのない物語も、書き言葉による物語の言語学的分析と同様に、形式的な構造を持っていると主張している。しかしながら、彼らが分析対象にした物語はインタビューの会見者によって引き出されたものであり、自然発生的な語りを扱っているわけではない。

\*44　8行目で「あれ」が使用されていることからも、この事例での指示対象は「食器運ぶ係」というカテゴリーの一員であると言える。

\*45　第6章4節で述べたように、Schegloff（2000）によって提案された「粒度」という概念は、場所を指示する表現にも適用される。

\*46　ここでの「その」が指示詞なのかフィラーなのか、音声からも判断が難しい。

第8章

# 直示表現の再使用

## 8.1. はじめに

　本章では、相互行為において指示が単に指示的指示以上のことを
成しとげる側面を示す現象をさらに取り上げる。先行話者がある直
示表現を用いて指示した対象を再度指示するとき、話し手があえて
同じ直示表現を用いるというプラクティスが日常会話に見られる。
このプラクティスを「直示表現の再使用」と呼ぶ。直示表現の再使
用は、話し手以外の人物（過去の話し手自身を含む）の視点を指標
し、先行話者が特異な指示表現を用いた指示対象に対して、話し手
自身のスタンスを示す。特に、先行話者の発話に不同意を表明する
とき、笑いを引き起こし会話の場を和ますという面で会話活動に寄
与している。指示対象を表す言語表現だけでなく、音声の音量やス
ピードが聞き手の参与を導く上で関与していることにも注目する。

## 8.2. 直示表現を「再使用」する

　直示表現（deictic expression）は、いつ、だれが、どこで発話し
ているか、という文脈を特定することによってはじめて指示対象を
同定することができる表現である（Fillmore（1975）、Lyons
（1977）、Levinson（1983）参照）。例えば、(8–1) の2行目の
「わたくし」は、Bが用いることによって話者B自身を指示してい
ることを聞き手に伝達する直示表現である。しかしながら、自然会
話では、直示表現が本来の直示的機能を果たすものとして用いられ
ないことがある。(8–1) の4行目でAは「わたくし」という表現
を用いているが、話者A自身を指示しているわけではない。もし
Aがこの表現形式を用いてA自身を指示することを意図している

215

なら、「付いて来る」という直示述語との関係が不整合な文を構築していることになる。そこで、この「わたくし」（4行目）は直前のターンでBが用いた「わたくし」（2行目）と同じ対象（すなわちB）を指示するものとみなすことによって、4行目の発話を意味のある発話として理解することができる。

（8-1）［CallHome Japanese 1629］*47
((アメリカ在住の女性Aと日本在住の女性Bとの電話による会話。Bは息子のあきらから、現在の職場を早期退職して家族でアメリカに移住しようと計画していることを最初に聞いたときには反対したが、今は認めていると話す。))

```
01      B：.hhhh ＞(ほ) ん＜でまああきら達はいいけど：
02  →      .hhh  ＜わたくし＞をどうしようか［と (h) 思って］
03      A：                    ［hhhh hh. hh   ］h
04  ⇒      わ：た［く］しは付いて来なく［ちゃhhahhaha］a: ta
05      B：      ［he］          ［.hh hhahhaha ］
```

　ここで、あるAの視点に基づいて用いられた直示表現形式をBが再び用いて同じ対象を指示する直示表現の「再使用」が行われている。（以後、直示表現を最初に用いる話者を「先行話者」、それを「再使用」する話者を「後続話者」と呼ぶことにする）*48。そして、本章では指示を相互行為の一環とみなす立場から、直示表現の「再使用」という指示表現の選択によって成し遂げられていることは何か考察する。

## 8.3. 有標な指示表現

　直示表現の「再使用」は有標な指示行為である。（8-1）の4行目で行われた「わたくし」という直示表現の「再使用」は、2行目のBの「問題提起」という行為に対するAの「応答」という隣接対（adjacency pairs）の第2句で起こっている。これは、第2章で述べたように、Schegloff（1996）が連鎖上の位置の観点から定義している後続指示位置に相当する。したがって、日本語では一般に

照応形（例えばゼロ代名詞）が使用される場所である。それにもかかわらず主語が明示されているという点で「わたくし」の「再使用」は有標である。さらに、聞き手を一人称の直示表現形式を用いて指示しているという点でも有標である。実際にこの会話の他の場面で、A は B を「おかあさん」という親族名称で指示していることから分かるように、指示対象を同定するために必ずしも「わたくし」という表現を使用する必要はないのである。では、このように他に使用できる表現の選択肢がありながら、あえて有標な指示が行われているのはなぜなのだろうか。それは、無標の指示を行わないということによって、話者が単に指示対象を同定すること以上に何か行っているということを伝達する（Stivers（2007））ためだと考えられる。

　先行話者の指示もまた有標である。（8–1）の 2 行目で、B は「わたくし」という改まった（formal）直示表現形式を用いている。この会話で普段 B は A を「あんた」と呼んでいるが、そのような親しい間柄で、B が A に対して自分のことを「わたくし」と改まった表現で指示することは有標である。実際、他の場面では B は自分のことを指示するとき、「あたし」や「わし」という表現形式を用いている。もしこのような無標の指示表現形式を（8–1）の先行話者 B が用いていたとしたら、後続話者 A は同じようにそれを「再使用」するだろうか。直示表現の「再使用」は後続話者が行う行為ではあるが、後続話者のみに関わる問題ではないように思われる。先行話者の指示行為が、後続話者の指示行為に影響を及ぼす側面を考慮する必要があるのではないだろうか。

　本章の分析対象は、特に、先行話者の指示行為が後続話者の指示行為に影響を与えるという側面と、話者が単に指示的（referential）に対象を同定するだけでなく、その対象をどのような視点で捉えているかを伝達するという側面（井出・櫻井（1997）、Stivers（2007））を考慮することの重要性を示唆している。直示表現の「再使用」という現象は、使用会話データ中にわずか数例しか現れないというタイプの現象ではあるが、指示が相互行為において成り立つ側面を顕著に示す現象のひとつである。そして、会話のいかな

る場面においても、話し手は意味のある発話をデザインするために
何らかの方策を用いていると仮定するならば、このような有標な現
象について議論することには意義があると思われる。


## 8.4. 事例

では、先に述べた観点から、（8−1）に示した事例を中心に検討
することにする。会話の前後の部分を含め（8−2）に示す。

（8−2）［CallHome Japanese 1629］

```
01      B：だから：.hh んーまあ あきら達::幸いとゆうか その
02         .hh そういうまあ希望を持てる：.hh  u−仕事があるっ
03         ていう事がいいんじゃないかなっと［思ってね  ］
04      A：                     ［ほ::んと：］よ
05         ↑ね::
06      B：.hhhh ＞(ほ）ん＜で まあ あきら達はいいけど：
07  →      .hhh ＜わたくし＞をどうしようか［と (h) 思って］
08      A：                    ［hhhh hh. hh ］h
09  ⇒   わ：た［く］しは付いて来なく［ちゃ hhahhaha］a: ta
10      B：   ［he］        ［.hh hhahhaha ］
11  ⇒   A：わ［たくしだけ日  ］本に［いる］訳に ＝
12      B：  ［.hhe (.) he (.) he］    ［hh ］
13      A：＝いかない［でしょ hohoho］
14  →   B：      ［わたくしが .hh］(.) .hh もう段々
15         年取っ［て］いく n ［(.)］ し
16      A：    ［hu］      ［.he］
17      B：［.hhh ］［言葉 ］は分からない［のに ］
18      A：［he: he］［.hehe］       ［hh ha］haha
19         ［hahahahahe］
20      B：［ついて行って］h ［h ］あ［の］.hh 自分の：＝
21      A：          ［he］   ［hh］
22      B：＝ .hh おー  おり場所が (h) ない［hh h］［と hehe ］
```

218

| 23 | | A： | ［hh.h］［そんな事］ |
|---|---|---|---|
| 24 | | B：hha | |
| 25 | | A：↑ない［じゃない ha hahahahahahahaha.hhhe］ | |
| 26 | | B： ［hhaha.hhh h ha hehahaha.ha hah ］ | |
| 27 | ⇒ | A：それ［こ］そ**わたくし**の腕を持って来てくれれ＝ | |
| 28 | | B： ［（ ）］ | |
| 29 | | A：＝［ばみ：ん］な［仕事が］いっぱいある＝ | |
| 30 | | B： ［hhehaha］ ［hahaha］ | |
| 31 | | A：＝［と思うよ ］：： | |
| 32 | | B： ［.hh hh.hh］aha.hh.hh | |
| 33 | | A：haha | |

　ここで行われている活動を概観すると、1行目から3行目で、Bはこれまで問題にしてきた息子たちの移住計画について自分の考えを最終的にまとめている。それに対して4–5行目でAが同意を示した後、Bは6行目で息子達の話題を終わりにし、7行目では「＜**わたくし**＞」という1人称の直示表現を明示的に用いて、自分自身の問題を提起し始めている。それに対して、AはBのターンの終盤に重複して笑い（8行目）、Bのターン構成単位が終わると同時に「わ：たくしは付いて来なくちゃ」とあたかもBの悩みを一掃するかのように即座に解決策を示している。その理由を、11–13行目で、Bがひとりで日本にいるわけにはいかないと述べている。こうしてBの問題が解決に向い、話題が収束しかかると、14行目でBは「わたくしが」と明示的に直示表現を用いて話題を継続し、渡米に伴って予測される事態を具体的に述べることで自分自身に関する問題を再提示している。しかし、それに対してもAはBのターンの途中で笑って反応し（18–19行目）、23・25行目ではBのターンの終盤に重複してBの発言内容を否定し、さらに27・29行目ではその根拠を述べている。

　注目する現象は、隣接するターンで起こっている。7行目の「わたくし」が9、11行目で「再使用」され、14行目の「わたくし」が27行目で「再使用」されている。次節では、まず、先行話者に

よる最初の指示（7行目）と、それに対応する「再使用」（9、11行目）の特徴をみることにする。

## 8.5. 先行話者の指示

7行目でBは「わたくし」という改まった表現形式を比較的遅い速度で発声している。つまり、言語表現の面でも韻律の面でも有標な形式を用いていることが分かる。そうすることでBは、単に自分という対象を指示的に指示するだけでなく、発話場面において話者が指示対象をどのように捉えているかというスタンスを示している。普段AはBのことを「おかあさん」と呼び、BはAのことを「あんた」と呼ぶ間柄であるにもかかわらず、Bはここで「わたくし」というこれまでとは異なるスピーチ・レベルの表現形式を選択している。よりフォーマルな指示表現を用いることによって、Bは、会話のこの場において、自分の社会的立場を、Aより年長の近しい親族としてではなく、アメリカ生活のエクスパートであるAに対して、謙虚にアメリカには居場所がないという自身の悩みを告白する相談者として位置付けている[49]。それは、「＜わたくし＞はどうしようか」ではなく「＜わたくし＞をどうしようか」と述べていることから、「段々年取っていくし言葉は分からない」自身の身の振り方を、自分の意志で決められるものではなく、だれかに決めてもらわないといけない問題として捉えていることにも示されている。

## 8.6. 後続話者の「再使用」

9行目で後続話者Aは、先行話者Bが用いた「＜わたくし＞」と同一の言語形式を同様の韻律（LHHH）を用いて「再使用」している。「再使用」時には「わ：たくし」というように第一音節を伸ばすことで、先行話者の「＜わたくし＞」（7行目）のゆるやかな速度に表されている有標な音韻的特徴を再現しようとしている。この「再使用」によって後続話者Aは「わ：たくし」が、先行話者Bの「＜わたくし＞」と同じ対象を指すことを表すだけでなく、「わ：

220

たくし」という表現形式が指標する相談者としての視点は先行話者Bに帰属するものであるということを伝達している。

　後続話者Aは11行目でも「わたくし」を「再使用」している。このことは、いったん「再使用」された直示表現は繰り返し同じ機能を果たしうるということを示している。同一話者が「再使用」を繰り返すことで、「解決策の提示」（9行目）と「理由説明」（11行目）という行為連鎖の結びつきが言語表現の面でも支えられている。

## 8.7. 直示表現の「再使用」の会話活動への貢献

### 8.7.1. 後続話者のターン構成

　直示表現の「再使用」は、会話で行われる活動にどのような貢献をしているのだろうか。ここで、後続話者のターンの構成に注目してみよう。（8–3）に示すように、直示表現の「再使用」によって、後続話者のターン内には先行話者の視点を指標する要素が混在することになる。

（8–3）　09 ⇒ A：hhhh hh. hhh　　**わ：たくし**　　は付いて来なくちゃ
　　　　　　　　　　　後続話者視点　　先行話者視点　　後続話者視点

　　　　11 ⇒ A：**わたくし**　　　　だけ日本にいる　訳にいかないでしょ
　　　　　　　　　先行話者視点　　　　後続話者視点

　　　　27 ⇒ A：それこそ　　　　　**わたくし**　　　の腕を持って来てくれれば
　　　　　　　　　後続話者視点　　先行話者視点　　後続話者視点
　　　　　　み：んな仕事がいっぱいあると思うよ：：
　　　　　　後続話者視点

　一方、後続話者のターンの冒頭や末尾には笑いや「〜なくちゃ」「〜でしょ」「思うよ」という主観性を示す要素が生起しているため、ターン全体としては後続話者の視点から述べたものとして認識されるように構成されている。

## 8.7.2. 笑いの発生

それでは、1つのターンに異なる話者の視点が混在することによって成し遂げられることとは何だろうか。まず、会話参加者間に笑いが生まれるということである。(8-2) では、先行話者 B が有標な指示を行ったことによって、そのターンの終盤に重複して後続話者 A の笑いが生じている（8行目）。そして、その有標な指示行為に呼応して後続話者 A が「再使用」を行ったターンの終わりで、会話参加者双方から笑いが起こっている（9・10行目）。特にこの事例では、直示名詞「わたくし」が直示述語「付いて来る」や「持って来てくれる」と整合しない発話が行なわれたこととも相まって、一見すると直示表現の誤用とも受け取れる言語使用のおかしさゆえに笑いが生まれている。

一方、先行話者のターンをみると、すでにこの段階で話者は自分のターンに笑いを交えている。つまり、Jefferson（1979）が指摘するように、話し手自身がターンの途中か終わりかけに笑いを交えることによって聞き手の笑いを誘うという現象が起きている。この笑いは、聞き手にその場の活動をどのように捉えたらよいかというレベルで聞き手の参与を促している。この事例では、会話参加者は悩みを相談するという場の深刻さを軽減しながら会話を行なうことが可能となっている。

## 8.7.3. 直示表現形式の取り込みと指標性

第二に、「再使用」された直示表現の指標する視点は先行話者に帰属するということが伝達されるため、後続話者は先行話者の視点にコミットせずに意図した活動を実行することができるということである。この点に関して、まずは、第3者を指示する事例をみてみよう。(8-4) の19行目で B は「あんな人」という直示表現を用いている。その直後の21行目のターンで指示対象と面識がない A が「あんな人」という表現形式を用いているが、これは先行話者 B が用いた直示表現の「再使用」である。

（8–4）［CallHome Japanese 1237］

((アメリカ在住の女性Ａと、そのおばで、日本で教員をしているＢとの電話に
よる会話。Ｂは勤務先の校長が嫌いであると述べ、一般に校長職はこどもを見
ようとしているというより体裁を繕っている人が多く、人が良い先生は一生こ
どもと一緒にいたいから管理職にはならないと述べる。ＡはＢが校長になれば
よいと言う。))

```
01      A：＞だから＜みきおばちゃんが：[.hhh]
02      B：                              ［駄目.]
03      A：な ［って::          ］
04      B：  ［＞私（絶対）＜］駄目.心が狭い［け絶（.）対      ］
05      A：                                ［hh hh hh hha hha]
06      B：駄目.
07      A：[.hhh]
08      B：[.hhh]＞私＜［あ－  ］今の女校長見て思った.
09      A：            ［ahaha］
10      B：.hhh もう なんかさ：,（.）心の狭さが
11          女性（.）特有＞って言ったら＜おかしいんかね,
12      A：↓あん
13      B：あ：女性でもおっきい人：［おるわよ   ］
14      A：                        ［＞女性＜特］有じゃないよ. ＝
15      B：＝じゃないね.
16      A：うん
17      B：人によって違うんだよね. ＝
18      A：＝はい.
19  →   B：あんな人みたいになったらいけ（h）んと（hh）
20          思（hh）うけ（h）さ.hhh＜なれない＞.
21  ⇒   A：.hh ＞いや＜ .hhh なって あん［な］人［じゃ］ない＝
22      B：                          ［hu］  ［hu ］
23      A：＝ようになったらい［いん］じゃ［ない］
24      B：                  ［.hh ］    ［.hh ］
25      A：それで女の人－ そ［の：下］の人をちゃんと引っ張って
26      B：                ［.hhe::]
```

第8章 直示表現の再使用　223

| 27 | A：.hhh［いい方に伸ばすと ］.ね：：
| 28 | B： 　　　　　［(できるの) かな：：：］
| 29 | A：そういう風に考えて管理職になったらどんどん
| 30 | 　　　　.hh いい方向［に

　1–2行目でAはB自身が校長になればよいと提案しようとするが、そのターン構成単位が終わらないうちに、Bはそれを拒否している。その理由として、4行目で自分の「心が狭い」ことに言及し、8行目では自分は校長にはなれないと「今の女校長を見て思った」と述べている。勤務先の校長を「女校長」と表現していることや、10–11行目で「もうなんかさ：心の狭さが女性（.）特有」と述べていることから、この時点で、Bは女性特有の心の狭さは校長職には向かないと考えていることが分かる。

　しかし、Bは11行目の途中で、心の狭さを性別と結び付けるのは「おかしい」のかもしれないと気づく。11行目後半の「＞って言ったら＜おかしいんかね」から18行目のAの「はい」までの連鎖によって、「心の狭さ」は「女性特有」ではないということが双方の了解事項となる。したがって、ここでは、先にBが考えていた、心の狭さゆえに自分は校長職にはなれないという理由付けは成り立たないということが両者の共通理解となる。その直後の19行目で、Bは「あんな人みたいになったらいけ（h）んと（hh）思（hh）うけ（h）さ」と再び理由を挙げて、自分は校長に「＜なれない＞」と主張する。この主張に反論する21行目のAのターンで「あんな人」が「再使用」されている。

　「あんな」という指示詞は、話者が直接経験に基づいて指示対象の何らかの属性を認識し、そのような属性を持つ指示対象に対して話者が抱いている評価・感情を聞き手にも理解できると想定していることを伝達する。しかし、対象人物と面識がないAがここまでの会話で認識していることは、その人物がBの勤務先の校長であり、女性であり、Bに心が狭いと評価され、Bが嫌っている人物であるということだけである。したがって、AにとってBの発話は、Bがすでに理由として成立しないことが確認されているにもかかわらず、

再び同じ理由で同じ主張をしているように聞こえるのである。

　一方Bは、「あんな人」という指示表現形式を用いて、Bは自分が校長には「なれない」という主張がもはや通用しない理由（女性であることに起因する心の狭さ）によるものかどうかをあいまいにしたまま、もっぱら今の女校長みたいな人のようになったらいけないという主張を固持しようとしているのである。

　21行目で後続話者Aは、「あんな人」を「再使用」することによって、「あんな人」が指標する視点は先行話者Bに帰属するということを伝達する。したがって、この「再使用」された「あんな人」は、「どんな人物であれ、先行話者Bがそのように認識・評価している人」という意味を表す。つまり、AはBが対象人物をどのように捉えているのかということにA自身の視点を交える意思がないということを伝達しているのである。

　仮に後続話者Aが「そんな人」を用いていたらどうだろうか。「そんな人」を用いた場合は、Bが対象人物をどのような人物と捉えているかをAも理解しているということを示すことになる。しかし、実際は「あんな人」という表現形式によってBがどんな人を意図しているのかそれ自体があいまいなため、Aに対象人物がどんな人物か理解できるはずはない。そこでAは、直示表現の「再使用」という手段を効果的に用いて、理由をあいまいにしたまま自分の主張（Aの提案に対する拒否）を固持しようとするBに即座に反論するという目的を達成しているのである。

　では、ここで（8–2）の事例に戻って、どのようなことが起こっているか考えてみよう。14行目の先行話者Bのターン冒頭では、最初に指示を行った7行目と同様の速度、同様の韻律で「わたくし」という表現形式が発話されている。そうすることによって、Bは7行目の「わたくし」と同一の指示対象を同じ視点から捉えていることを伝達し、一度収束しかけた悩み相談という活動が継続中であることを示している。そして、12行目から19行目にかけては、自分が渡米したら健康面でも言葉の面でも家族に心配をかけるだけの厄介な存在になると懸念していることを具体的に説明し、Bが提示した問題はAが即答で簡単に解決できるようなことではなく、

第8章　直示表現の再使用　　225

もっと深刻な問題であるということを伝えようとしている。

それに対して後続話者AはBのターンの途中で笑って反応し（16・18–19行目）、その直前のターンの終盤に重複して「そんなことないじゃない」とBの懸念を否定している（23・25行目）。さらに、今回はBひとりだけが日本にいるわけにはいかないという消極的な理由ではなく、周囲の人々が助かるという積極的な理由から渡米を勧めている。AはBとともに笑いながら、Bの人生にとっての重大問題に楽観的な回答をもって対処している。27行目のAによる「わたくし」の「再使用」は、先行話者Bの用いた直示表現形式を取り込みつつも、Bが指標する相談者の視点にはコミットする意思がないということを伝達している。そうすることによって、Bが提起した問題に真正面から取り組むことなく問題解決に向けて話題を収束していくという活動を進めることが可能になっているのである。


## 8.8. まとめ

本章では、会話にみられる直示表現の「再使用」という指示活動が会話活動に寄与する側面について論じた。このプラクティスでは、話者が異なる視点を指標する直示表現形式をターン内に取り込むことによって、1）会話参加者間に笑いを生み、2）後続話者は先行話者のスタンスにコミットせずに意図した活動を遂行する、という有標な指示行為ならではの仕事がなされていることを考察した。

この現象は、先行話者が最初の指示位置で用いる表現の選択が後続話者の指示表現の選択に影響を与え、後続話者が有標な指示表現を選択するという2つの点で、指示表現が単に指示対象を指示的に指示すること以上のことを成し遂げている。その意味で、直示表現の「再使用」は、相互行為の要請によって指示表現がデザインされるということを例証する現象である。

＊47　→は先行話者による指示、⇒は後続話者による「再使用」が行われてい
る箇所を示している。本章の以下の事例も同様。

＊48　この現象は、後続話者が先行話者の発話の一部を「直接引用」したもの
とみなすことができる。「引用」という用語は元発話全体を引用対象にする場
合を念頭に置いて用いられることが多いので、本書では「再使用」と呼ぶこと
にする。

＊49　ただし、Bの声色やターン終盤の笑いにより、Bは文字通り相談をもち
かけているというよりは、相談者としての役割を演じているように聴こえる。

第**9**章

# 結論

## 9.1. 本研究のまとめ

本研究では、指示を相互行為の一環とみなす会話分析の視座から、会話者間で行われる指示対象の認識・理解をめぐる交渉の手続きを記述した。そして、会話の中で話し手は、その場その場で変化する状況に応じて、聞き手の知識に関する想定を調整しつつ、指示対象の認識・理解を求めるとともに、会話の主活動を達成するために指示表現を選択（デザイン）しているということを明らかにした。

以下の節では、本研究の論点をまとめ、本研究が指示研究に与え得る示唆と今後の課題について述べる。

## 9.2. 本研究の論点

### 9.2.1. 指示活動と指示表現の選択指針

会話において、話し手は、その場その場で、聞き手の知識に関する想定を確認・更新しながら、指示表現を選択していることを明らかにした。話し手が想定する聞き手の知識には、(a) 指示対象を何と呼ぶか、(b) 指示対象はどのようなものか、という側面がある。話し手が指示上の問題に直面したとき、それに対処する活動（指示活動）において、聞き手との間で指示対象の共通認識や共通理解を得るために提供される資源のうち、(a)(b) のどちらを優先するかを見ることにより、話し手が指示表現を選択（デザイン）する際に拠って立つ指針を解明することができる。このような会話分析の方法論を用いて、日本語においても「聞き手に合わせたデザインの選好」「名前の選好」「タームの選好」という指針にそって指示表現が選択されることを検証した。

229

具体的には、唯一的に同定可能と想定する指示対象の認識を確認する活動（第3章）では、まず「名前」を提示して聞き手の反応をみ、名前で認識できない場合は描写を用いて認識の追求が行われるということが観察された。指示対象のカテゴリーの知識を聞き手が持っているかどうか調べる活動（第4章）では、聞き手に指示対象のカテゴリーに関する知識（カテゴリーを表すターム、カテゴリーの属性）があると想定しているならばその「ターム」を用いなければならないという指針にそって指示表現がデザインされることを検証した。言葉探しを伴う指示活動（第5章）では、話し手が名前やタームの産出が困難な状況で、聞き手と協働で名前やタームを探索する。それが困難な場合は、指示対象の属性に関する認識の証拠提示により、共通認識・共通理解が成り立つものとみなせるならば、会話を進めているということが観察された。このような現象から、「名前の選好」と「タームの選好」という指針にそって指示表現を選択（デザイン）しているということが検証できる。

### 9.2.2.　人物の指示からものの指示へ

　これまで、会話分析の手法を用いた指示に関する研究では、人物や場所を指示する現象を中心に分析がなされてきた。本研究では、ものを指示する場合も分析の対象に含めた。

　人物や場所を指示する現象は、「名前」を用いて、個体識別可能な対象を同定するのに対し、ものを指示する場合は、指示対象が「名前」によって個体識別されるわけではない。そのため、ものを指示する現象を、人物や場所を指示する現象と全く同じアプローチで分析するわけにはいかない。しかし、人物を名前で指示する場合と描写を用いて指示する場合があるように、ものを指示するときにも、そのカテゴリーを指示する「ターム」を用いる場合と、描写を用いる場合がある。このものを指示するためのタームと描写の関係が、人物を指示するための名前と描写の関係と平行的であるとみなすことによって、より広範囲の指示現象を記述できることを示した。

### 9.2.3. 聞き手が知らない対象を導入する指示現象

本書では、聞き手が認識できると想定される対象のみならず、聞き手が知らないと想定される対象を指示する活動も分析対象とした。これにより、聞き手が知らない人を紹介したり、買い物の手配を依頼したり、聞き手が知らない出来事を報告したりするなどの会話活動を成し遂げるために、聞き手が知らないと想定する対象について（会話の進行途中で聞き手が知らないということが判明した場合も含め）適切な理解を促すために、どのような活動が行われるのか観察することができた。その結果、第6章で見たように、聞き手が知らない対象を指示するときも、話し手は「名前の選好」に志向しているということ、聞き手が認識可能と想定される知識と関連付けて指示対象を理解できるように指示表現をデザインしているということが明らかになった。

### 9.2.4. 聞き手に合わせたデザイン

本書では、話し手が聞き手の知識状態を想定して指示表現を選択（デザイン）している側面を明らかにし、この証拠事例となるプラクティスを指摘した。

まず、「二段階の認識確認」（話し手が意図する対象と関連する別の対象を聞き手が認識可能であることを確認した上で、意図した対象の認識要求を行うプラクティス）は、聞き手が認識可能な対象と関連付けよ、という指針にそって指示が行われることを裏付ける（第3章3.4節）。これらの指針は、聞き手が知らない対象を指示する場合にも適用されることを明らかにした（第6章6.5.1節）。

また、「二段階のカテゴリー指示」（話し手が念頭に置いている指示対象と関連する別の対象のカテゴリーの知識を聞き手が持っていることを確認した上で、それと関連づけて意図した対象のカテゴリーに関する知識を調べるプラクティス）が行われることも観察した。これは、聞き手が理解可能なカテゴリーの知識に関連づけよ、という指針にそって指示が行われることを証拠づける（第4章4.5節）。また、この指針は、聞き手が知らない対象を指示する際にも適用されることを議論した（第6章6.5.2節）。

### 9.2.5. 会話活動の達成

本書では、会話活動の一環としてなされる副次的指示活動のプラクティスを記述し、以下の観察をもとに、指示活動が会話の主活動を成し遂げるようにデザインされることを明らかにした。

指示対象の共通認識が前提となる主活動（依頼、質問など）が行われるとき、聞き手が認識可能と判断できるまでその追求が行われる。そして、話し手の想定に反して、聞き手が指示対象を認識できないということが判明したとき、話し手は当初の想定を更新して、聞き手が知らないと想定する存在告知のプラクティスを用いて、依頼や質問を成し遂げている（第3章3.6節）。

同様に、依頼や質問の活動を成し遂げるために、指示対象のカテゴリーについて、聞き手が理解可能と判断できるまでその知識を追求する活動が見られる（第4章4.4節）。

話し手が申し入れた要望が聞き入れてもらえそうにないと知ったとき、聞き手の知らない対象の名前を伴う存在告知プラクティスを用いてより詳細な根拠説明を行うことにより、要望が受け入れ可能になった（第6章6.4節）。

物語の出来事の概要、舞台設定、背景・状況説明時に導入される登場人物や場所を指示する表現が、物語の理解に寄与するようにデザインされている（第7章7.3節および7.4節）。

### 9.2.6. 有標な指示表現による会話活動への貢献

本書では、従来談話の一般的原則とみなされてきた、一度言及した対象を再び指示するときには照応形を用いるという原則に抵触する現象に着目した。そこで行われる指示表現の選択は、相互行為上の要請によって生じたものであり、「有標な指示」として説明されるということを示した。

ひとつは、聞き手が知らない人物や場所を最初に言及するときにはカテゴリー・タームを用い、後続指示位置では指示対象の名前に言及する現象である（第6章6.5節、第7章7.5節および7.6節）。特に、物語りの山場で聞き手が知らないと想定される人物の名前に言及する「名前披露」は、物語の山場を詳細に語り、聞き手に物語

りの理解と受容を促すという相互行為上の要請によってなされたものであることを論じた。

　もうひとつの現象は、先行話者が用いた直示表現と同じ形式を後続話者が再度用いて、同一の対象を指示する「直示表現の再使用」と呼ぶ現象である（第8章）。これは、指示表現の形式の面からは、一見直示表現の誤用ともとれる現象であるが、指示表現の連鎖上の生起位置と、指示表現を含むターンによって成し遂げられる活動に目を向けることによって、この有標な指示表現の使用が、話し手のスタンスを示すという点で会話活動に貢献しているということを主張した。

　このような有標な指示現象は、話し手が指示対象が誰・どこ・何かを伝えるだけでなく、会話活動を成し遂げるために指示表現を選択（デザイン）していることを示している。

## 9.3.　本研究が示唆することと今後の課題

### 9.3.1.　指示を相互行為の一環として捉える視点

　Stivers et al. (2007: 7) が指摘するように、言語学における指示研究では、人称指示と照応に議論が集中してきた。その中で、指示表現をテクストの結束性（cohesion）を保証する機能を果たすもの（Halliday & Hasan（1976））として捉える見方がある。

　しかし、本書で取り上げた、指示対象（個体、カテゴリー）に関する聞き手の認識や理解をめぐる活動は、指示が活動によって成り立つものとみなすことによって説明可能となる現象であり、指示が言語形式上の結び付きという観点では捉えきれない側面があることを示唆している。本書では、指示を相互行為活動の一環として捉える視点を導入することにより、より広範囲の指示現象を捉えることができるということを示した。

### 9.3.2.　会話者の想定の変化を考慮した指示研究

　談話分析において、指示表現の選択は聞き手の認知状態に関する想定に応じて行われるという観点から、Prince（1981）の

Familiarity、Prince（1992）の情報構造、Gundel et al.（1993）によるGivenness Hirarchyなどの枠組みが提案されてきた。これらの研究は、話し手が聞き手の認知状態を適切に想定できるということを前提にしている。しかし、実際の会話では必ずしも常に話し手が聞き手の知識の状態を適切に想定できるとは限らず、会話の途中で自身の想定が適切であったことを確信したり、当初の想定が誤りであることが判明したりすることがある。

　本書では、話し手が聞き手の知識を想定して指示表現を選択しているという側面は確かにあるが、その想定は会話の進行とともに変化するという視点を加味することによって、会話参加者が、その場その場で、お互いの知識に関する想定を調整しながら協働で指示対象の認識や理解を確立していく実践の中に、会話活動を成し遂げられるように指示表現をデザインせよ、という指針を見出すことができるということを主張した。

### 9.3.3.　属性的指示の会話活動への貢献

　本書で記述した現象は、Donnellan（1966）が提唱した「指示的指示」と「属性的指示」という概念の有用性を示唆している。指示対象の認識をめぐるプラクティス、指示対象のカテゴリーの知識を調べるプラクティス、言葉探しを伴う指示のプラクティス、聞き手が知らない対象の存在を告知するプラクティス、物語に人物・場所・ものを導入するプラクティスにおいて、話し手は念頭に置いている指示対象の属性を適切に描写し、それを聞き手が適切に理解することによって、会話の主活動が達成されるということが明らかになった。

### 9.3.4.　指示詞の役割の解明

　本書で取り上げた指示活動のプラクティス（指示対象の認識を確認するプラクティス、カテゴリーの知識を調べるプラクティス、言葉探しを伴う指示のプラクティス、存在告知のプラクティス）を記述することによって、指示詞の相互行為上の役割を見出すことができた。これらの指示活動において、指示詞「あれ」「それ」は、直

前までの副次的活動が終わり会話の主活動が再開されるという、連鎖の境界を合図する。そして、話し手が念頭に置いている指示対象について、聞き手に求めている適切な認識や理解が得られたものと判断したということを示唆する役割を果たしている。

　時間とともに変化する状況を考慮する会話分析の手法は、指示詞の表現形式の選択要因の解明にも示唆を与えるものと考えられる。第6章6.6節で論じたように、話し手が聞き手の知識に関して誤った想定をしていたということが、会話の中で聞き手が示す反応によって判明することがある。その際、話し手が聞き手の知識に関する想定を修正し、指示活動を修復する過程において、指示詞（ア系・ソ系）をどのように選択するのかという点に注目することによって、指示詞の機能を解明することができる。本書では、聞き手の知識のみなしに基づいてア系・ソ系が選択されるということの証拠を、指示活動の拡張事例のなかに見出すことができる可能性を提示したが、今後さらに詳細な分析に基づく検証が必要である。指示表現の選択指針を、直観ではなく私たちの行動の志向性として観察可能とする会話分析のアプローチは、日本語の指示詞の研究にも寄与するところが大きいと考えられる。

# 参考文献

安藤貞雄. 1986a.「日英語のダイクシス（上）」『英語教育』2: 70–75.

安藤貞雄. 1986b.「日英語のダイクシス（下）」『英語教育』3: 74–79.

Ariel, Mira. 1990. *Accessing* Noun-Phrase *Antecedents*. London: Routledge.

Ariel, Mira. 1991. "The Function of Accessibility in a Theory of Grammar," *Journal of Pragmatics* 16: 443–463.

Auer, J. C. P. 1984. "Referential Problems in Conversation," *Journal of Pragmatics* 8: 627–648.

Brennan, Susan. E. and Herbert H. Clark. 1996. "Conceptual Pacts and Lexical Choice in Conversation," *Journal of Experimental Psychology: Learning, Memory, and Cognition* 22（6）: 1482–1493.

Brown, Penelope. 2007. "Principles of Person Reference in Tzeltal Conversation," In N. J. Enfield, and T. Stivers (eds.) *Person Reference in Interaction: Linguistic, Cultural, and Social Perspectives*, Cambridge: Cambridge University Press, pp.172–202.

Carston, Robyn. 2002. *Thoughts and Utterances: The Pragmatics of Explicit Utterances*, New Jersey: Wiley-Blackwell.

Chafe, Wallace L. 1970. *Meaning and the Structure of Language*. Chicago: University of Chicago Press.

Clark, Herbert H. and Bangerter, A. 2004. "Changing Conceptions of Reference," In I. Noveck and D. Sperber (eds.) *Experimental Pragmatics* : Basingstoke, England: Palgrave Macmillan, pp.25–49.

Clark, Herbert H. and Susan. E. Haviland. 1977. "Comprehension and the Given-New Contract," In R. O. Freedle (ed.) *Discourse Production and Comprehension*, Norwood, NJ: Ablex, pp.1–40.

Clark, Herbert H. and Marshall, C. R. 1981. "Definite Reference and Mutual Knowledge,". In A. K. Joshi, B. Webber, and I. Sag (eds.) *Elements of Discourse Understanding*, Cambridge: Cambridge University Press, pp.10–63.

Clark, Herbert H. and Deanna Wilkes-Gibbs. 1986. "Referring as a Collaborative Process," *Cognition* 22: 1–39.

Cornish, Francis. 1987. "Anaphoric Pronouns: Under Linguistic Control or Signalling Particular Discourse Representations ?," *Journal of Semantics* 5: 233–260.

Cornish, Francis. 1996. "'Antecedentless' Anaphors: Deixsis, Anaphora, or

What ? Some Evidence from English and French," *Journal of Linguistics* 32: 19–41.

Donnellan, Keith S. 1966. "Reference and Definite Descriptions," In A. Kasher (ed.) *Pragmatics—Critical Concepts—*3: 5–23. London: Routledge. [Reprinted from *The Philosophical Review* 75: 281–304.]

Downing, Pamela A. 1996. "Proper Names as a Referential Option in English Conversation," In B. A. Fox (ed.) *Studies in Anaphora*, Amsterdam/Philadelphia: John Benjamins, pp.95–143.

Enfield, Nick. J. and Tanya Stivers (eds.) 2007. *Person Reference in Interaction: Linguistic, Cultural and Social Perspectives.* Cambridge: Cambridge University Press.

Enfield, Nick J. 2012. "Reference in Conversation," In J. Sidnel and T. Stivers (eds.) *The Handbook of Conversation Analysis,* West-Sussex: Wiley-Blackwell, pp.432–454.

Fillmore, Charles J. 1975. *Lectures on Deixis.* Reproduced by CSLI, Stanford.

Ford, Cecilia E. and Barbara Fox. 1996. "Interactional Motivations for Reference Formulation: *He* had. *This* guy had, a beautiful, thirty-two O: lds," In B. A. Fox (ed.) *Studies in Anaphora*, Amsterdam/Philadelphia: John Benjamins, pp.145–168.

Ford, Cecilia E., Barara A. Fox and Sandy A. Thompson. 2003. "Social Interaction and Grammar," In M. Tomasello (ed.) *The New Psychology of Language: Cognitive and Functional Approaches to Language Structure*, Mahwah, NJ: Lawrence Erlbaum Associates, pp.119–143.

Fox, Barabara. A. 1987. *Discourse Structure and Anaphora: Written and Conversational English.* Cambridge: Cambridge University Press.

Garrod, Simon C. and Anthony J. Sanford.1981. "Bridging Inferences and the Extended Domain of Reference," In J. Long and A. Baddeley (eds.) *Attention and Performance* 9: 331–346.

Givón, Talmy. 1984. *Syntax: a Functional-Typological Introduction.* Vol. 1. Amsterdam/Philadelphia: John Benjamins.

Goodwin, Charles. 1984. "Notes on Story Structure and the Organization of Participation," In J. M. Atkinson and J. Heritage (eds.) *Structures of Social Action: Studies in Conversation Analysis*, Cambridge: Cambridge University Press, pp.225–246.

Goodwin, Charles. 1986. "Between and Within: Alternative Sequential Treatments of Continuers and Assessments," *Human Studies* 9: 205–217.

Grosz, Barbara, Aravind Joshi and Scott Weinstein. 1995. "Centering: A Framework for Modeling the Local Coherence of Discourse," Computational Linguistics 21 (2) : 203–225.

Grosz, Barbara, and Candace L. Sidner. 1986. "Attention, Intentions, and the Structure of Discourse," *Computational Linguistics* 12: 175–204.

Gundel, Jeanette K., Nancy Hedberg and Ron Zacharski. 1993. "Cognitive Status and the Form of Referring Expressions in Discourse," *Language* 69:

274–307.

Haakana, Markku. 2007. "Reported Thought in Complaint Stories," In E. Holt and R. Clift (eds.) *Reporting Talk: Reported Speech in Interaction*, Cambridge: Cambridge University Press, pp. 150–178.

Halliday, M. A. K. and Rukaiya. Hassan. 1976. *Cohesion in English*. Cambridge: Cambridge University Press.

Hanks, William F. 2007. "Person Reference in Yucatec Maya Conversation," In N. J. Enfield and T. Stivers (eds.) *Person Reference in Interaction: Linguistic, Cultural and Social Perspectives*, Cambridge: Cambridge University Press, pp.149-171.

Hawkins, John, A. 1978. *Definitenss and Indefiniteness: A Study in Reference and Grammaticality*. London: Croom Helm.

Hayano, Kaoru. 2011. "Claiming Epistemic Primacy: *Yo*-marked assessments in Japanese," In T. Stivers, L. Mondada, and J. Steenisig (eds.) *The Morality of Knowledge in Conversation*, Cambridge: Cambridge University Press, pp.58–81.

Hayashi, Makoto. 2003a. *Joint Utterance Construction in Japanese Conversation*. Amsterdam/Philadelphia: John Benjamins.

Hayashi, Makoto. 2003b. "Language and the Body as Resources for Collaborative Action: A Study of Word Searches in Japanese Conversation," *Research on Language and Social Interaction* 36 (2): 109–141.

Hayashi, Makoto. 2004. "Projection and Grammar: Notes on the 'Action-Projecting' Use of the Distal Demonstrative *Are* in Japanese," *Journal of Pragmatics* 36: 1337–1374.

Hayashi, Makoto. 2005. "Referential Problems and Turn Construction: An Exploration of an Intersection between Grammar and Interaction," *Text* 25 (4): 437–468.

林 誠. 2005.「『文』内におけるインターアクション―日本語助詞の相互行為上の役割をめぐって―」串田秀也・定延利之・伝康晴（編）『活動としての文と発話』東京：ひつじ書房、1–26.

林 誠. 2008a.「相互行為の資源としての投射と文法―指示詞『あれ』の行為投射的用法をめぐって―」『社会言語科学』10（2）:16–28.

林 誠. 2008b.「会話における『指示』と発話の文法構造」児玉一宏・小山哲春（編）『言語と認知のメカニズム―山梨正明教授還暦記念論文集―』東京：ひつじ書房、603–619.

Hayashi, Makoto. 2012. "Claiming Uncertainty in Recollection: A Study of *Kke*-Marked Utterances in Japanese Conversation," *Discourse Processes* 49 (5): 391–425.

Hepburn, Alexa, Sue Wilkinson and Rebecca Shaw. 2012. "Repairing Self-and Recipient Reference, *Research on Language and Social Interaction* 45 (2): 175–190.

Heritage, John. 2007. "Intersubjectivity and Progressivity in Person (and Place)

Reference," In N. J. Enfield and T. Stivers (eds.) *Person Reference in Interaction: Linguistic, Cultural and Social Perspectives*, Cambridge: Cambridge University Press, pp.255–280.

Holt, Elizabeth. 2000. "Reporting and Reacting: Concurrent Responses to Reported Speech," *Research on Language and Social Interaction* 33 (4): 425–454.

Holt, Elizabeth. 2007. "'I'm Eyeing your Chop up Mind': Reporting and Enacting," In Holt E and R. Clift (eds.) *Reporting Talk: Reported Speech in Interaction*, Cambridge: Cambridge University Press, pp.47–80.

Hutchby, Ian and Robin Woofit. 1998. *Conversation Analysis: Principles, Practices and Applications*, Cambridge: Polity Press.

井出祥子・櫻井千佳子. 1997.「視点とモダリティの言語行動」田窪行則（編）『視点と言語行動』東京：くろしお出版、119–152.

庵功雄. 1999.「指示表現からみた文と文の関係」『第24回　関西言語学会シンポジウム予稿集　文を超える文法―日本語の文と文の関係―』

庵功雄. 2007.『日本語におけるテキストの結束性の研究』東京：くろしお出版.

Jefferson, Gail. 1978. "Sequential Aspects of Storytelling in Conversation," In J. Schenkein (ed.) *Studies in the Organization of Conversational Interaction*, New York: Academic Press, pp.219–248.

Jefferson, Gail. 1979. "A Technique for Inviting Laughter and its Subsequent Acceptance/Declination," In G. Psathas (ed.) *Everyday Language: Studies in Ethnomethodology*, New York: Irvington, pp.79–96.

Jefferson, Gail. 1987. "On Exposed and Embedded Correction in Conversation," In G. Button and J. R. E. Lee (eds.) *Talk and Social Organization*, Clevedon, UK: Multilingual Matters, pp.86-100.

Kitzinger, Celia and Jenny Mandelbaum. 2013. "Word Selection and Social Identities in Talk-in-Interaction," *Communication Monographs*, 1–23.

金水敏・田窪行則. 1990.「談話管理理論からみた日本語の指示詞」日本認知科学会（編）『認知科学の発展』3、東京：講談社、85–115.

金水敏・田窪行則. 1992.「談話管理理論からみた日本語の指示詞」金水敏・田窪行則（編）『指示詞』東京：ひつじ書房、123–149.

金水敏・田窪行則（編）. 1992.『指示詞』東京：ひつじ書房.

甲田直美. 2015.「語りの達成における思考・発話の提示」『社会言語科学』17 (2)：24–39.

Kuno, Susumu. 1972. "Functional Sentence Perspective: A Case Study from Japanese and English," *Linguistic Inquiry* 3: 269–320.

串田秀也. 2006.『相互行為秩序と会話分析―「話し手」と「共－成員性」をめぐる参加の組織化―』東京：世界思想社.

串田秀也. 2008.「指示者が開始する認識探索―認識と進行性のやりくり―」『社会言語科学』10 (2)：96–108.

串田秀也・好井裕明（編）. 2010.『エスノメソドロジーを学ぶ人のために』東京：世界思想社.

Kushida, Shuya. 2015. "Using Names for Referring without Claiming Shared

Knowledge: Name-Quoting Descriptors in Japanese," *Research on Language and Social Interaction* 48（2）: 230–251.

Labov, William and Joshua Waletzky. 1967. "Narrative Analysis: Oral Versions of Personal Experience," In J. Helm (ed.) *Essays on the Verbal and Visual Arts*. University of Washington Press, Seattle, pp.12–44.

Labov, William. 1972. *Language in the Inner City: Studies in the Black English vernacular*. Philadelphia: University of Pennsylvania Press.

Lambrecht, Knud. 1994. *Information Structure and Sentence Form: Topic, Focus, and the Mental Representations of Discourse Referents*. Cambridge: Cambridge University Press.

Lee, Duck-Young and Yoko Yonezawa. 2008. "The Role of the Overt Expression of First and Second Person Subject in Japanese," *Journal of Pragmatics* 40: 733–767.

Lerner, H. Gene and Celia Kitzinger. 2007. "Extraction and Aggregation in the Repair of Individual and Collective Self-Reference," Discourse Studies 9（4）: 526–557.

Levinson, Stephen C. 1983. *Pragmatics*. Cambridge: Cambridege University Press.

Levinson, Stephen C. 2007. "Optimizing Person Reference–Perspectives from Usage on Rossel Island," In N. J. Enfield and T. Stivers (eds.) *Person Reference in Interaction: Linguistic, Cultural and Social Perspectives*, Cambridge University Press, Cambridge, pp.29–72.

Lyons, John. 1977. *Semantics* 2. Cambridge: Cambridge University Press.

Mac Whinney, Brian. 2007. "The Talkbank Project," In J. C. Beal, K. P. Corrigan, and H. L. Moisl. (eds.) *Creating and Digitizing Language Copora: Syncronic Databases* vol. 1. Houndmills: Palgrave-Macmillan, pp.163-180.

Matsui, Tomoko. 2000. *Bridgning and Relevance*. Amsterdam/Philadelphia: John Benjamins.

Naruoka, Keiko. 2008. "Expressive Function of Japanese Adnominal Demonstrative Konna/Sonna/Anna." In Hudson, M. E., S. A. Jun and P. Sells (eds.) *Japanese/Korean Linguistics* 13: 433–444. Stanford: CSLI.

西阪仰. 2005.「複数の発話順番にまたがる文の構築―プラクティスとしての文法II―」串田秀也・定延利之・伝康晴（編）『活動としての文と発話』東京：ひつじ書房、63–89.

西阪仰. 2008.『分散する身体―エスノメソドロジー的相互行為分析の展開―』東京：勁草書店.

西山佑司. 2003.『日本語名詞句の意味論と語用論―指示的名詞句と非指示的名詞句―』東京：ひつじ書房.

Oh, Sun-Young. 2005. "English Zero Anaphora as an Interactional Resource," *Research on Language and Social Interaction* 38（3）: 267–302.

大沼雅彦. 1987.「『雨のなかのネコ』の文法の一面」『日本語学』6（11）: 83–92.

大沼雅彦. 1991.「『雨のなかのネコ』の文法再論」『研究年報』（奈良女子大学

文学部）34: 48–67.

Prince, Ellen, F. 1981. "Toward a Taxonomy of Given-New Information," In P. Cole（ed.）*Radical Pragmatics*. New York: Academic Press, pp.223–254.

Prince, Ellen, F. 1992. "The ZPG Letter: Subjects, Definiteness, and Information-Status," In Thompson, S. and Mann, W.（eds.）*Discourse Description: Diverse Linguistic Analyses of a Fund Raising Text,* Philadelphia/Amsterdam: John Benjamins, pp.295–325.

Quirk, R. S., Greenbaum, G. Leech and J. Svartvik. 1985. *A Comprehensive Grammar of the English Language*. London: Longman.

Sacks, Harvey. 1992. *Lectures on Conversation*, 2 vols. Oxford: Basil Blackwell.

Sacks, Harvey, Emanuel A. Schegloff and Gail Jefferson. 1974. "A Simplest Systematics for the Organization of Turn-Taking for Conversation," *Language* 50: 696–735.

Sacks, Harvey and Emanuel A. Schegloff. 1979. "Two Preferences in the Organization of Reference to Persons in Conversation and their Interaction," In G. Psathas,（ed.）*Everyday Language: Studies in Ethnomethodology*, New York: Irvington Publishers, pp.15–21.

定延利之・田窪行則. 1995.「談話における心的操作モニター機構―心的操作標識『ええと』と『あの（一）』―」『言語研究』（日本言語学会）108：74–93.

Schegloff, Emanuel A. 1972. "Notes on a Conversational Practice: Formulating Place," In Sudnow D. N.（ed.）*Studies in Social Interaction*, New York: MacMillan, The Free Press, pp.75–119.

Schegloff, Emanuel A. 1979. "The Relevance of Repair to Syntax-for-Conversation," In Talmy G（ed.）*Syntax and Semantics 12: Discourse and Syntax*, New York: The Free Press, pp.261–286.

Schegloff, Emanuel A. 1980. "Preliminaries to Preliminaries: 'Can I ask you a question?'" *Social Inquiry* 50: 104–152.

Schegloff, Emanuel A. 1996. "Some Practices for Referring to Persons in Talk-in-Interaction: A Partial Sketch of a Systematics," In B. A. Fox（ed.）*Studies in Anaphora*, Amsterdam/Philadelphia: John Benjamins, pp.437–485.

Schegloff, Emanuel A. 2000. "On Granularity," *Annual Review of Sociology* 26: 715–720.

Schegloff, Emanuel A. 2007a. *Sequence Organization in Interaction: A Primer in Conversation Analysis* 1, Cambridge: Cambridge University Press .

Schegloff, Emanuel A. 2007b. "Categories in Action: Person-Reference and Membership Categorization," *Discourse Studies* 9: 433–461.

Schegloff, Emanuel A., Gail Jefferson and Harvey Sacks. 1977. "The Preference for Self-Correction in the Organization of Repair in Conversation," *Language* 53: 361–382.

Searle, John. 1969. *Speech Acts: An Essay in the Philosophy of Language*. Cambridge: Cambridge University Press.

Sidnell, Jack. 2007. "Repairing Person Reference in a Small Caribbean Community," In N. J. Enfield and T. Stivers（eds.）*Person Reference in*

*Interaction: Linguistic, Cultural and Social Perspectives*, Cambridge: Cambridge University Press, pp.281–308.

Sidnell, Jack. 2010. *Conversation Analysis: An Introduction*. West Sussex: Wiley-Blackwell.

Smith, Sara. W. and Andreas. H. Jucker. 1998. "Interactive Aspects of Reference Assignment in Conversations," *Pragmatics & Cognition* 6 (1–2): 153–187.

Smith, Sara. W. Smith, Hiromi Pat Noda, Steven Andrews, Andreas H. Jucker. 2005. "Setting the Stage: How Speakers Prepare Listeners for the Introduction of Referents in Dialogues and Monologues," *Journal of Pragmatics* 37: 1865–1895.

Sternberg, Meir. 1982. "Proteus in Quotation-Land: Mimesis and the Forms of Reported Discourse," *Poetics Today* 3: 107–156.

Stivers, Tanya. 2007. "Alternative Recognitionals in Person Reference," In N. J. Enfield and T. Stivers (eds.) *Person Reference in Interaction: Linguistic, Cultural and Social Perspectives*, Cambridge: Cambridge University Press, pp.73–96.

Stivers, Tanya. 2008. "Stance, Alignment and Affiliation during Storytelling: When Nodding is a Token of Affiliation," *Research on Language in Social Interaction* 41: 31–57.

Stivers, Tanya, Nick. J. Enfield and Stephen C. Levinson. 2007. "Person Reference in Interaction," In Enfield, N. J. and Tanya Stivers (eds.) *Person Reference in Interaction: Linguistic, Cultural and Social Perspectives*, Cambridge: Cambridge University Press, pp.1–20.

須賀あゆみ．1992a.「談話における指示代名詞 this と that の一面」『人間文化研究科年報』(奈良女子大学大学院人間文化研究科) 7: 67–76.

須賀あゆみ．1992b.「コヒージョンとコヒアランス」安井泉 (編)『グラマー・テクスト・レトリック』東京：くろしお出版、161–183.

Suga, Ayumi. 1994. "A Quantitative Analysis of Japanese Discourse Coherence," *The Penn Review of Linguistics: Proceedings of the 18th Annual Penn Linguistics Colloquium*: 177–192.

須賀あゆみ．1998.「同一指示をしない this/that ＋名詞について」『六甲英語学研究』1: 65–78.

須賀あゆみ．2002.「ストーリーの聞き手のアセスメントに関する一考察―文法とインターアクションの観点から―」『研究年報』(奈良女子大学文学部) 46: 91–103.

須賀あゆみ．2002.「指示表現の属性を導く機能について」『英語語法文法研究』9: 80–94.

須賀あゆみ．2007a.「指示交渉と『あれ』の相互行為上の機能」溝越彰他 (編)『英語と文法と―鈴木英一教授還暦記念論文集―』東京：開拓社、157–169.

須賀あゆみ．2007b.「相互行為としての指示―日本語会話における指示対象の認識を確立するプラクティス―」『奈良女子大学文学部研究教育年報』3: 63–73.

須賀あゆみ．2008.「知識想定と指示確立のプラクティス」『日本語用論学会第10回大会発表論文集』89–96.

須賀あゆみ．2010.「会話における直示表現の『再使用』について」『人間文化研究科年報』（奈良女子大学人間文化研究科）25: 13–23.

須賀あゆみ．2012.「実演と笑いによる語り連鎖」吉村あき子・須賀あゆみ・山本尚子（編）『ことばを見つめて―内田聖二教授退職記念論文集―』東京：英宝社、425–436.

須賀あゆみ．2014a.「聞き手の知識に関する想定と二段構えの指示交渉―日常会話の分析から―」『英語学英米文学論集』（奈良女子大学英語英米文学会）40: 1–23.

須賀あゆみ．2014b.「会話における指示―はじめて言及する対象をどのように指示するか―」『チャート・ネットワーク』73: 9–12.

Suga, Ayumi. 2014. "Announcing Names and Reporting Talk in Japanese Storytelling," In *Studies in European and American Language and Culture* 2: 1–17.

須賀あゆみ．2015.「ワード・サーチを伴う指示について」*JELS* 32: 125–131.

須賀あゆみ．2016.「日常会話における語彙選択をめぐるプラクティス」『欧米言語文化研究』（奈良女子大学文学部欧米言語文化学会）4: 51–72.

田窪行則．1997.「日本語の人称表現」田窪行則（編）『視点と言語行動』東京：くろしお出版、13–44.

Tannen, Deborah. 1989. *Talking Voices: Repetition, Dialogue, and Imagery in Conversational Discourse.* Cambridge: Cambridge University Press.

筒井佐代．2012.『雑談の構造分析』東京：くろしお出版.

堤良一．2012.『現代日本語指示詞の総合的研究』東京：ココ出版.

戸江哲理．2015.「母親が子どもを『これ』と呼ぶとき―母親による子どもに対する指示の会話分析のための小論」『女性学評論』29: 71–89.

戸江哲理．2017.「例外扱いする特権―母親による子どもに対する『この人』という指示―」『社会学評論』67（3）：319–317.

内田聖二．2000.「定冠詞の機能―関連性理論からの視点―」小泉保（編）『言語研究における機能主義』東京：くろしお出版、105–124.

内田聖二．2005.「メタ表象と引用」田中実・神崎高明（編）『英語語法文法研究の新展開』東京：英宝社、149–154.

内田聖二．2011.「引用とモダリティ―メタ表象の視点から―」武内道子・佐藤裕美（編）『発話と文のモダリティ―対照研究の視点から―』東京：ひつじ書房、21–42.

内田聖二．2011.『語用論の射程―語法からテクストへ―』東京：研究社.

Walker, Marilyn, Aravind Joshi and Ellen Prince. 1998. "Centering in Naturally Occurring Discourse: An Overview," In M. Walker, A. Joshi and E. Prince (eds.) *Centering Theory in Discourse.* Oxford: Clarendon Press, pp.1–30.

Wheatley, Barbara, Masayo Kaneko and Megumi Kobayashi. 1996–1997. *CallHome Japanese Transcripts*, Philadelphia: Linguistic Data Consortium.

山口治彦．2009.『明晰な引用、しなやかな引用―話法の日英対照研究―』東京：くろしお出版.

山本真理. 2013.「物語の受け手によるセリフ発話―物語の相互行為的展開―」
『社会言語科学』16（1）: 139–159.

山根智恵. 2002.『日本語の談話におけるフィラー』東京：くろしお出版.

Yoshida, Etsuko. 2011. *Referring Expressions in English and Japanese: Patterns of Use in Dialogue Processing*. Amsterdam/Philadelphia: John Benjamins.

ザトラウスキー、ポリー. 2003.「共同発話から見た『人称制限』、『視点』をめぐる問題」『日本語文法』3（1）: 49–66.

# 索引

## あ

暗黙の主張（implicit claim） 10

## い

依頼 72, 75, 77
引用 188, 190, 193

## か

語りの連鎖 166
カテゴリー・ターム 4, 6, 7, 17, 87, 88, 90, 127
カテゴリーに関する知識を調べる 51, 85, 175
カテゴリーの一員 138, 145
カテゴリーの理解 96
間隙 35, 189
完全名詞句（full NP） 43, 45
関連付け（association） 48, 151, 210

## き

聞き手が知らない対象の存在を知らせる 52
聞き手に合わせたデザイン（recipient design） 29, 30
聞き手に合わせたデザインの選好 31, 32, 35, 36, 74
聞き手の反応 59, 136

## け

経験 15, 121

## こ

語彙選択 87
交渉 7
後続指示位置 46, 183
呼称 189, 199, 210
言葉探し 51, 114
言葉探しを伴う指示活動 111

## さ

最小指示の選好 31
最初の指示位置 46
参与枠組み 193

## し

資源 12
指示（reference） 3
指示活動 9, 50
指示詞 23, 60, 67, 80, 90, 116, 130, 137, 155
指示試行（try-marked reference） 33, 38, 41
指示対象 4
指示対象の認識を確認する 51
指示追跡（reference tracking） 18
指示的指示（referential reference） 24
指示表現 4, 12, 58, 135
指示表現を選択（デザイン）する 1, 18
視線 193
実演（enactment） 192
質問 98
視点 221
修復 61, 95, 210

247

主活動　57, 59
主張（claim）　9, 113
照応形　45
照応表現　30
紹介　138, 200
証拠提示（demonstration）　9, 113
情報構造　20
進行性　130, 201
人物　5

## す

スタンス　220

## せ

センタリング理論　18

## そ

属性　24, 73, 79, 159
属性的指示（attributive reference）　24
存在告知　134, 169, 172
存在文　135

## た

ターム　88, 159
タームの選好　94, 96, 107
ターン構成単位（turn construction unit）　37
代名詞　43
談話標識　22

## ち

知識　108
知識照会　42
知識状態　20, 21
直示表現（deictic expression）　215
直示表現の再使用　53, 215
直接話法　193

## つ

強い意味での認識　16

## と

同一指示（co-reference）　18

## な

馴染み深い（familiar）　20
名前（name）　4, 7, 12, 21, 31, 58, 139, 159
名前の選好　32, 68, 77, 79, 124
名前披露（name announcement）　52, 183, 184, 186, 188

## に

二段階のカテゴリー指示　100
二段階の指示活動　155
二段階の認識要求　67
認識　4
認識主張　10, 59, 127
認識の証拠提示　9, 59, 73, 114
認識要求　41, 56, 61, 66, 73
認識用指示表現（recognitional referring expression）　31

## は

場所　5
橋渡し指示（bridging reference）　19

## ひ

非認識用指示表現（non-recognitional referring expression）　31
ピッチ・リセット　57, 90
百科事典的知識　17
評価　141
描写（description）　4, 7, 12, 17, 31, 62, 65, 91, 139, 154

## ふ

フィラー　57, 89, 135, 189
副次的活動　30, 37, 56, 60
不定表現　21
プレプレ（pre-pre）　77, 98
文法化　58

## ほ

報告　85, 154

## め

メタ認知的ディバイス　22

## も

申し出　139
もの　5, 64
物語の出来事の概要　166, 172
物語の登場人物　180
物語の背景・状況説明　166, 175
物語の舞台設定　166, 169
物語の山場　166, 188
物語を語る　165

## ゆ

有標な指示　30, 46, 216

## よ

要望　149

## り

理解　4, 18
理解の主張　77
理解の証拠提示　97
リマインダー　58
粒度（granurality）　144, 190

## れ

連鎖構造　43

## わ

笑い　222

須賀あゆみ（すが あゆみ）

略歴

1965年生まれ。茨城県出身。奈良女子大学文学部英語英米文学科卒業。筑波大学大学院教育研究科修士課程修了。奈良女子大学大学院人間文化研究科博士課程比較文化学専攻単位取得。現在、奈良女子大学研究院人文科学系准教授。

主な著書・論文

「コヒージョンとコヒアランス」安井泉（編）『グラマー・テクスト・レトリック』くろしお出版（1992年）、「指示表現の属性を導く機能について」『英語語法文法研究』第9号（2002年）、「指示交渉と『あれ』の相互行為上の機能」溝越彰他（編）『英語と文法と』開拓社（2007年）。

ひつじ研究叢書〈言語編〉第143巻

相互行為における指示表現
Referring Expressions in Interaction
Ayumi Suga

| | |
|---|---|
| 発行 | 2018年1月5日　初版1刷 |
| 定価 | 6400円＋税 |
| 著者 | ©須賀あゆみ |
| 発行者 | 松本功 |
| ブックデザイン | 白井敬尚形成事務所 |
| 印刷所 | 三美印刷株式会社 |
| 印刷・製本所 | 株式会社 星共社 |
| 発行所 | 株式会社 ひつじ書房 |

〒112-0011　東京都文京区千石2-1-2 大和ビル2階
Tel: 03-5319-4916　Fax: 03-5319-4917
郵便振替 00120-8-142852
toiawase@hituzi.co.jp　http://www.hituzi.co.jp/

ISBN978-4-89476-820-8

造本には充分注意しておりますが、落丁・乱丁などがございましたら、小社かお買上げ書店にておとりかえいたします。
ご意見、ご感想など、小社までお寄せ下されば幸いです。

刊行のご案内


## 会話分析の基礎
高木智世・細田由利・森田笑 著　定価 3,500 円＋税


## 話しことばへのアプローチ
創発的・学際的談話研究への新たなる挑戦

鈴木亮子・秦かおり・横森大輔 編　定価 2,700 円＋税